STACE

SILVES

LIVRES IV et V

COLLECTION DES UNIVERSITÉS DE FRANCE
publiée sous le patronage de l'ASSOCIATION GUILLAUME BUDÉ

STACE

SILVES

TOME II

LIVRES IV et V

TEXTE ÉTABLI PAR H. FRÈRE

TRADUIT PAR H. J. IZAAC

Troisième tirage

PARIS
LES BELLES LETTRES
2003

Conformément aux statuts de l'Association Guillaume Budé, ce volume a été soumis à l'approbation de la commission technique, qui a chargé M. J. Bayet d'en faire la révision et d'en surveiller la correction, en collaboration avec M. H. Frère.

95 boulevard Raspail, 75006 Paris
www.lesbelleslettres.com

Première édition 1943

ISBN : 2-251-01254-0
ISSN : 0184-7155

LIVRE IV

STACE

SILVES

LIVRE QUATRIÈME

STACE A SON AMI MARCELLUS SALUT

J'ai trouvé, bien cher Marcellus[1], un livre à dédier à ton dévouement. Sans doute, en les comptant, je vois que je n'ai pas commencé à écrire une seule de mes poésies sans que j'eusse invoqué la divinité de notre très grand empereur[2]* ; mais le présent livre contient trois *œuvres qui lui sont dédiées. Suivent les pièces pour les amis : tu vois donc que je n'ai pas pu mieux faire*[3]* que de t'honorer de la quatrième. Dans le premier poème j'ai adoré le dix-septième consulat de notre Germanique ; dans le second je lui ai rendu grâces pour l'invitation à sa table trois fois sainte dont il m'a honoré ; dans le troisième je me suis émerveillé devant la Voie Domitienne, au moyen de laquelle il a mis un terme aux retards si pesants dont les sables étaient la cause[4]*. C'est grâce à lui que toi aussi tu recevras plus tôt la lettre que je t'adresse de Naples dans ce livre. Puis vient un chant lyrique pour Septimius Sévérus[5]*, qui est,

1. Vitorius Marcellus est le dédicataire de 4,4, en même temps que du livre ; sur son *nomen* v. app. crit. à 4,4 *titul.* D'origine équestre 4,4,75, il épousa la fille du consulaire Cn. Hosidius Geta 70 v. Postgate, *Cl. Rev.*, 1906, 306 ; pour son fils C. Vitorius Hosidius Geta, *magister* des Arvales en 120 *CIL.* 6, 2078-81, fut écrite l'*Institutio* de Quintilien, dont il reçut la dédicace, Schanz-Hosius, 2^{4} 749 ; préteur 43, puis *curator uiae Latinae* 59, il s'attendait en 95 à être *legatus Augusti* 61, *Prosop.* 3,455, Stech, *Klio* Beih. 10, 1912, 66.

P. PAPINI STATI

SILVARVM

LIBER QVARTVS

STATIVS MARCELLO SVO SALVTEM

Inueni librum, Marcelle carissime, quem pietati tuae dedicarem. Reor equidem aliter quam inuocato numine maxim*i* imperatoris nullum opuscu*l*um me *in*cepisse ; sed hic liber tres habet . . . . se quam quod quarta ad honorem tuum pertinet. Primo autem septimum decimum Germanici nostri consulatum adoraui ; secundo gratias egi sacratissimis eius ep*u*lis honoratus ; tertio uiam Domitianam miratus sum, qua grauissimam harenarum moram exemit. Cuius beneficio tu quo*que* maturius epistolam meam accipies, quam tibi in hoc libro a *N*eapoli scribo. Proximum est l*y*ricum car-

EPIST. **3** maximi M^2 : -mum M || opusculum M^2 : opus cubum M || me incepisse *scripsi non tam numerorum causa quam propter sensum quem illustrare conatus sum Mél Thomas 1930, 300* : meum coepisse M meum incepisse *Havet 338* me coepisse *olim scripsi Ibid 308* || **4-5** habet se *nullo spatio relicto M, post* habet *lac. Hahn Vollmer qui exempli gratia* habet <libellos in honorem eius. Tum demum secuntur eclogae ad amicos : uides igitur te magis honorari non potuis>se *suppleuit cf. Klotz LXXIV* || **5** quod [o *ex* a M^1] M || **7** epulis ς : epistolis M *uocabulo* epulis *pro compendio* ep̄lis *habito cf. frequentissimam illam formulam qua principum rescripta quaedam significabantur Veg mil 2, 7, 40, 20* per epistolam sacram imperatoris *al.* || **10** quoque M^2 : quo M || **11** a nea| poli M^2 : aue a|poli M || liricum M

comme tu le sais, au nombre des jeunes gens les plus distingués du second ordre de l'État, ton condisciple au surplus, et qui m'est d'ailleurs, même en dehors de ce lien, tout à fait cher. Quant à l'Hercule Epitrapézios de Vindex[1], je peux bien le mettre aussi à ton compte, étant donnés les titres que notre ami s'est acquis auprès de moi et des lettres elles-mêmes. Combien Vibius Maximus[2*] m'est cher en raison à la fois de son sentiment de l'honneur et de son éloquence, j'en avais déjà assez porté témoignage dans la lettre que je lui ai adressée au sujet de la publication de ma Thébaïde[3*]; je n'en veux pas moins, à présent aussi, l'inviter à se hâter de revenir de la Dalmatie. J'ai mis à la suite une pièce[4*] à mon compatriote Julius Ménécratès[5*], ce jeune homme de haute distinction, gendre de mon ami Pollius : je le félicite de l'honneur qu'il a valu à notre ville de Naples par le nombre de ses enfants. Quant à Plotius Grypus, jeune homme d'un rang plus élevé[6*], je lui offrirai une poésie plus digne de lui ; pour l'instant, j'ai inséré dans ce volume des hendécasyllabes qui nous ont fait rire ensemble aux Saturnales.

Mais pourquoi le quatrième livre des Silves contient-il plus de chose que les précédents ? Pour qu'ils voient bien l'inutilité de leurs efforts, ceux qui m'ont blâmé, à ce que j'entends dire, d'avoir publié un ouvrage de ce style[7*]. D'abord, il est superflu de déconseiller une entreprise exécutée ; ensuite, j'avais déjà offert beaucoup de ces poèmes à César notre Maître, et combien il y a là plus d'audace qu'à les publier ! N'a-t-on d'ailleurs pas le droit de s'entraîner en jouant ? « A l'écart du public », dit-on. Mais nous assistons aux sphéromachies[8*], et l'escrime contre le poteau admet

1. Sur Novius Vindex, le propriétaire du petit bronze de Lysippe décrit dans 4,6, nous ne savons rien que de Stace et de Martial, 9,43 ; 44 — dont 7,72,7 vise un Novius qui a l'air d'être celui de 1,86, mais que rien n'autorise à identifier avec Vindex. *Doctus* — Mart., 9,43,14 —, il faisait des vers 30 ; 98 ; avant tout collectionneur d'antiques et expert 20 sqq. ; il était ami de Vestinus, dont Martial composa l'épicède 4,73. Un *praefectus equitum, M. Aufatius P. f. Arn(ensis) Vindex Nouius Probus* (Sa Maria di Palazzo) *Not. sc.*, 1892, 351, v. Stein, *P-W*, 17, 1221.

men ad Septim*i*um Seuerum, iuuenem, uti scis, inter ornatissimos secundi ordinis, tuum quidem et condiscipulum, sed mihi c*i*tra hoc quoque ius artissime carum. Nam Vindicis nostri Herculem Epitrapezion secundum honorem, quem de me et de ipsis studiis meretur, imputare etiam tibi possum. Maximum Vi*b*ium et dignitatis et eloquentiae nomine a nobis diligi satis eram testatus epistola, quam ad illum de editione Thebaidos meae publicaui ; sed nunc quoque eum reuerti maturius ex Dalmatia rogo. Iuncta est egloga ad municipem meum Iulium Menecratem, splendidum iuuenem et Pollii mei generum, cui gratulor quod Neapolim nostram numero liberorum honestauerit. Plotio Gr*y*po, maioris gradus iuueni, dignius opusculum reddam, sed interim *h*endecas*y*llabos, quos Saturnalibus una risimus, huic uolumini inserui.

Quare ergo plura in quarto Siluarum quam in prioribus ? ne se putent aliquid egisse, qui reprehenderunt, ut audio, quod hoc stili genus edidissem. Primum superuacuum est dissuadere rem factam ; deinde multa ex illis iam domino Caesari dederam, et quanto hoc plus est quam edere ? exercere autem ioco non licet ? « Secreto » inquit. Sed et sph*ae*romachias spectamus et palaris lusio

12 septimium *M*² : -mum *M* || **13** con discipulum *M*² : -ici- *M* || **14** citra *Nohl diss Berlin 1871, 48* : cont- *M* || **17** uiuium *M*¹ *cf. 4, 7 titul.* || **24** gripo *M* || **25** endecasillabos *M* || **33** exercere *M* : -ri *Saenger quod quidem in* -re *post* edere *abisse possit sed uis reflex. in forma tradita agnoscenda Schmalz - Hofmann 546 sq. cf. Varro Men 237* exercebam ambulando ut siti capacior ad cenam ueniret guttur *Oribas Syn 1, 1* antequam exercere quis incipiat, corpus calefieri debet *ad similitudinem ut uidetur illorum partic. praes. Suet Iul 26, 3* exercentibus (*tironibus*) *Aug 98, 3* exercentes ephebos *Th LL 5, 1370* || **33-35** *interpretatus sum Mél Ernout 1940, 141* || **34** inquit *M scil. unus eorum qui reprehenderunt cf. l. 29* || sphero machias *M* || palaris *M* : pil- ς *inepte cf. nouissime L. Robert Gladiateurs 1940, 29*

les spectateurs. En dernier lieu, que tout homme qui lit à contre-cœur quelque chose de moi se déclare aussitôt mon ennemi. Dès lors, pourquoi me rendre à son opinion ? Somme toute, c'est moi, parbleu, qui suis livré en spectacle : qu'il garde le silence et soit heureux. Mais ce livre, toi, Marcellus, je désire que tu le défendes, et, si tu le veux bien, tout est réglé ; autrement, je serai censuré[1]. Adieu.

1. Mon interprétation des ll. 35-40 est justifiée dans l'apparat critique à 39.

admittit. Nouissime : quisquis ex meis inuitus aliquid legit, statim se profiteatur aduersum. Ita, quare consilio eius accedam ? In summam, nempe ego sum qui traducor ; taceat et gaudeat. Hunc tamen librum tu, Marcelle, defend*as*, et, si uidetur, hactenus, sin minus, reprehendemur. Vale.

35 admittit *M* : -titur ς *intellege spectatores cl. Prop 3, 21, 7 Sen Ep 73, 15 Plin Ep 6, 16, 17 Thes LL 1, 755, 26 ex quo consequitur ut ne illud quidem* sphaeromachias spectamus *l. 34 temptandum sit* (sphaeromachia spectantes *Phillimore Saenger*) || **36** profiteatur *M* : -etur *ed. Aldina Vollmer* || **39** defendas *scripsi*: -des *M ex* reprehendemur *ortum, ut opinor, uide Havet 503 et Introduction XXV* sed si uidetur, hactenus · hunc tamen librum tu Marcelle defendes, sin minus reprehendemur *Vollmer alii alia censeo equidem* 1) *post iussiuum* se profiteatur *optatiuum* defendas *desiderari* 2) *uerbis* si uidetur (*i.q. si tibi uidetur hunc librum defendere)*, hactenus *(i.q. nullus iam disceptationi locus) uerba* sin minus, reprehendemur *respondere* 3) *particulam* et *post optatiuum non magis offendere posse quam in Ouid Rem 22* desinat : et nulli funeris auctor eris *cf. Schmalz-Hofmann 660* || **40** VALE *rubr. litt. M*

I

LE DIX-SEPTIÈME CONSULAT DE L'EMPEREUR AUGUSTE GERMANIQUE[1]

Joyeuse[2]*, la pourpre consulaire s'ajoute aux seize fastes de César, et le Germanique ouvre une année de gloire ; il s'élève avec le soleil renouvelé, avec les astres de première grandeur ; il les surpasse en éclat, et même le premier de tous, l'astre du Levant. Que les lois du Latium exultent ! Réjouissez-vous, sièges curules ! Que Rome, de ses sept sommets, heurte avec plus d'orgueil le ciel, et que la colline d'Évandre triomphe plus bruyamment que les autres hauteurs : de nouveaux faisceaux ont franchi le seuil du Palatin ; et ils sont heureux d'être venus à bout, l'honneur des douze licteurs, de son propre repos[3]*, la Curie, qui a fait accueillir ses prières, de la modestie de César. Et lui-même, le dieu très puissant qui restaure le temps infini, Janus lève la tête et, de ses deux seuils, exprime sa gratitude, lui auquel tu as ordonné, après l'avoir soumis aux liens de la Paix sa voisine, de régler toutes les guerres et de prêter serment aux lois du nouveau Forum[4]*. Le voici qui, à gauche et à droite, dresse des mains suppliantes et, de sa double voix, profère ces paroles :

« Salut, père tout-puissant du monde, qui t'apprêtes à renouveler avec moi les siècles, c'est ainsi que ta Rome voudrait te voir toujours au mois qui m'appar-

1. Même faute d'ordre dans la titulature 4,2 *titul.* Suét., *Dom.* 13 *consulatus septemdecim cepit quot ante eum nemo ; ex quibus septem medios continuauit* (82-88), *omnes autem paene titulo tenus gessit*, v. Corradi, *Diz. epigr.* 2, 2033; consul pour la 16e fois en 92, Domitien l'était pour la 17e, avec T. Flavius Clemens, le 1er janvier 95.

I

SEPTIMVS DECIMVS CONSVLATVS IMP. AVG. GERMANICI

Laeta bis octonis accedit purpura fastis
Caesaris insignemque aperit Germanicus annum
atque oritur cum sole nouo, cum grandibus astris
clarius ipse nitens et primo maior Eoo.
Exultent leges Latiae, gaude*t*e curules,
et septemgemino iactantior aethera pulset
Roma iugo, plusque ante alias Euandrius arces
collis ouet : subiere noui Palatia fasces,
et requiem bissextus honos precibusque receptis
Curia Caesareum gaudet uicisse pudorem.
Ipse e*t*iam immensi reparator maximus aeui
attollit uultus et utroque a limine grates
Ianus agit, quem tu uicina Pace ligatum
omnia iussisti componere bella nouique
in leges iurare Fori. Leuat ecce supinas
hinc atque inde manus geminaque haec uoce profatur :
« Salue, magne parens mundi, qui saecula mecum
instaurare paras, talem te cernere semper

I 1 ottonis *M* || **5** gaudete *M*[2] : -ere *M* || **9** bissextus *M* : -senus *Stange pr Dresden 1887, 15 alii alia sed ut dicebatur* centeno gutture *Pers 5, 6 pro centum gutturibus ita scripserunt per analogiam Iuuenal 1, 64* cum iam sexta ceruice feratur *pro sex ceruicibus Oros Hist 6, 16, 8* cum centesimo equite aufugit *pro cum centum equitibus Statius* bissextus honos *pro duodecim honores i.q. lictores Schmalz-Hofmann 493* || praecibus *M* || **11** eciam [ci *ex* a *M*[1]] *M* || **17** *comma post* parens *Bentley sed uide Lucan 4, 110 Martial 7, 7, 5; 9, 5, 1*

tient ; voilà comment les âges devraient renaître et les années recommencer. Accorde aux Fastes une joie perpétuelle ; que tes épaules s'enveloppent bien des fois des plis de la pourpre et de la robe prétexte que les mains de ta Minerve[1]* se sont hâtées de tisser pour toi. Tu vois comme les temples brillent d'un autre éclat, comme le feu s'élève plus haut sur les autels, et comme pour toi le ciel de mon hiver lui-même s'attiédit ; ton caractère fait le bonheur des escadrons, des tribus et des sénateurs parés de pourpre, et chaque dignité tire illustration du consul. L'année précédente avait-elle, je le demande, rien de pareil ? Dis-moi donc, puissante Rome, et toi, lointaine Antiquité, dénombre avec moi les fastes, sans relever les menus exemples, mais seulement ceux que mon César peut daigner surpasser. Treize fois, au cours des années, Auguste imposa au Latium les faisceaux, mais il ne commença que tard à les mériter : toi, tu as dès ta jeunesse dépassé tes ancêtres[2]. Et pourtant, que d'honneurs tu refuses, que d'autres tu interdis de t'offrir ! Tu te laisseras pourtant fléchir et tu promettras souvent le retour de ce jour aux prières du sénat. Une série plus longue t'attend encore ; l'heureuse Rome te donnera aussi souvent la chaise curule ; elle te la donnera trois et quatre fois plus souvent. Avec moi, tu inaugureras encore une fois un siècle, et l'autel du vieux Père de l'univers sera ranimé par toi[3]*; tu remporteras mille trophées, veuille seulement autoriser les triomphes[4]* : il reste encore, il reste à courber Bactres et Babylone sous de nouveaux tributs ; un laurier conquis sur l'Inde ne repose pas encore dans le sein de Jupiter ; les Arabes et les Sères ne t'implorent pas encore[5]*; l'année entière n'a pas encore revêtu sa dignité, et dix mois aspirent à recevoir de toi leur nom[6]*. »

Ainsi parla Janus, et, fermant ses portes, il se retira de bon cœur. Alors s'ouvrirent tous les temples des

2. Des *exempla* annoncés Stace ne retient que celui d'Auguste, cf. Suét., *Aug.* 26 : treize consulats, et sur un long espace de temps, et dont les derniers seulement — ceux de 5 et de 2 av. J.-C. — furent mérités, les autres étant la suite d'un premier, imposé à Rome par la force.

mense meo tua Roma cupit ; sic tempora nasci,
sic annos intrare decet. Da gaudia Fastis
continua ; hos umeros multo sinus ambiat ostro
et properata tuae manibus praetexta Mineruae.
Aspicis ut templis alius nitor, altior aris
ignis et ipsa meae tepeant tibi sidera brumae,
moribus atque tuis gaudent turmaeque tribusque
purpureique patres, lucemque a consule ducit
omnis honos. Quid tale, precor, prior annus habebat ?
Dic age, Roma potens, et mecum, longa Vetustas,
dinumera fastos nec parua exempla recense,
sed quae sola meus dignetur uincere Caesar.
Ter Latio deciesque tulit labentibus annis
Augustus fa*s*ces, sed coepit sero mereri :
tu iuuenis praegressus auos. Et quanta recusas,
quanta uetas ! flectere tamen pr*e*cibusque senatus
promitt*es* hunc saepe diem. Manet insuper ordo
longior, et totidem felix tibi Roma curules
terque quaterque dabit. Mecum altera saecula condes,
et tibi longaeui renouabitur ara parentis ;
mille trop*a*ea feres, tantum p*er*mitte triumphos :
restat Bactra nouis, restat Bab*y*lo*n*a tributis
frenari ; nondum gremio Iouis Indica laurus,
nondum Arabes Seresque rogant, nondum omnis honorem
annus habet, cupiuntque decem tua nomina menses. »
Sic Ianus clausoque libens se poste recepit.

23 aris [astris M^1 *in mg.*] *M* || **24-27** *comma post* brumae, *interrogandi notam post* honos *Klotz* || **26** patris [-res M^1] *M* || **32** fasces ς : -ace- *M* || **34** praecibus *M* || **35** promittes ς : -titis *M* || saepe hunc [hunc saepe M^1] *M* || **38** parentis *M* : Tarenti *olim Turnèbe Saenger cf. 1, 4, 18 sed cl. u. 47 Iouem designari agnoueris qui post Ditem patrem, ante Apollinem primas partes in ludis saecularibus egit Nilsson, PW 2 R 1, 1714 Wuilleumier Tarente 1939, 678* || **39** tropea *M* || permitte ς : prom- *M Introduction XXXVIII (an ex u. 35* promittes *?) cf. 3, 3, 171 ; 4, 3, 159* || **40** babilonia *M*

dieux ; ils donnèrent des signes dans le ciel plein d'allégresse[1] ; et Jupiter t'accorda, grand roi[2], une longue jeunesse, et te promit des années égales en nombre aux siennes.

1. Tandis que Janus ferme volontairement ses portes, celles de tous les temples s'ouvrent d'elles-mêmes — cf. VIRGILE, *Aen.* 3,92 *mugire adytis cortina reclusis* — fournissant ainsi l'*omen*.

2. V. apparat critique.

Tunc omnes patuere dei laetoque dederunt
signa polo, longamque tibi, rex magne, iuuentam
annuit atque suos promisit Iuppiter annos.

46 *comma post* tibi *Baehrens ante* magne *Leo Anal Plaut 1, 22 omnesque fere edd.* rex *cum* Iuppiter *coniungentes nec desunt qui locum temptauerint sed licuisse poetae regem Domitianum salutare non iam infitiandum cf. Alföldi Röm Mitt 1934, 101; 1935, 31 at Sauter Kaiserkult bei Mart und Stat 1934, 102 et 136 non satis sibi constat*

II

POÈME D'ACTIONS DE GRACES A L'EMPEREUR AUGUSTE GERMANIQUE DOMITIEN [1*]

Le royal festin donné par la Sidonienne Élissa est l'objet des louanges de celui qui conduisit le grand Énée dans les champs des Laurentins ; le banquet d'Alcinoüs est décrit en des vers immortels par celui qui ramena à son foyer Ulysse épuisé par ses courses sur les flots[2] : mais moi, à qui César vient d'offrir pour la première fois les plaisirs inouïs de sa table sacrée et l'occasion de me lever de la table du Maître, sur quelle lyre pourrais-je publier mes vœux, comment pourrais-je payer ma dette de reconnaissance ? Non, pas même si Smyrne et Mantoue entrelaçaient à la fois sur ma tête heureuse leurs lauriers odorants, mes paroles ne seraient dignes du sujet. Je me crois au milieu des astres, à la table de Jupiter, je crois prendre en main le vin des immortels présenté par l'échanson troyen. J'ai vécu des années stériles : voici le premier jour de mon âge, voici pour moi le seuil de la vie. Est-ce bien toi, souverain des nations et père tout-puissant de l'univers soumis, est-ce toi, espoir de l'humanité, souci des dieux, que je vois tout en restant étendu ? Il m'est donné, oui, il m'est donné de contempler de près ton visage, au milieu des vins et des mets, et il m'est permis de ne pas me lever en ta présence ?

Un édifice auguste, immense, qui se signale non point par une centaine, mais par un nombre tel de colonnes qu'elles pourraient supporter les dieux et le ciel, si Atlas prenait du repos. La résidence voisine du dieu Tonnant

2. Virgile, *Aen.* 1,699, Homère, *Od.* 8,59.

II

EVCHARISTICON AD IMP. AVG. GERM. DOMITIANVM

Regia Sidoniae conuiuia laudat Elissae,
qui magnum Aenean Laurentibus intulit aruis,
Alcinoique dapes mansuro carmine monstrat,
aequore qui multo *r*educem consumpsit Vlixem :
ast ego, cui sacrae Caesar noua gaudia c*e*nae
nunc primum dominaque dedit consurgere mensa,
qua celebrem mea uota lyra, qu*a* soluere grates
sufficiam ? non, si pariter mihi uertice laeto
nectat odoratas et Smyrna et Mantua lauros,
digna loquar. Mediis uideor discumbere in astris
cum Ioue et Iliaca porrectum sumere dextra
immortale merum. Steriles transmisimus annos :
haec aeui mihi prima dies, hic limina uitae.
Tene ego, regnator terrarum orbisque suba*c*ti
magne parens, te, spes hominum, te, cur*a* deorum,
cerno iacens ? datur haec iuxta, datur ora tueri
uina inter mensasque et non adsurgere fas est ?
  Tectum augustum, ingens, non centum insigne columnis,
sed quantae superos caelumque Atlante remisso

II DOMITIANV̄ [*altero* I *et* V̄ *litt. rubr. supra script.*] *M*

4 reducem ς : rud- *M* || **5** caenae *M* || **6** dominaque dedit consurgere mensa *M def. Klotz* : dominaque dedit non surgere mensa *Markland* dominamque dedit contingere mensam *Waller diss Breslau 1885, 40 alii alia intellegendum cl. u. 17* adsurgere *conuiuas ita mensa domina accubuisse ut non ad dominum sed cum eo cena finita surrexerint* || **7** qua *Vollmer* : -as *M ex* s- *spreta anaphora* || **9** lauros *M* : -rus *Klotz cf. ad 1, 2, 181* || **14** subastı *M* || **15** cura ς : -am *M*

en est émerveillée, et les divinités se réjouissent que tu possèdes une demeure pareille à la sienne. Ne te presse donc pas de dépasser les hauteurs du ciel[1] : si loin s'étendent et la masse des constructions, et l'élan, que rien n'arrête, du palais spacieux, embrassant sous son toit tant de sol et tant d'air, et ne le cédant qu'au Maître[2] : c'est le Maître qui emplit la maison et la réjouit de son puissant génie. A l'envi brillent là les roches de Libye et de Phrygie ; *et ici*[3], prodigués, les marbres de Syène et de Chios, et celui qui le dispute à la glauque Doris, et la pierre de Luna employée seulement pour servir de base aux colonnes[4]. La vue s'étend au loin vers le haut : les yeux s'épuisent à atteindre le faîte, et vous le prendriez pour le plafond doré du ciel. C'est là que, César ayant invité les premiers du clan de Romulus et la foule des citoyens vêtus de la trabée à prendre place en même temps à mille tables, Cérès elle-même, la robe troussée, ainsi que Bacchus, s'évertuent à les servir. Avec une générosité pareille glissa du haut des airs le char de Triptolème ; ainsi Lyéus ombragea de ceps chargés de raisins les collines nues et les campagnes encore vouées à la sobriété.

Mais j'étais indifférent au festin, aux tables maurétaniennes soutenues par des pieds indiens[5]*, aux bataillons des serviteurs en ligne ; c'était lui, lui seul que fixaient mes regards avides, la paix de ses traits, la majesté sereine dont il tempérait son éclat, et la modestie avec laquelle il abaissait l'étendard de sa haute fortune ; cependant le prestige qu'il voilait rayonnait sur son visage.

1. Même adaptation du thème *serus in caelum redeas* Horace, *C.* 1,2,45 (cf. encore Stace, 60) à la situation dans Martial, 8,39,5 (de la *Palatina mensa*) *esse uelis, oro, serus conuiua Tonantis.* Pour la recherche de l'expression v. apparat critique.

2. V. à 3,4,44.

3. Restitution de Baehrens.

4. Sur le thème des marbres v. à 1,2,148. On retrouve ici le giallo antico et le pavonazzetto 1,2,148 ; 1,5,36 ; 87 ; 2,2,92, le granit d'Assouan 2,2,86 et le Chios 2,2,93, le cipollino verde ondato 1,2,149 ; 1,5,34 ; 2,2,93. Le marbre de Luna cf. 4,4,23, Pline, *NH.* 36,14 — le Carrare —, blanc ou bigarré, était employé depuis la fin de la République, surtout à des usages architectoniques, v. Blumner, *Technologie* 3, 39.

sustentare queant. Stupet hoc uicina Tonantis
regia, teque pari laetantur sede locatum
numina. Nec magnum properes excedere caelum :
tanta patet moles effusaeque impetus aulae
liberior, campi multumque amplexus operti
aetheros et tantum domino minor ; ille penates
implet et ingenti genio iuuat. Aemulus illic
mons Lib*y*s Iliacusque nitet ⏑⏑ multa Syene
et *Ch*ios et glaucae certantia Dorid*i* saxa
Lunaque portandis tantum suffecta columnis.
Longa supra species : fessis uix culmina prendas
uisibus auratique putes laquearia caeli.
Hic cum Romuleos proceres trabeataque Caesar
agmina mille simul iussit discumbere mensis,
ipsa sinus accincta Ceres Bacchusque laborat
sufficere. Aetherii felix sic orbita fluxit
Triptolemi ; sic uitifero sub palmite nudos
umbrauit colles et sobria rura Ly*a*eus.

Sed mihi non epulas Indisque innixa columnis
robora Maurorum famulasque ex ordine turmas,
ipsum, ipsum cupido tantum spectare uacauit
tranquillum uultus e*t* maiestate serena
mulcentem radios summittentemque modeste
fortunae uexilla suae ; tamen ore nitebat

22 excedere *M* : escend- *Gronouius* conscend- *Saenger alii alia sed quod traditur utpote* ἀπροσδοκήτως *dictum seruandum si poeta eumdem locum communem ac u. 60 ; 1, 1, 105 Theb 1, 24 respicit ut tamen in domo Domitiana describenda hanc laudem Martialis 8, 36, 12* par domus est caelo *superare uelit* || **27** libis *M* || nitet multa [spaciū *M*[1] *in mg.*] *M* : -t <iam> m- ς -t <et> m- *Domitius* -t <hic> m- *Baehrens cf. u. 26* illic *de* -ēt *in arsi Vollmer 556 alii alia,* || **28** Chios ς : duos *M* || Doridi *Politianus* : -de *M librario* ĭ *graeco more correpta decepto cf. Theb 3, 521 Ach 1, 285* || **36** T triptolemi *M* || uitifero *M* : uuif- *Krohn sed latiore sensu ut* palmes *nonnumquam pro* uitis *cf. 3, 1, 147 ita* uitis *pro* uua || **37** lyeus *M* || **41** uultus et *Politianus* : uultu sed *M Introduction XLIII*

Tel qu'il était, nos sauvages ennemis et les tribus inconnues, en le voyant, auraient pu le reconnaître. Tel, dans une fraîche vallée du Rhodope, repose Gradivus, après avoir dételé ses chevaux ; tel Pollux, épuisé par les jeux athlétiques de Thérapné[1], étend sur le sol ses membres huilés ; ainsi Euhan est couché sur les bords du Gange, au milieu des hurlements des Indiens ; ainsi le sévère Alcide, de retour après avoir obéi à des ordres affreux, aimait à allonger ses flancs sur sa peau de lion étalée. Mes comparaisons sont faibles, et je n'arrive pas à en imaginer une, ô Germanique, qui soit digne de tes traits : tel le maître des dieux, lorsqu'il est revenu voir les limites de l'Océan et les banquets de l'Éthiopie, le visage inondé du nectar sacré[2], ordonne aux Muses de faire entendre leurs chants secrets, et invite Phébus à célébrer sa victoire de Pallène[3]*.

Puissent les dieux — car on assure qu'ils exaucent souvent de faibles mortels — t'accorder de dépasser deux et trois fois les bornes de la vieillesse paternelle[4]* ! Puisses-tu envoyer au ciel des divinités désignées par toi et attribuer des temples, tout en habitant ton palais[5]* ! Puisses-tu ouvrir bien des fois le seuil de l'année, bien des fois saluer Janus avec de nouveaux licteurs, bien des fois renouveler les couronnes des concours quinquennaux[6]* ! Le jour où tu m'as accordé de prendre part à ton bienheureux festin, de m'étendre auprès de ta table sacrée, j'ai vu luire pour moi après tant d'années un jour tel que celui où, au pied des collines d'Albe la Troyenne, tandis que je chantais tantôt les guerres de Germanie, tantôt les batailles livrées aux Daces, ta propre main ceignit mes tempes des feuilles d'or de Pallas[7]*.

1. V. à 2,2,111.

2. Scène homérique, *Od.* 1,22 sqq., *Il.* 1,423 sqq. : les dieux vont faire la fête chez les Nègres, V. Bérard, *ad l.* cf. *Ach.* 1,52. L'expression combine Virgile, *Aen.* 4,480 *Oceani finem iuxta... ultimus Aethiopum locus est* et — par l'intermédiaire de Martial, 9,34,3 *Iuppiter... inter mensas largo iam nectare fusus* — Ovide, *Met.* 3,318 *Iouem... diffusum nectare.*

dissimulatus honos. Talem quoque barbarus hostis
posset et ignotae conspectum agnoscere gentes.
Non aliter gelida Rhodopes in ualle recumbit
dimissis Gradiuus equis ; sic lubrica ponit
me*m*bra Therapn*a*ea resolutus gymnade Pollux,
sic iacet ad Gangen Indis ululantibus Euhan,
sic grauis Alcides post horrida iussa reuersus
gaudebat strato latus adclinare leoni.
Parua loquor necdum aequo tuos, Germanice, uultus :
talis, ubi Oceani finem mensasque reuisit
Aethiopum sacro diffusus nectare uultus
dux superum secreta iubet dare carmina Musas
et Pallen*a*eos Phoebum laudare triumphos.
Di tibi — namque animas saepe exaudire minores
dicuntur — patriae bis terque exire senectae
annuerint fines. Rata numina miseris astris,
templaque des habitesque domos. Saepe annua pandas
l*i*mina, saepe nouo Ianum lictore salutes,
saepe coronatis iteres quinquennia lustris.
Qua mihi felices epulas mensaeque dedisti
sacra tuae, talis longo post tempore uenit
lux mihi, Troianae qualis sub collibus Albae,
cum modo Germanas acies modo *D*aca sonantem
proelia Palladio tua me manus indu*i*t auro.

48 Menbra *M* || therapnea *M* || **56** palleneos *M* || **61** limina ς : Lum- *M* || **66** Daca ς : flaca *M* || **67** induit ς : -et *M*

III

LA VOIE DOMITIENNE[1]

Quel[2*] terrible fracas du dur silex heurté par le fer lourd a retenti le long de la Voie Appienne, du côté où, pierreuse, elle borde la mer[3*] ? Assurément, ce ne sont pas les bandes libyennes qui font ce bruit, ni le capitaine venu de là-bas qui, dans une guerre déloyale, ébranle sans relâche le territoire de la Campanie[4*] ; ce n'est pas non plus Néron ouvrant des bas-fonds et taillant les montagnes pour y faire un chemin à d'affreux marécages[5*] ; mais celui qui entoure le seuil guerrier de Janus d'un Forum où s'exercent les justes lois — par lesquelles il rend à la chaste Cérès des arpents de sol qui lui furent longtemps refusés et des terres redevenues sobres, par lesquelles il défend de détruire le sexe robuste et, censeur, s'oppose à ce que des mâles adultes aient à redouter un supplice pour leur beauté —, celui qui rend au Capitole son dieu Tonnant et établit la Paix dans une demeure à elle seule, qui consacre à sa famille paternelle des astres destinés à ne jamais s'éteindre et

1. Stace tire matière de la voie à laquelle Domitien vient de donner son nom cf. 4 *epist.* 8 sqq. ; 4,4,1 sqq. : s'embranchant sur la Via Appia à Sinuessa, ou mieux au sud-est de Sinuessa, près de Mondragone, après le franchissement des premières pentes méridionales du Mte Massico, elle descendait tout droit, le long de la mer, au delà de Cumes — malgré Gsell, *Domitien* 134, qui se trompe sur Stace 114 sqq. — jusqu'à Pouzzoles, où elle était raccordée à la route de Naples ; suivant le tracé d'une voie de l'époque républicaine perdue dans les marais et dans les sables, elle évitait le détour par Capoue d'où partaient les deux routes vers Naples et vers Pouzzoles. C'est l'année du meurtre de Flavius Clemens — Dion Cassius, 67,14,1 — en 95 qu'elle fut ouverte, et avant l'été, cf. Stace, 4,4,1 sqq. et 12 sqq. V. Mommsen, *CIL.* 10 pp. 58 ; 183 ; 702, Hülsen, *P-W.* 5, 1311, Corradi, *Diz. epigr.* 2, 1957.

III

VIA DOMITIANA

Quis duri silicis grauisque ferri
immanis sonus aequor*i* propinquum
saxosae latus Appiae repleuit ?
certe non Lib*y*cae sonant cateruae
nec dux aduena peierante bello
Campanos quatit inqu*i*etus agros,
nec frangit uada montibusque caesis
inducit Nero sordidas paludes,
sed qui limina bellicosa Iani
iustis legibus et Foro coronat,
— quis castae Cereri diu negata
reddit iugera sobriasque terras,
quis fortem uetat interire sexum
et censor prohibet mares adultos
pulchrae supplicium timere formae, —
qui reddit Capitolio Tonantem
et Pacem propria domo reponit,
qui genti patriae futura semper

III **2** aequori ς : -ris *M* || **4** libicae *M* || **6** inquietus M^2 : -que- *M* || **8** *plene post* paludes *interpunx. Markland Vollmer al.* || **11-13** Quis — Quis *M def. Vollmer* : qui — qui ς *omnes fere edd. sed cum quod aedificet Domitianus uu. 9-19 laudetur intercluduntur uu. 11-15 neque in iunctura haerendum si uu.* legibus et foro *una et eadem res significatur, de pronominis forma cf. ad 1, 1, 42*

crée un ciel flavien[1], le voici qui, supportant mal de voir son peuple se traîner sur la route et des plaines retarder tous les voyages, supprime les longs détours et consolide des sables fatigants en y introduisant de nouveaux matériaux, ravi de rapprocher la demeure de la Sibylle eubéenne, ainsi que les vallons du Gaurus et la brûlante Baïes, des sept collines.

Là, naguère, le lent voyageur, porté sur son unique essieu[2]*, suivait les vacillations du timon ; un sol malveillant engloutissait les roues, et la plèbe latine, au cœur des plaines, redoutait les maux de la navigation[3]; point de course rapide, mais des ornières silencieuses embarrassaient et retardaient la marche, tandis que, se plaignant de l'excès de la charge, la bête de somme se traînait péniblement sous son joug élevé. Mais à présent, la route, qui perdait un jour entier, demande à peine deux heures[4]*. Oiseaux aux ailes tendues à travers la voûte céleste, et vous, navires, vous n'irez pas plus vite.

1. En regard d'Hannibal et de Néron, Domitien est présenté d'abord comme l'auteur du Forum Transitorium vers le milieu duquel il a dressé le Janus Quadrifrons, v. à 4,1,13-15. La nouvelle route est bien l'œuvre du grand bâtisseur — v. Gsell, *Domitien* 90, Corradi, *Diz. epigr.* 2, 2021 — : c'est donc de ses constructions que l'on attend l'énumération ; on la trouve en effet dans 9-10 et dans 16-19, de sorte que 11-15 forment une parenthèse — v. apparat critique — où sont citées deux des *iustae leges* matérialisées dans le nouveau Forum qui « couronne » — cf. Martial, 10,28,5 — le nouveau Janus : *a*) l'édit interdisant, lors d'une famine, de planter de nouvelles vignes en Italie et de laisser subsister, dans les provinces, plus de la moitié des anciens plants ; c'était rendre à la culture du blé des terres « redevenues sobres » — cf. 4,2,37 — Suétone, *Dom.* 7 cf. 14, Eusèbe-Saint Jérôme, *Chron.* a. Abr. 2108 = 91-92, 191 Helm, *Chron. Pasch.* 250[a] (466,19) Ol. 217,1 = 90, v. Gsell, 152 ; *b*) la défense de faire des eunuques — v. à 3,4,74 — promulguée en 92 et reliée assez naturellement à la censure que Domitien ne devait revêtir que vers le début de 85, Corradi, 2038. Au Forum Transitorium s'ajoutent maintenant 16 sqq., en une récapitulation chronologique, *a*) le temple de Jupiter Capitolin, v. à 1,6,102 ; *b*) le temple de la Paix, cf. 4,1,13, dû à Vespasien — Suét., *Vesp.* 9 —, mais que Domitien s'annexe — Suét., *Dom.* 5 — v. Platner-Ashby, *Topogr. Dict.* 386 ; *c*) le temple de la famille Flavienne, v. à 4,2,59 sq. ; sur *Flauium caelum*, qui résulte d'une correction, v. apparat critique.

3. Paradoxe traditionnel, cf. Sénèque, *Epist.* 57,1.

sancit lumina Flauiumque ca*el*um,
hic se*g*nis populi uias grauat*us*
et campos iter omne detinentes
longos eximit ambitus nouoque
iniectu solidat graues harenas,
gaudens Euboicae domum Sib*y*llae
Gauranosque sinus et aestuantes
septem montibus admouere Baias.
Hic quondam piger axe uectus uno
nutabat cruce pendula uiator,
sorbebatque rotas maligna tellus,
et plebs in mediis Latina campis
horrebat mala nauigationis ;
nec cursus agiles, sed impeditum
tardabant iter orbitae tacentes,
dum pondus nimium querens sub alta
repit languida quadrupes statera.
A*t* nunc, quae solidum diem terebat,
horarum uia facta uix duarum.
Non tensae uolucrum per astra pennae
nec uelocius ibitis, carinae.

19 lumina *M* : lim- ς *fortasse ex u. 9, ceterum hae uoces saepissime inter se commutantur cf. 4, 2, 61 al. sed* lumina *i.q. astra 1, 1, 98 uel sidera 5, 1, 241 scil. principes diui post mortem facti cf. Val Fl 1, 16* lucebis ab omni | parte poli *nec iusta de causa Sauter Kaiserkult bei Mart und Stat 1934, 150 h. l.* limina *def.* || caelum *Turnèbe* : caluum *M uidelicet ex Iuuenal 4, 38* caluo... Neroni *i.e. Domitiano* culmen *ed. Aldina* clauum *i.e. rerum Rom. gubernationem Riese Rh M 1896, 638 alii alia quibus omnibus repugnat 5, 1, 241* inque alio posuit sua sidera caelo *ubi pro altero caelo habetur templum gentis Flauiae cf. Sauter 149 K. Scott Imper Cult under the Flav 1936, 64* || **20** segnis ς *cf. 4, 4, 1* : senis *M* || grauatus *Heinsius* : -tas *M* || **23** graues *M* : putres *Clericus alii alia at uide 4 epist. 9* || **24** sibillae *M* || **27** uno *M* : udo *Heinsius, uehiculum uno axe instructum recte interpretatur Klotz scil. cisium DA 1, 1201* || **33** tacentes *M* : iacentes *Markland* tenaces *Davies alii alia, intellege orbitas eas esse in quibus rotae taceant cf. Martial 4, 64, 19* essedo tacente || **35** Repit [repit *M*[1] *in mg. ad u. 79*] *M Introd. XXXVIII, LXXVIII* || **36** at ς : Ac *M*

Le premier travail[1] fut ici de tracer des sillons[2*], de déchirer les sentiers et, par un profond déblai, de creuser jusqu'au roc les terres[3] ; on remplit ensuite les excavations ainsi produites par d'autres matériaux et l'on aménage un lit pour le revêtement extérieur de la route[4] de peur que le sol ne cède, et qu'une base traîtresse n'offre des assises chancelantes à la masse des pierres ; alors on assujettit la chaussée par des blocs de parement serrés des deux côtés et par des cales nombreuses[5*]. O combien de bras collaborent ! Les uns abattent les bois et dénudent les montagnes ; d'autres aplanissent avec le fer les quartiers de roc[6*] et les poutres ; ceux-là lient ensemble les pierres et achèvent la contexture de l'œuvre avec la chaux sortie poudreuse du four et le tuf cendreux[7*] ; ceux-ci, la pioche en main, dessèchent les creux où l'eau s'est amassée et détournent au loin les ruisseaux. Tant de mains pourraient creuser le mont Athos et barrer la mer attristée de la gémissante Hellé par un pont qui, lui, ne flotterait pas. Sous l'effort de tant de mains, l'Isthme d'Ino, étroit pour elles, eût laissé, si les oiseaux de mauvais augure ne l'interdisaient, se mélanger les mers[8*]. Les rivages sont en émoi ainsi que les forêts mobiles, le fracas se prolonge au loin à travers les cités intermédiaires[9*] et le Massique chargé de pampres renvoie au Gaurus l'écho qui se répercute sur ses deux versants. La tranquille Cymé

1. Les vv. 40-55 sont un document considérable, v. BERGIER, *Hist. des grands chemins de l'Emp. Rom.* 1^{2} 1728, 229, BESNIER, *DA*. 5,784.

3. La fouille qui, dans l'intervalle des *sulci*, déblaie, en principe jusqu'au roc, la terre meuble — cf. VITRUVE, 7,1,1 —, fait disparaître les sentiers créés à la longue par le cheminement : *rescindere limites* comme, métaphoriquement, *rescindere uias* LUCRÈCE, 2,406.

4. Sur le fond de la fouille, pilonné et fixé, au besoin, par des pieux, quatre couches de maçonnerie sont superposées : Stace désigne en bloc sous le nom de *gremium* les trois premières : *statumen*, plusieurs rangs de pierres plates, reliées par du mortier ou de l'argile, *rudus (ruderatio)*, béton de pierrailles, *nucleus*, béton de gravier ou de sable, — pour mettre à part le revêtement extérieur, légèrement bombé, — *summum dorsum* — de cailloutis *(uiae glarea stratae)* ou, comme ici, de dalles *(uiae silice stratae)*.

Hic primus la*b*or inchoare sulcos
et rescindere limites et alto
egestu penitus cauare terras ;
mox haustas aliter replere foss*a*s
et summo gremium parare dorso,
ne nutent sola, ne maligna sedes
et pressis dubium cubile *s*axis ;
tunc umbonibus hinc et hinc coactis
et crebris iter alligare gonfis.
O quantae pariter manus laborant !
Hi c*a*edunt nemus exuuntque montes,
hi ferro scopulos trabesque leuant ;
illi saxa ligant opusque texunt
cocto puluere sordidoque tofo ;
hi siccant bibulas manu lacunas
et longe fluuios agunt minores.
Hae possent et Athon cauare dextrae
et m*a*estum pelagus gementis Helles
intercludere ponte non natanti.
His paruus, nisi cl*i*uiae uetarent,
Inous freta miscuisset Isthmos.
Feruent litora mobilesque siluae,
*i*t longus medias fra*g*or per urbes,
atque echon simul *hinc et inde fractam
Gauro Ma*s*sicus uuifer remittit.

40 lalor *M* || **43** fossas ς : -sos *M* || **46** faxis *M* || **48** gonfis *M def. Souter CR 1930, 116* : gomfis *Politianus edd. omnes cf. IG 4ª index 181 s.u.* γόνφοι *adde Tertul Apol 12, 4* conphos *Br* : gomphos *P* || **50** cedunt *M* || **57** mestum *M* || **59** cliuiae *Is. Vossius cf. Plin NH 10, 37 ; 4, 10* : deuiae *uel* cleuiae *M cf. Ouid Her 2, 118* deuia *codd.* : cliuia *Imhof Xenia Halae 1867, 7 Int. XXIX* || **62** it *Domitius cf. 1, 1, 65* : Et *M cf. u. 74* || fragror *M* || **63** ethon *M* || hinc hinc et inde *M* || **64** Massicus ς : Mars- *M*

s'émerveille de ce bruit, avec le marais de Literne et le paresseux Safon[1].

Mais le Vulturne, sa blonde tête et sa chevelure humide abondamment enchevêtrées de souples joncs, lève son visage et, s'appuyant sur l'arche immense du pont de César[2], fait sortir de sa gorge rauque ce flot de paroles[3] :

« Généreux bienfaiteur de mes plaines, qui, tandis que je me répandais sur des vallées impraticables sans avoir appris à demeurer entre mes berges, m'as assujetti aux lois d'un chenal régulier — voici qu'à présent moi, jadis torrent fougueux et menaçant, qui avais peine alors à supporter des barques hésitantes[4], je porte désormais un pont, et les voyageurs en me traversant me foulent aux pieds ; moi qui avais coutume d'emporter les terres et de rouler dans mes flots les forêts, j'en rougis, j'ai commencé à être une rivière ; mais je t'en rends grâce, et ma servitude vaut d'être acceptée, parce que c'est à ton pouvoir, c'est à tes ordres que j'ai cédé, et que tu seras désigné[5] à jamais comme le maître suprême et le vainqueur de ma rive[6]*. Et maintenant tes soins m'ont heureusement astreint à mon lit, tu ne permets plus que je croupisse, et tu effaces au loin sur mes rives la honte de ma stérilité ; tu m'épargnes de me laisser, tout bourbeux et empestant le ciel, laver par le flot profond de la mer Tyrrhénienne —

1. V. app. crit. et à 37.

2. Le pont traversait le fleuve tout près de son embouchure, à Volturnum (Castel Volturno) ; ce qui en subsiste, sur la rive méridionale, est pris dans la muraille de la ville, Beloch, *Campanien* 376.

3. L'éloge dans la bouche du dieu cf. 121 ; 1,1,66 ; 4,1,11 : la mise en scène d'après Virgile, *Aen.* 8,31 (Tiberinus), mais libérée du songe et au service des *blanditiae.* Quant au trait *raucis faucibus,* il répond à la fois à Virgile, 9,125 (du Tibre) et à la réalité, Sil. Ital., 8,528 *fluctuque sonorum Volturnum,* v. Nissen, *Ital. Landesk.* 2, 713.

4. Le Vulturne était navigable jusqu'à Capoue, Tite Live, 26,7,9.

5. Le nom du prince « se lira » à jamais sur l'inscription du pont.

Miratur sonitum quieta Cyme
et Literna palus pigerque Safon.
At flauum caput umidumque late
crinem mollibus impeditus uluis
Vulturnus leuat ora maximoque
pontis Caesarei reclinus arcu
raucis talia faucibus redundat :
Camporum bone conditor meorum,
qu*i* me uallibus auiis refusum
*e*t ripas habitare nescientem
recti legibus aluei ligasti —
et nunc ille ego turbidus minaxque,
uix passus dubias prius carinas,
iam pontem fero peruiusque calcor ;
qui terras rapere et rotare siluas
adsueram — pudet —, amnis esse coepi ;
sed grates ago s*e*ruitusque tanti est,
quod sub te duce, te iubente cessi,
quod tu maximus arbiter meaeque
uictor perpetuus legere ripae.
Et nunc limite me colis beato
nec sordere sinis malumque late
deterges sterilis soli pudorem,
ne me puluereum grauemque caelo
T*y*rrheni sinus obluat profundi

66 Safon *scripsi cl. Geogr Rau 4, 32 ; 5, 2* (Safon) *Tab Peut* (Safo) *Guido 75* (Safum) : sason *M cf. Guido 33 ceterum de litt.* f *et* s *commut. uide Introduction XXXIII* Sauo *Domitius cl. Plin NH 3, 61 edd. omnes , de hoc fluuio nunc Savone PW 2 R 2, 260* || **73** qui ς : Quis *M* || **74** et ς : It *M cf. u. 62* || **79** *cf. ad u. 35* || **81** seruitus- *Politianus* : scr- (str- *Souter*) *M* || **84** perpetuus [*alterum* e *ex* i *M*[1]] *M* || **89** tirrheni *M* || obluat *M* : -bru- ς *quod quo modo in id u. mutari potuerit cuius deest testimonium non uideo.*

pareil au Bagrada cinyphien, qui, entre des berges silencieuses, rampe à travers les campagnes puniques[1] — ; mais tel j'irai que ma course brillante pourra défier la mer paisible, et la pureté de mes flots profonds, le Liris voisin[2]. »

Ainsi parla le Fleuve, et en même temps, pavée de marbre, la route avait dressé son dos immense[3*]. Son entrée, son seuil béni du ciel est formé par un arc[4], où éclatent les trophées de guerre de notre chef et les marbres de toutes les carrières de Ligurie, et aussi vaste que celui qui couronne les nuées par la pluie. Là le voyageur, quittant sa route, change de direction, là la Voie Appienne se plaint d'être délaissée. Alors la course se fait plus rapide et plus ardente, alors les bêtes de trait elles-mêmes s'élancent avec joie, comme quand, à l'heure où les bras des rameurs sont épuisés, vous vous élevez, ô brises, faisant frissonner les voiles. Accourez donc tous, hâtez-vous, ô peuples qui, sous le ciel d'Orient, honorez la Bonne Foi du Père de la patrie romaine, venez par cette route facile ; arrivez plus vite, lauriers du Levant[5*]. Rien ne s'oppose à votre désir, rien ne vous retarde[6*] : celui qui quitte le Tibre au point du jour, qu'à la tombée du soir il vogue sur le Lucrin.

Mais quelle est cette femme que j'aperçois tout au bout de la nouvelle route, aux lieux où Apollon attire les regards sur l'antique Cumes[7*], avec, dans sa blanche chevelure, ses blanches bandelettes ? Ma vue fait-elle

1. Description classique — cf. LUCAIN, 4,587 sq., SILIUS ITALICUS, 6,140 sqq. — du Bagrada (Medjerda), qui aboutit à la mer entre Carthage et Utique ; il est possible que ce soit par inadvertance qu'est appliquée au fleuve une épithète savante, depuis VIRGILE, *Georg.* 3,312, tirée d'un autre fleuve : le Cinyps (Wadi Magar Grin ou Wadi Quaam) coule entre les deux Syrtes ; l'adjectif est déjà, comme ici et 4,9,32 (parodie), un substitut de *Libycus* dans OVIDE, *Met.* 15,755 *Cinyphium... Iubam.*

2. SIL. IT., 4,350 *gemmanti gurgite* — Liris (Liri-Garigliano).

4. Domitien avait multiplié, dans Rome, les arcs de triomphe, SUÉTONE, *Dom.* 13 ; celui-ci, dont rien ne subsiste, signalait le commencement de la Via Domitiana, près de Mondragone — v. à *titul.* —, là où la Via Appia prenait la direction de l'est, vers Casilinum et Capoue 101 sq.

— qualis Cin*y*phius tacente ripa
Poenos Bagrada serpit inter agros —,
sed talis ferar, ut nitente cursu
tranquillum mare proximumque possim
puro gurgite prouocare Lirim. »
  Haec Amnis pariterque se leuarat
ingenti plaga ma*r*morata dorso.
Huius ianua prosperumque limen
arcus, belligeris ducis trop*a*eis
et totis Ligurum nitens metallis,
quantus nubila qui coronat imbri.
Illic f*l*ectitur excitus uiator,
illic Appia se dolet relinqui.
Tunc uelocior acriorque cursus,
tunc ipsos iuuat impetus iugales ;
ceu fessis ubi remigum lacertis
primae carbasa uentilatis, aurae.
Ergo omnes, age, quae sub axe primo
Romani colitis Fidem parentis,
prono limite commeate gentes,
Eoae citius uenite laurus.
Nil obstat cupidis, nihil moratur :
qui primo *T*iberim relinquit ortu,
primo uespere nauiget Lucrinum.
  Sed quam fine uiae recentis *i*mo,
qua monstrat ueteres Apollo Cumas,
albam crinibus infulisque cerno ?

90 ciniphius *M* || tacente *M* : ia- *Peyraredus alii alia cf. Prop 3, 15, 33* litore... tacito *Sil 4, 350* tacitas... ripas || **96** mamorata *M* || **98** belligeris *M* : -ri *Domitius sed et* tropaeis *epitheton desideratur, unde enallage oria, nec a sigmatismo poeta abhorrere uidetur* || tropeis *M* || **101** fectitur excitus *M* : flectit iter citus *Cartault JS 1904, 527 at* excitus *i.q. de recta regione demotus ut monet Klotz cf. ad 3, 3, 99* || **104** ipsos ς : -so *M* || **112** thiberim *M* || **114** imo *ed. princ. Ven. 1472* : uno *M*

erreur ? N'est-ce pas la Sibylle qui porte hors de sa grotte sacrée les lauriers de Chalcis[1] ? Retirons-nous ; lyre, cesse maintenant tes chants : une inspiration plus vénérable se manifeste, il faut te taire. Mais voici que sa nuque tourne sur elle-même, qu'elle se livre sans limite à sa frénésie sur un nouvel emplacement et remplit toute la route. Alors sa bouche virginale profère ces paroles :

« Je le disais[2], il viendra — prenez patience, Plaines et Fleuve —, il viendra par la faveur du ciel, celui qui dissipera l'horreur des broussailles et les miasmes des sables en jetant un pont élevé et traçant une route. Le voici ! C'est un dieu[3], c'est à lui que Jupiter enjoint de gouverner pour lui le monde dont il fait le bonheur[4]* ; il n'en est pas de plus digne qui en ait tenu les rênes depuis que, sous ma direction, Énée, s'enquérant avidement de l'avenir, pénétra dans les bosquets fatidiques de l'Averne pour les quitter ensuite. Il est favorable à la paix, il est terrible sous les armes ; il a plus de bonté que la Nature et plus de puissance. Oui, s'il gouvernait le ciel que parcourent les flammes, des pluies abondantes, Inde, t'arroseraient, la Libye regorgerait d'eau, l'Hémus serait tiède[5]*. Salut, chef des hommes et père des dieux*[6], divinité par moi pressentie et préordonnée ! Ne parcours plus des yeux mes paroles que déroulent des feuilles tombant en poussière, tandis que s'élève la prière solennelle des quindécemvirs ; écoute plutôt mes prophéties face à face, comme tu en es digne[7]*. J'ai vu

1. Cf. 24 et à 1,2,177.

2. La situation appelait la prophétie — *post euentum* — du règne béni et destiné à ramener l'âge d'or, que l'épopée avait d'ailleurs empruntée à l'ἐγκώμιον βασιλέως cf. VIRGILE, *Aen.* 6,792 sqq., v. NORDEN, *Rh. Mus.*, 1899, 476 sqq. et SÉNÈQUE, *Apocol.* 4,1 (*laudes Neronis*), v. WEINREICH, *Sen. Ap.*, 1923, 39.

3. La formule *en hic est deus* — cf. LUCRÈCE, 5,8 *deus ille fuit, deus* —, non hellénique, se retrouve dans les hymnes hermétiques, dans les papyri magiques, dans l'Ancien et dans le Nouveau Testament, v. *Gr. pap. Br. Mus.*, 1893, 69 οὗτός ἐστιν ὁ κύριος τῆς οἰκουμένης, NORDEN, *Agnostos Theos* 177 suiv., SAUTER, *Röm. Kaiserk. bei Mart. u. Stat.* 74.

uisu fallimur ? an sacris ab antris
profert C*h*alcidicas Sibylla laurus ?
cedamus ; chely, iam repone cantus :
uates sanctior incipit, tacendum est.
En et colla rotat nouisque late
bacchatur spatiis uiamque replet.
Tunc sic uirgineo profatur ore :
« Dicebam, ueniet — manete Campi
atque Amnis —, ueniet faue*n*te caelo,
qui foedum nemus et putres harenas
celsis pontibus et uia leuabit.
En hic est deus, hunc iubet beatis
pro se Iuppiter imperare terris ;
quo non dignior has subit habenas,
ex quo me duce praescios Auerni
Aeneas auide futura quaerens
lucos et penetrauit et reliquit.
Hic paci bonus, hic timendus armis,
Natura melior potentiorque.
Hic si flammigeros teneret axes,
largis, India, nubibus maderes,
undaret Libye, teperet H*a*emus.
Salue, dux hominum et parens deorum,
prouisum mihi conditumque numen.
Nec iam putribus euoluta chartis
sollemni prece quindecim uirorum
perlustra mea dicta, sed canentem
ipsam comminus, ut mereris, audi.

118 Profest calchidicas *M* || **119** ropone *M* || **125** fauente ς : -ete *M ex u. 124* manete *cf. Ouid M 15, 758* quo *(i.e. Caesare)* praeside rerum humano generi, superi, fauistis abunde *Sauter Kaiserkult bei Mart und Stat 1934, 26* || **134** boniss [nus *M*[1]] *M cf. 4, 8, 49* || **138** hemus *M*

quelle suite d'années méritées les sœurs de blanc vêtues[1] filent pour toi : une grande série de siècles[2] t'est réservée ; outrepassant la vie de tes fils et de tes arrière-petits-fils[3], tu porteras dans une perpétuelle jeunesse le poids des années que l'on dit qu'aborda[4] paisiblement Nestor, que compte la vieillesse de Tithon et que j'ai moi-même demandées au dieu de Délos[5]. Déjà l'Ourse neigeuse t'a prêté serment ; c'est maintenant au tour de l'Orient de te procurer de grands triomphes[6]. Tu iras par les lieux où errèrent Hercule et Euhan, au delà des astres et des flammes du soleil, de la source du Nil et des neiges de l'Atlas[7]*, et, heureux de te voir comblé de toutes les louanges, tu monteras, guerrier, sur le char de triomphe, tu en refuseras aussi les honneurs[8]* ; tant que durera le feu apporté de Troie et que le dieu Tarpéien tonnera dans son temple ressuscité[9]*, jusqu'à ce que cette route, tandis que tu gouverneras l'univers, se charge de plus d'années que n'en compte la voie Appienne. »

1. Cf. 1,2,24 *Parcarum... albo | uellere*, 1,4,123 ; 4,8,18 ; mais *nigras... sorores* 3,3,21 v. *ad u.*

2. Reprise de Virgile, *Buc.* 4,5 *magnus ab integro saeclorum nascitur ordo*, mais dans un dessein différent et qui se laisse déjà saisir 3,4,100 sqq. ; sur l'*aeternitas* du prince v. app. crit.

3. Formule fixée, en porte-à-faux, v. à 1,1,74.

4. *Annos... adisse* d'après Ovide, *Trist.* 4,4,58 *nec placidos portus hospita nauis adit* v. *Thes. LL.* 1,626,56 ? L'expression vient plutôt de la langue du droit : *adire hereditatem* « accepter, aborder un héritage » v. *Thes LL.* 1,627,84.

5. V. à 5,3,175.

6. Domitien a soumis le Rhin et le Danube ; il soumettra l'Orient, v. à 4,1.40 sqq.

Vidi quam serie*m* merentis aeui
pronectant tibi candidae sorores :
magnus te manet ordo saeculorum,
natis longior abnepotibusque
annos perpetua geres iuuenta,
quos fertur placidos adisse Nestor,
quos *T*ithonia computat senectus
et quantos ego Delium poposci.
Iurauit tibi iam niualis Arctus ;
nunc magnos Oriens dabit triumphos.
Ibis qua uagus Hercules et Euhan
ultra sidera flammeumque solem
et Nili caput et niues Atlantis,
et laudum cumulo beatus omni
scandes belliger abnuesque currus ;
donec Troicus ignis et renatae
Tarpeius pater intonabit aulae,
haec donec uia te *r*e*g*ente terras
annosa magis Appia senescat. »

145 seriem *M* : -es *M* || merentis *M* : uire- *Heinsius* rece- *Krohn* mane- *Phillimore alii alia nec recte « quod hanc seriem meretur » interpretatur Vollmer sed in* merentis *passiui significatio agnoscenda cf. Verg A 2, 585* poenas merentis *quod pro genet. habet Heyne sed uide Helm Ph W 1934, 1419 Hofmann IF 1917-20, 183 Wackernagel Vorlesungen 1, 285 neque offendit uu. 144-145 uocis iteratio, de aeternitate principis Sauter 116 Berlinger diss Breslau 1935, 25 Scott Imp cult under Flav 1936, 149 Instinsky Herm 1942, 313* || **151** tithonia *M*[2] : ci- *M* || **157** *post u. 154 colloc. Postgate Phil 1905, 129 post u. 158 Brandes Ztschr östr Gymn 1885, 575 qui* ad Nili *scribit sed uide Housman CR 1906, 44 qui totum locum expediuit* || **159** scandes ς : Sa- *M* frondes *Slater alii alia sed* scandes currus *intellegendum* || **162** regente ς : gerente *M* || **163** senescat *M* : -cet *Heinsius cl. u. 161* intonabit *iusta sine causa cf. Schmalz-Hofmann 754*

IV

LETTRE A VITORIUS MARCELLUS[1]

Cours, hâte-toi, ma lettre, à travers les plaines eubéennes[2]*, prenant la route dont le tracé forme un rameau au flanc de l'illustre Voie Appienne et dont la chaussée solide presse les sables inconsistants[3]. Et dès que, rapide, tu auras pénétré dans l'enceinte des collines de Romulus, gagne aussitôt la rive droite du Tibre blond, là où sa berge lydienne resserre l'anse profonde du bassin naval[4]* et où les eaux servent de frange aux jardins suburbains[5]*. Là tu verras Marcellus, aussi distingué de sa personne que par son esprit ; sa haute stature te le fera remarquer et reconnaître. Commence par le saluer comme tout le monde a coutume de le faire ; ensuite ne manque pas de lui adresser ces paroles enfermées dans le mètre poétique :

« Déjà la fuite du printemps pluvieux libère la terre et le ciel à la rotation rapide et brûle le firmament où aboie la chienne Icarienne[6]* ; déjà se vident les hautes murailles de la grouillante Rome. Les uns cherchent un abri dans la ville sainte de Préneste, les autres dans la fraîcheur du bois sacré de Diane, ceux-ci sur le sauvage mont Algide[7]*, ceux-là sous les ombrages de Tusculum, d'autres s'élancent vers les bosquets de Tibur, d'autres encore vers les flots glacés de l'Anio. Et toi, quel pays plus aimable te dérobe à la bruyante Rome ? Quel ciel te permet d'échapper aux ardeurs

1. Sur Vitorius Marcellus v. à 4 *epist.* 1 ; sur l'*epistola* — interpellée comme le papyrus de CATULLE, 35,1 sqq. — v. à 8 sqq.

3. Cf. 4 *epist.* 9 sqq. La lettre, partant de Naples, prend la Via Domitiana 4,3, qui, aux yeux d'un voyageur venant de Rome, est un rameau détaché, après Sinuessa, de la Via Appia et la flanquant à l'ouest.

IV

EPISTOLA AD V*I*TORIVM MARC*E*LLVM

Curre per Euboicos non segnis, epistola, campos,
hac ingressa ui*a*, qua nobilis Appia crescit
in latus et molles solidus premit agger harenas.
Atque ubi Romuleas uelox penetraueris arces,
conti*nu*o dextras flaui pete Th*y*bridis oras,
Lydia qua penitus stagnum nauale coercet
ripa suburbanisque uadum praetexitur hortis.
Ill*ic* egregium formaque animisque uidebis
Marcellum et celso praesignem uertice nosces.
Cui primam solito uulgi de more salutem,
mox inclusa modis haec reddere uerba memento :
« Iam terras uolucremque polum fuga ueris aquosi
laxat et Icariis caelum l*a*tr*a*tibus urit ;
ardua iam densae rarescunt moenia Romae.
Hos Praeneste sacrum, nemus hos glaciale Dianae,
Algidus aut horrens aut Tuscula protegit umbra,
Tiburis hi lucos A*ni*enaque frigora captant.
Te quoque clamosae quaenam plaga mitior Vrbi
subtrahit ? aestiuos quo decipis aere soles ?

IV VICTORIVM MARCILLVM *M de forma nominis* Vitorius Marcellus *Nohl Herm 1877, 517 Mommsen Ibid 1878, 429 cf. CIL 6, 2078-81*

2 uia *Vollmer* : -as *M* || **5** contimuo *M* || thibridis *M* || **8** illic ς : -le *M* -e *ex* e- *ut uid.* -lac *Krohn, sed ad* oras *potius quam ad* qua *pertinet aduerbium* || **9** uertite *M* || **13** lantrantibus *M* || **17** Aniena- ς : ame- *M*

de l'été ? Et ton ami préféré, ton souci dominant, Gallus[1], que j'aime également — on ne sait si l'on doit admirer davantage son caractère ou les dons de son esprit — ? Passe-t-il la chaude saison sur les côtes du Latium, ou va-t-il déjà retrouver les murs de Luna aux riches carrières et sa demeure tyrrhénienne ? En tout cas s'il est près de toi, avec toi, je ne suis pas à présent bien loin de votre conversation ; le fait est certain, car voici que mes deux oreilles tintent[2*]. Mais toi, tandis que la farouche crinière de l'astre de Cléones s'enflamme au gré d'Hypérion trop ardent[3*], délivre ton cœur de tout souci et soustrais-toi à un labeur sans trêve. Même le Parthe dépose son carquois funeste et détend son arc, et l'aurige rafraîchit dans l'Alphée ses chevaux qu'ont harassés leurs courses par la plaine d'Élis, et ma lyre elle-même s'épuise et se relâche : un repos judicieux excite et alimente la vigueur, et la valeur s'accroît après une détente. C'est ainsi qu'Achille, après avoir chanté Briséis, se montra plus ardent et, le plectre une fois déposé, se jeta sur Hector. Toi aussi, tu gagneras insensiblement une nouvelle flamme en retrouvant pour quelques instants le repos et tu bondiras avec une jeune vivacité sur tes tâches accoutumées. Pour sûr, les cours de justice latines ont déjà mis fin à leurs disputes, la paresseuse saison jouit de la paix, et le retour de la moisson a vidé le forum. Une foule d'accusés ne remplit plus ton vestibule, des clients plaintifs ne te prient plus de sortir ; elle est au repos, la lance modératrice des cent juges[4], devant laquelle une éclatante réputation met dès maintenant au premier rang ton éloquence sublime et ta parole juvénile devance tes années. Combien tu es heureux dans tes travaux, toi qui n'as point souci des couronnes de l'Hélicon ni des pacifiques lauriers que l'on cueille

1. Par un procédé familier Stace introduit dans son poème un ami du dédicataire, cf. 2,1,191 ; 201 ; 2,3,77 (Blaesus), 4,6,94 (Vestinus), 5,2,152 (Optatus) ; Gallus n'est pas connu d'ailleurs.

4. La *hasta* — cf. *Laus Pis*. 41, Mart., 7,63,7 — était plantée contre le tribunal des Centumvirs (Suétone, *Aug*. 36, Gaius, 4,16), dont la juridiction civile s'exerçait dans la Basilique Julia, Pline, *Ep*. 5,9,1 sq., cf. 2,14 ; 6,33.

quid tuus ante omnis, tua cura potissima, Gallus,
nec non noster amor — dubium morumne probandus
ingenii*ne* bonis — ? Latiis aestiuat in oris
anne metalliferae repetit iam moenia Lunae
Tyrrhenasque domos ? quod si tibi proximus haeret,
non ego nunc uestro procul a sermone recedo ;
certum est, inde sonus geminas mihi circumit aures.
Sed tu, dum nimio possessa Hyperione *fl*a*gr*at
torua Cleon*a*ei iuba sideris, exue curis
pectus et adsiduo temet furare labori.
Et sontes *o*perit *ph*aretras arcumque retendit
Parthus et Eleis auriga laboribus actos
Alphe*o* permulcet equos et nostra fatescit
laxaturque chel*y*s : uires instigat alitque
tempestiua quies, maior post otia uirtus.
Talis cantata Briseide uenit Achilles
acrior et pos*i*tis erupit in Hectora plectris.
Te quoque flammabit tacit*e* repetita parumper
desidia et soli*t*os nouus exultabis in actus.
Certe iam Latiae non miscent iurgia leges,
et pacem piger annus *h*abet messesque reuersae
dimisere forum. Nec iam tibi turba reorum
uestibulo querulique rogant exire clientes ;
cessat centeni moderatrix iudicis hasta,
qua tibi sublimi iam nunc celeberrima fama
eminet et iuuenis facundia praeterit annos.
Felix curarum, cui non *H*eliconia cordi

20-24 *sic dist. Housman CR 1906, 45 cl. Hor Epist 1, 3, 9-13* || **22** ingeniine ς : -iue *M* || **26** geminas geminas [*alterum exp. M*[1]] *M* || cirumit *M* || **27** fraglat *M* || **28** cleonei *M* || **30** operit ς : ap- *M* || faretras *M* || **32** Alpheo ς : -os *M* || fatescit *M cf. Sil 2, 316 ; 9, 323 Amm 25, 1, 3 al. sed 5, 1, 35* fatiscet || **33** chelis *M* || **36** positis ς : postis *M quae forma 7ies ap. Stat. reperitur sed et in compositis et in arsi Neue-Wagener 3, 533* || **37** tacite ς : -tae *M* || **38** solitos ς : -idos *M* || **40** habet ς : la- *M* || **46** eliconia *M*

au sommet du Parnasse, mais dont l'esprit est plein de vigueur et dont l'âme, armée pour les grandes actions, supporte également toutes les alternatives ! Pour moi, je charme les loisirs de ma vie par le chant et je cours après la joie d'une renommée capricieuse. Et voici qu'à la recherche du sommeil et du séduisant rivage où l'étrangère Parthénopè trouva son refuge dans un port ausonien[1], j'ébranle d'un doigt languissant les faibles cordes de ma lyre et qu'assis sur le seuil du sanctuaire de Virgile[2]* je prends courage et fais entendre mes mélodies au tombeau du grand maître : mais toi, si Atropos t'accorde une longue suite d'années — et je souhaite qu'il en soit ainsi et que la puissance divine du chef latin confirme ses dons, ce chef que ton zèle honore en mettant après lui le dieu Tonnant, et qui sans intervalle a prolongé par une nouvelle charge la durée de tes faisceaux et t'ordonne de restaurer le développement de la sinueuse Voie Latine —, peut-être iras-tu commander les cohortes ausoniennes, ou bien gouverner les peuples du Rhin, ou les rivages de la sombre Thulé, ou t'est-il donné de garder l'Hister et les abords redoutables de la porte Caspienne[3]. Car tu n'as pas seulement le mérite d'une éloquence puissante ; tu as aussi des membres propres à la guerre et des muscles qui ont de la peine à entrer dans la lourde cuirasse : si tu t'apprêtes à parcourir à pied la plaine, l'aigrette de ton casque se balancera au-dessus des bataillons ; et si tu tires sur le mors qui sonne, le cheval le plus farouche t'obéira. Pour moi, en chantant les hauts faits des autres, j'entre dans la vieillesse : toi, resplendissant de beauté sous tes armes, tu accompliras personnellement des exploits faits pour être célébrés et tu donneras d'illustres exemples au petit Géta, auquel dès à présent son belliqueux aïeul demande de répéter

1. Lié à 3,5,79 sq., le texte révèle une tradition qui conduisait la Sirène avec les colons grecs à Naples par Cumes, sinon directement, la légende, propre à la fondation de Cumes, de la colombe d'Apollon guidant l'oeciste ayant pu être appliquée à la fondation de Naples.

3. Dans 56-64, comme dans 1,2,174-181, Stace tire parti du

serta nec imbelles Parnasi e uertice laurus,
sed uiget ingenium et magnos accinctus in usus
fert animus quascumque uices : nos otia uitae
solamur cantu uentosaque gaudia famae
quaerimus. En egomet somnum et geniale secutus
litus, ubi Ausonio se condidit hospita portu
Parthenope, tenues ignauo pollice c*h*ordas
pulso Maroneique sedens in margine templi
sumo animum et magni tumulis adcanto magistri :
at tu, si longi cursum dabit Atropos aeui,
— detque, precor, Latiique ducis sic numina pergant,
quem tibi posthabito studium est coluisse Tonante,
quique tuos alio subtexit munere fasces
et spatia obliquae mandat renouare Latinae —
forsitan Ausonias ibis frenare cohortes
aut Rheni populos aut nigrae litora Th*y*les
aut Histrum seruare datu*r* metuendaque portae
limina Caspiacae. Nec enim tibi sola potentis
eloquii uirtus ; sunt me*m*bra accommoda bellis
quique grauem tarde subeant thoraca lacerti :
seu campo pedes ire pares, est agmina supra
n*u*ta*t*urus apex ; seu frena sonantia flectes,
seruiet asper equus. Nos facta aliena canendo
uergimur in senium : propriis tu pulcher in armis
ips*e* canenda geres paru*o*que exempla parabis
magna Getae, dignos quem iam nunc belliger actus

53 cordas *M* || **60** obliquae *M i. e. flexuosae cf. Ouid M 9, 18* : antiquae *Domitius* || **62** thiles *M* || **63** datur *Politianus* : -us *M* latus *Domitius recep. Vollmer cl. Theb 8, 290* || **64** pontentis *M* || **65** menbra *M* || **66** tarde *M def. Schwartz pr Rostock 1889, 13 Vollmer cl. Theb 1, 489* : haud tarde *Barth* artandi *Phillimore alii alia* || **68** nutaturus ς : Nittaur- *M* || **71** ipse ς : -sa *M* || paruo- ς : -ua- *M*

les actes mémorables des siens et à qui il fournit à la maison l'expérience des triomphes[1]*. Courage donc, enfant ! Que tes jeunes années rattrapent l'âge viril de ton père, heureux également du lignage de ta mère et de la valeur paternelle[2]*. Déjà la Curie, avec douceur, t'élève dans les plis d'une robe bordée de pourpre tyrienne et se réjouit de te promettre toutes les chaises curules.

Voilà, Marcellus, le chant que je t'adresse des rivages chalcidiens[3], là où le Vésuve dresse ses fureurs maintenant brisées, en déversant des feux qui rivalisent avec les flammes de la Trinacrie. Étrange tradition ! Les siècles futurs pourront-ils croire, quand les moissons repousseront et qu'enfin reverdiront ces déserts, que des villes et des populations sont englouties sous leurs pieds et que les campagnes de leurs ancêtres ont disparu dans une mer *incendiée*[4] ? Et cependant cette cime ne renonce pas encore à ses menaces de mort. Que ce destin n'approche pas de ta chère Téate[5]*, que cette rage ne secoue pas les collines des Marrucins.

Maintenant, si tu veux connaître les entreprises de ma muse, la Thébaïde, ayant conduit au terme son œuvre sidonienne[6]*, a plié ses voiles dans le port désiré ; sur les sommets du Parnasse et dans la forêt de l'Hélicon, elle a jeté de l'encens dans les flammes de fête avec les entrailles d'une génisse encore vierge et elle a suspendu

cursus du dédicataire — les honneurs obtenus étant la promesse, s'il plaît à la divinité du prince, de ceux qui restent à obtenir. Le présent 60 *mandat* doit être pris en tant que tel : en 95 Vitorius Marcellus est *curator uiae Latinae* — non à titre provisoire, malgré HIRSCHFELD, *Kaiserl. Verwaltungsbeamten*[2] 207 — : Domitien lui a confié la fonction aussitôt après sa préture — *tuos alio subtexit munere fasces* 59 —, que ne concerne pas, malgré VOLLMER, *Ed.* 463, le v. 43. Il peut s'attendre à être ensuite *legatus Augusti* et à exercer un haut commandement militaire dans le Nord ou en Orient. Les « exemples », répartis en deux paires, sont typiques ; il est pourtant possible que la porte Caspienne soit évoquée en raison de mouvements des Parthes ou des Chinois, v. à 4,1,40 sqq.

3. V. à 1.

4. Restitution de VOLLMER — l'alliance de mots *tosto mari* renouvelant la métaphore du « flot de lave » *Aetna*, 484 ; 495, mais v. app. crit.

poscit auos praestatque domi nouisse triumphos.
Surge, agedum, iuuenemque, puer, deprende parentem,
stemmate materno felix, uirtute paterna.
Iam te blanda sinu Tyrio sibi Curia felix
educat et cunctas gaudet spondere curules.
  Haec ego Chalcidicis ad te, Marcelle, sonabam
litoribus, fractas ubi Vesuius erigit iras,
aemula Trinacriis uoluens incendia flammis.
Mira fides ! credetne uirum uentura propago,
cum segetes iterum, cum iam haec deserta uirebunt,
infra urbes populosque premi proauitaque † toto †
rura abiisse mari ? necdum letale minari
cessat apex. Procul ista tuo sint fata Teate
nec Marrucinos agat haec insania montes.
  Nunc si forte meis quae sint exordia musis
scire petis, iam Sidonios emensa labores
Thebais optato collegit carbasa portu
Parnasique iugis siluaque Heliconide festis
tura dedit flammis et uirginis exta iuuencae

73 auos *M quam formam habent, praeter Plaut., bis Varro semel Cic Sall Verg A 10, 76 P Ouid P 3, 228 R ter Sen Rh CIL 3, 3527 ; 6, 14009* : -uus *Domitius sed uide Postgate CR 1903, 350* || prestat- *M* : pers- *Peyraredus alii alia sed uide Postgate CR 1906, 306, triumphalis uir fuit auus maternus Cn. Hosidius Geta, de iunctura* praestat nouisse *Schmalz-Hofmann 580 qui non memorant nisi Apul M 4, 1* || **76** tirio *M* || curia *Markland* : glor- *M cf. 1, 4, 41 ; 4, 5, 41 ; 5, 2, 27* || **78** calchidicis *M* || **79** Vesuius ς *cf. Val Fl 3, 209 al. Sil 17, 593 Martial 4, 44, 1* (Vesbius) *nomen osco more expressum Sommer Hdb 132* : ue suus *M litt.* -uiu- *una hasta omissa u. Introd. XXXVIII at 4, 8, 5* Vesaeuus || erigit ς : -get *M* || **80** trinacrius [-iis *M*[1]] *M* || **83-84** toto —mari *M* : tota — mari *Unger Stat ecl ultima 1868, 179* tuto — mari *Baehrens* tosto — mari *Vollmer* tofo — graui *Saenger alii alia nihil certi,* mari *quidem retinendum uidetur neque epitheto carere posse sed utrum metaphorice ad ignium riuos significandos an proprio sensu (cf. Sudhaus Aetna 54) usurpetur non liquet* || **85** tuo sint *ed. Parm.* : tuos in *M* || Teate *M* : -ti *Imhof sed ablat.* -te *legitur CIL 8, 2628 cf. ablat.* Praeneste Reate Tergeste *Neue-Wagener 1, 358* || **86** Marrucinos ς : maur [*del. M*[1]] marucinos *M* || **90** eliconide *M* || **91** iuueneae *M*

mes bandelettes à un arbre votif. Et à présent, voici qu'un autre bandeau vient se nouer autour de ma chevelure libre : oui, je veux essayer mon talent sur Troie et sur le grand Achille ; mais le dieu armé de l'arc m'appelle ailleurs et me montre les armes plus puissantes du chef de l'Ausonie. Il y a déjà longtemps que l'élan de mon cœur me porte de ce côté, mais la crainte m'arrête. Mes épaules pourront-elles supporter un tel fardeau, ou bien ma nuque cédera-t-elle sous le poids ? Dis-moi, Marcellus, faut-il m'y essayer ? Ou dois-je encore me garder de confier ma nacelle, accoutumée à des flots plus tranquilles, aux périls de la mer Ionienne[1] ?

Et maintenant, adieu ! Ne laisse pas ton estime pour le poète qui t'est profondément dévoué sortir de ton cœur. Non, pas même en effet le héros de Tirynthe, cœur plein de la bienfaisante amitié[2] — elle cédera à ta gloire, celle du fidèle Thésée et celle du guerrier qui, pour se consoler de la perte de son ami, traîna autour des murs de Troie le corps mutilé du fils de Priam. »

1. Interrogations oratoires : c'est bel et bien l'*excusatio* qui se trouvait dans *Theb.* 1,16 sqq. ; 32 et allait se trouver dans *Ach.* 1, 18. Virgile, *Buc.* 6,3 sqq. : comme le poète veut chanter les rois et les combats, Apollon lui tire l'oreille et le renvoie à ses *lusus*. Ici au contraire *Arcitenens* — composé sur le modèle du grec τοξοφόρος par Naevius, *BP.* 30, v. Cordier, *Vocabulaire épique dans l'Énéide* 226 ; 249, puis dans Cic., *Phaen.* 182,405 et Virg., *Aen.*, 3,75 — presse Stace de dire les guerres de Domitien : mais pour un tel sujet, le poète doit accroître ses forces ; et l'épopée, nouvellement mise en chantier, sera une *praelusio* au grand œuvre, *magnusque tibi praeludit Achilles*.

2. L'alignement des trois paires symboliques, Hercule et Télamon — cf. 5,2,50, *Theb.* 9,68 —, Thésée et Pirithoüs, Achille et Patrocle, est rompu, de parti pris, par l'anacoluthe, v. app. crit.

uotiferaque meas suspendit ab arbore uittas.
Nunc uacuos crines alio subit infula nexu :
Troia quidem magnusque mihi temptatur Achilles,
sed uocat arcitenens alio pater armaque monstrat
Ausonii maiora ducis. Trahit impetus illo
iam pridem retrahitque timor. Stabuntne sub illa
mole umeri an magno uincetur pondere ceruix ?
dic, Marcelle, feram ? fluctus an sueta minores
nosse ratis nondum Ioniis credenda periclis ?
Iamque uale et penitus uoti tibi uatis honorem
corde exire ueta. Nec enim Tirynthius, almae
pectus amicitiae, — cedet tibi gloria fidi
Theseos, et lacerum qui circa moenia Troiae
Priamiden caeso solacia traxit amico. »

102 tirinthius *M* || *lac. post* Tirynthius *Markland Leo de Stat Silu comm 1892, 15 sed uix ferendum* nec enim *quod in* sed enim *mutauit Köstlin Phil 1876, 496, alii locum temptauerunt sed nec* Tirynthius *reici posse uidetur* (retinentius *Grotius* seruantius *Saenger al.*) *nec* pectus *cf. Martial 9, 14, 2 al.* (parcus *Slater J Phil 1907, 152*), *melius anacoluthon recepit Vollmer*

V

ODE LYRIQUE A SEPTIMIUS SÉVÉRUS[1]

Heureux des productions de mon petit domaine, aux lieux où la vieille Albe garde le culte des lares troyens[2], je salue le brave et éloquent[3] Sévérus sur un rythme qui ne m'est pas accoutumé[4*].

Déjà[5*] l'hiver farouche s'est retiré vers les Ourses parrhasiennes[6*], accablé des traits du soleil haut sur l'horizon ; déjà la mer et la terre sourient ; car l'aquilon brisé a fait place aux zéphyrs.

Maintenant c'est le règne du printemps ; l'arbre reprend sa chevelure annuelle de feuillages ; maintenant les oiseaux font entendre des plaintes nouvelles et risquent pour la première fois le chant qu'ils ont composé dans le silence de la froide saison.

Pour moi, une terre peu prodigue, un foyer qui ne s'éteint pas, un toit noirci par l'insistance de la flamme claire[7*] font ma consolation[8*], et le jus de Lyéus que j'ai tiré d'une jarre où il venait de fermenter.

1. Sur Septimius Severus, v. à 4 *epist.* 11 sqq. En face de *lyricum carmen* 11, le titre *ode lyrica* (cf. 4,7 *titul.*) est suspect. STACE, 4 *non solitis fidibus* et 4,7,6 *noui plectri* présente les deux poèmes, le premier, en strophes alcaïques, le second, en strophes saphiques, comme des essais — non renouvelés, à notre connaissance. Celui-ci peut être un hommage au barbitos du dédicataire 58 sqq. C'est une lettre — *saluto* 4 — lyrique, partie d'Albe, en témoignage d'affection : moi — le printemps dans la villa 1 sqq. ; toi (25-28 ménageant adroitement le passage) — éloge de Septimius (l'homme l'avocat, le poète) 29-60. L'ensemble est délibérément horatien : 1 p. ex. combine *C.* 2,18,14 avec 1,17,16, *Epo.* 2,1 et *Epist.* 1,10, 14 ; 18 = *C.* 2,16,34 ; 25 = *C.* 3,25,18 et *Serm.* 2,8,60 sq. ; 51 = *Serm.* 2,1,40 ; 60 = *C.* 1,1,34 et 1,5,3 etc. La métrique aussi, v. à 4.

2. Sur l'Albanum de Stace pour lequel Domitien lui concéda une adduction d'eau et où il donna le sépulture à son père, 3,1,61 sqq., 5,3,36 sqq.

3. *Fortem* a trait à l'éloquence judiciaire, *facundum* au talent littéraire (poésie comprise).

V

ODE LYRICA AD SEPTIMIVM SEVERVM

Parui beatus ruris honoribus,
qua prisca Teucros Alba colit lares,
fortem atque facundum Seuerum
non solitis fidibus saluto.

Iam trux ad Arctos Parrhasias hiems
concessit altis obruta solibus,
iam pontus ac tellus renident
in zephyros aquilone fract*o*.

Nunc cuncta ueris ; frondibus annuis
crinitur arbos, nunc uolucrum noui
questus inexpertumque carmen,
quod tacita statuere bruma.

*N*os parca tellus peruigil et focus
culmenque multo lumine sordidum
solantur exemptusque testa
qu*a* modo fer*u*uerat Ly*a*eus.

V **8** in *Buecheler Krohn* : Iam *M fortasse ex u. 7* iam *sed uide ad 2, 6, 42* || fracto ς : -os *M* || **9** *dist. Postgate Phil 1905, 129* || **10** crinitur ς *cf. Theb 4, 217 u. ex* crinitus *ficto Schamberger diss phil Hal 17, 1907, 295* : -us *M* || **12** statuere *M temptauerunt nonnulli def. Vollmer i.q. meditati sunt cf. Plin NH 10, 82 uel potius disposuere* || **13** nos ς : Hos *M* || **16** qua ς : Quo *M* || feruuerat *scripsi* : fer uerat *M* ferbuerat ς *quae forma in codd. praeualere solet Neue-Wagener 3, 388 Sommer Hdb 572 sed ueri simile h.l. -u ante u- euanuisse Havet 435 cf. Hor Serm 1, 2, 71* <con>ferbuit *Fλuδ sed* conferuuit *B*[2] conferuit *R*[1] || lyeus *M*

Je n'entends pas bêler un millier de troupeaux porte-laine, ni mugir la vache après l'amant[1] qui lui est cher ; et c'est à son seul maître, quand il chante, que le domaine muet fait écho.

Mais cette terre, après ma patrie, occupe la première place dans mon cœur ; c'est là que la vierge reine des combats me montra son immense amour par l'octroi de l'or de César[2], alors que toi, de tout ton pouvoir, tu soutenais ton camarade dans sa douce épreuve, comme Castor tremblait à tous les bruits qui lui venaient de l'arène des Bébryces[3].

Se peut-il que l'inaccessible Leptis t'ait mis au jour sur les rives des Syrtes lointaines ? On la verra bientôt produire les moissons de l'Inde et dépouiller les Sabéens parfumés de leur cinname précieux[4]*.

Qui ne croirait que mon cher Septimius a traîné ses pas enfantins sur toutes les collines de Romulus ? Qui oserait nier qu'il ait bu, aussitôt lâché le sein de sa nourrice, à la fontaine de Juturne[5] ?

Ta haute valeur ne saurait pourtant nous surprendre : tout de suite et sans avoir connu les bas-fonds de l'Afrique[6]*, tu entres dans les ports de l'Ausonie et, adopté par elle, tu as vogué, enfant, sur les flots étrusques.

1. *Adulter -era* d'animaux Grattius, *Cyn.* 164 ; 285, Pline, *NH.* 8,43, Claudien, 17,305 ; il semble pourtant que ce soit plaisamment que Stace applique au taureau, seul du troupeau, le terme dont l'étymologie populaire P. Festus, 20,5 *quod et ille ad alteram et haec ad alterum se conferunt* devait être sentie dans l'érotologie.

2. Sur la victoire de Stace aux Jeux Albains, v. à 3,5,28 sqq. La construction de l'ἅπαξ *peramauit* — d'après *peramans, peramanter* Cic. *Att.* 4,8a3, *Fam.* 9,20,3 — fait difficulté, v. app. crit.

3. La comparaison était fournie par Valerius Flaccus, qui semble avoir le premier prêté cette attitude à Castor pendant le combat de Pollux contre Amycos, 4,226 sqq.

5. Le *lacus Iuturnae*, sur le Forum, au pied du Palatin — Platner-Ashby, *Topogr. Dict.* 311 —, était un lieu éminemment romain, consacré par les deux épiphanies des Dioscures après les batailles du lac Régille et de Pydna et par l'archaïsme du culte de la Nymphe, primitivement déesse — Diuturna — et peut-être même parèdre de Volcanus, Carcopino, *Virg. et les origines d'Ostie* 115.

Non mille balant lanigeri greges,
nec uacca dulci mugit adultero,
unique siquando canenti
mutus ager domino reclamat.

Sed terra primis post patriam mihi
dilecta curis ; hic mea carmina
regina bellorum uirago
Caesareo peramauit auro,

cum tu sodalis dulce periculum
conisus omni pectore tolleres,
ut Castor ad cunctos tremebat
Bebryciae strepitus harenae.

Tene in remotis Syrtibus auia
Leptis creauit ? iam feret Indicas
messes odoratisque rara
cinnama praeripiet Sabaeis.

Quis non in omni uertice Romuli
reptasse dulcem Septimium putet ?
quis fonte Iuturnae relictis
uberibus neget esse pastum ?

Nec mira uirtus : protinus Ausonum
portus uadosae nescius Africae
intras adoptatusque Tuscis
gurgitibus puer innatasti.

17 balant ς : laua- *M* || lanigeri ς : -api- *M* || **21** est [*del. M*[1]] post *M* || **22** hic *Heinsius* : hinc *M* || **24** peramauit *M* : redimiuit *Baehrens Postgate CR 1906, 322 alii alia nec in forma u. ex* peramans *ficti cf. ad u. 10 Schamberger 305 sed in iunctura haeserim, intellego « me dea peramans Caesareo auro ornauit »* || **28** Bebriciae *M* || **29** sirtibus *M* || **32** sabeis *M* || **34** reptasse ς : Rap- *M* || **38** nescius *Auantius* : -iet *M*

Ensuite, tout petit, tu grandis parmi les fils de la Curie en te contentant de l'éclat d'une étroite bande de pourpre[1], mais tu as poursuivi tes vastes labeurs avec une âme patricienne.

Ton parler et ta tenue n'ont rien de punique, ton esprit n'a rien d'étranger : tu es Italien, tu es Italien. Dans la Ville et parmi les escadrons romains[2], il y a des gens qui pourraient bien être des nourrissons de la Libye.

Même quand il gronde, le forum se rassérène à ta voix ; mais ton éloquence n'est point vénale ; et l'épée reste au fourreau, si tes amis ne te prient de la tirer.

Toutefois la campagne et le repos te tiennent encore plus au cœur, tantôt dans ta demeure paternelle et sur le sol de Veïes, tantôt au-dessus du pays ombreux des Herniques[3], tantôt dans la vieille villa de Cures[4].

Là, en toutes circonstances[5], tu traiteras bien des sujets avec les mots et les rythmes de la prose, mais parfois, te souvenant de moi, multiplie les accords de ton barbitos qui se cache dans une grotte discrète.

1. L'*angustus clauus* de la tunique du chevalier à côté du *latus clauus* de celle du sénateur : le texte est corrigé, mais à coup sûr, v. app. crit.

2. *Romanae turmae*, désignation officielle des chevaliers romains, v. Stein, *Röm. Ritterst.* 61 sqq. et Reg. 477.

3. *Supra Hernica (sola)* a bien l'air de concerner Capitulum Hernicum — v. à 4 *epist.* 11 —, dont on cherche l'emplacement vers le village de Piglio, à 621 m. d'altitude, Nissen, *Ital. Landesk.* 2, 651.

4. Cures Sabini, aux confins du Latium, Nissen, 2, 478 ; les *prisci Quirites* Virgile, *Aen.* 7,710 étaient liés à la protohistoire de Rome, à la dénomination de *collis Quirinalis a Curetibus* Varron, *LL.* 5,51, comme aux légendes de T. Tatius, Tite Live, 1,13, etc. ou de Modius Fabidius, fils de Quirinus, Denys Hal., 2, 48.

5. La construction de la phrase fait difficulté, v. app. crit.

Hinc paruus inter pignora Curiae
contentus *artae* lumine purpurae
crescis, sed immensos labores
indole patricia secutus.

Non sermo Poenus, non habitus tibi,
externa non mens : Italus, Italus.
Sunt Vrb*e* Romanisque turmis,
qui Lib*y*am deceant alumni.

Est et frementi uox hilaris foro,
uenale sed non eloquium tibi,
ensisque uagina quiescit,
stringere n*i* iubeant amici.

Sed rura cordi saepius et quies,
nunc *in paternis sedibus et solo
Veiente, nunc frondosa supra
Hernica, nunc Curibus uetustis.

Hic plura pones uocibus et modis
pass*i*m solutis, sed memor inter*i*m
nostri uerecundo latentem
barbiton ingemin*a* sub antro.

42 contentus artae lumine *Burman* : contentus lumine *nullo spatio relicto M cf. 3, 2, 124* maioris lumine clari *5, 2, 18* paupere clauo *i.e. angusticlauius Stein Röm Rittersl 35 ; 48 ; 314* || **47** Vrbe ς : turbae *M* || **48** libram *M* || **52** ni ς : ne *M seruat plene post* quiescit *interpungens Vollmer, de litt.* e *et* i *commut. Engelmann 19* || **54** nunc in ς : Nunc et in *M ex alterutra uu. 53 et 54 coniunctionum cf. 1 epist. 2* || **58** passim ς : -sum *M non recte « hic passim et plura pones per uoces modis solutas sed interim » interpretatur Vollmer, intellege « hic plura passim (i.e. omni tempore) pones uocibus et modis (i.q. numeris) solutis » cf. 1, 4, 28 sqq.* plana solutis... orsa modis *5, 3, 102* orsa uoce soluta *Cic de Or 1, 151 ; 3, 171 ; 173* modus... et forma uerborum *Part or 72 al.* || interum *M* || **60** ingemina *Gronouius* : -as *M*

VI

L'HERCULE EPITRAPÉZIOS DE NOVIUS VINDEX[1]

Mettant[2*] par hasard mes travaux de côté et l'esprit délivré de la tyrannie de Phébus, j'errais désœuvré à travers les vastes Saepta[3*], à la tombée du jour, quand le bienveillant Vindex m'enleva dîner chez lui. Ce repas, qui a pénétré jusqu'aux plus profonds replis de mon cœur, il dure encore. Car nous n'avons pas savouré de trompeuses délices, ou des mets apportés des ciels les plus divers, ni une longue série de vins qui en remontreraient à la perpétuité des fastes. Ah ! les malheureux qui aiment à savoir en quoi l'oiseau du Phase diffère de l'hivernale grue du Rhodope, quelle est l'oie qui porte le plus gros foie, pourquoi le sanglier étrusque a plus de fumet que l'ombrien, sur quelle sorte d'algue les coquillages lubrifiants reposent le plus délicatement : pour nous, le goût des vrais plaisirs, des propos puisés au cœur de l'Hélicon et de joyeuses plaisanteries nous engagèrent à passer toute une nuit d'hiver et à chasser le doux sommeil loin de nos yeux, jusqu'à ce que l'un des Dioscures nous aperçut des demeures élyséennes[4] et que l'épouse de Tithon rit à la vue d'un banquet commencé de la veille. O nuit délicieuse ! Que n'a-t-elle duré comme celle de la conception du héros de Tirynthe, où deux lunes se rejoignirent[5*] ! O nuit à marquer avec les petites pierres de la Mer Érythrée[6*], dont on se souvien-

1. Sur Novius Vindex, v. à 4 *epist.* 15.

4. Témoignage isolé d'une tradition selon laquelle *alter Castor* « un des Dioscures » — singulier elliptique, v. SCHMALZ-HOFMANN, *Lat. Synt.* 372 — se confondrait avec Lucifer ? Le poète, plutôt, imagine Castor ou Pollux au moment où, du ciel, il se prépare à relever son frère : cf. MART., 8,21,5 dont la fiction met en contact le cavalier avec Phosphoros.

VI

HERCVLES EPITRAPEZIOS NOVI VINDICIS

Forte remittentem curas Phoeboque leuatum
pectora, cum patulis tererem uagus otia S*a*eptis
iam moriente die, rapuit me c*e*na benigni
Vindicis. Haec imos animi perlapsa recessus
inconsumpta man*et*. Neque enim ludibria uentris
hausimus aut epulas diuerso a sole petitas
uinaque perpetuis aeuo certantia fastis.
A miseri, quos nosse iuuat, quid *Ph*asidis ales
distet ab hiberna Rhodopes grue, quis magis anser
exta ferat, cur Tuscus aper generosior Vmbro,
lubrica qua recubent conc*h*ylia mollius alga :
nobis uerus amor medioque *H*elicone petitus
sermo hilaresque ioci brumalem absumere noctem
suaserunt mollemque oculis expellere so*m*num,
donec ab *E*lysiis prospexit sedibus alter
Castor et hesternas risit Tithonia mensas.
O bona nox iunctaque utinam Tir*y*nt*h*ia luna !
nox et Er*y*t*h*r*a*eis Thetidis signanda lapillis

VI **2** septis *M* || **3** caena *M* || **5** manet ς : -ent *M* || **8** fasidis *M* || **10** ferat *M* : satur *Postgate Phil 1905, 129 sed u. 9 adu.* magis *pro adi.* maiora *positum Hand Tursell 3, 556, 3 cf. Plin NH 18, 117* inter quae mage honos fabae *Hor Epist 1, 15, 22 sq. (quem Statius sequitur)* tractus uter plures lepores, uter educet apros, | utra magis pisces et echinos aequora celent *Thes LL 8, 56, 21 ; 71, 5* || p [*del. M*[1]] generosior *M* || **11** concylia *M* || **12** elicone *M* || **14** somnum ς : sum- *M* || **15** helisiis *M* || **17** tirintia *M* || **18** eritreis *M*

dra longtemps et dont le génie est destiné à vivre éternellement[1]. Ce fut là que j'appris alors à connaître mille figures de bronze et de vieil ivoire et des tableaux offrant des images si plastiques qu'elles semblaient sur le point de parler. Qui donc au monde en effet pourrait rivaliser avec le coup d'œil de Vindex pour reconnaître le genre des vieux maîtres et rendre à son auteur une œuvre non signée ? Il t'indiquera quels bronzes ont coûté de nombreuses veilles à l'habile Myron, à quels marbres a donné la vie le ciseau de l'infatigable Praxitèle, quel ivoire a été poli par le pouce du statuaire de Pise[2], à quels ouvrages dans sa fonderie Polyclète a donné le souffle, quelle ligne révèle de loin le vieil Apelle[3] : car c'est à cela, toutes les fois qu'il dépose sa lyre, qu'il consacre ses loisirs, telle est la passion qui l'arrache aux grottes d'Aonie.

Parmi ces trésors, génie et protecteur de cette table frugale, le fils d'Amphitryon[4]* m'inspira une grande sympathie, et, quelque longue que fût ma contemplation, il ne pouvait rassasier mes regards : tant l'œuvre avait de prestige, tant elle avait de majesté, bien qu'enfermée dans d'étroites limites. C'était un dieu, oui, un dieu ! Il s'est prêté à tes regards, Lysippe : on le voit petit, on le sent immense. Et quoique son étonnante stature soit réduite à la mesure d'un pied, on s'écriera volontiers, en parcourant ses membres du regard : « Voilà la poitrine qui étouffa le ravageur de Némée, voilà les bras qui portaient la massue fatale et brisaient les rames de l'Argo[5]*. » Et dans un court espace donner l'illusion d'un si grand corps ! Quelle main respectueuse des

1. Serv. *auct. Georg.* 1,302 *genium dicebant antiqui naturalem deum unius cuiusque loci* uel rei *uel hominis* ; le génie assure la persistance d'une chose : Martial, 6,61(60),10 *uicturus genium debet habere liber.* Accessoirement Stace laisse entendre que, grâce à ses vers, la nuit de Vindex sera célèbre à jamais.

2. Raccourci expressif : *Pisaeo pollice* « le pouce (qui a poli le Zeus) de Pise-Olympie ».

3. Cf. 1,1,100 sqq., 2,2,64 sqq., Martial, 4,39,1 ; 8,50(51),1, *Ad Herenn.* 4,6, Quintilien, 12,10,7 etc. — sans que les catalogues d'ἀγαλματοποιοί et d'ἀνδριαντοποιοί, dont certains sont conservés dans les papyrus, aient été, bien entendu, à leur usage.

et memoranda diu geniumque habitur*a* perennem !
Mille ibi tunc species aerisque eborisque uetusti
atque locuturas mentito corp*o*re c*e*ras
edidici. Quis namque oculis certauerit usquam
Vindicis, artificum ueteres agnoscere ductus
et non inscriptis auctorem reddere signis ?
H*i*c tibi quae docto multum uigilata Myroni
aera, laboriferi uiuant quae marmora cael*o*
Praxitelis, quod ebur Pis*a*eo pollice rasum,
quid Pol*y*cliteis iussum spirare caminis,
linea quae ueterem longe fateatur Apellen,
monstra*b*it : namque haec, quotiens chel*y*n exuit, ill*i*
desidia est, hic Aoniis amor auocat antris.
  Haec inter castae genius tutelaque mensae
Amphitr*y*oniades multo mea cepit amore
pectora nec longo satiauit lumina uisu :
tantus honos operi finesque inclusa per art*o*s
maiestas. Deus ille, deus ! seseque uidendum
indulsit, Lysippe, tibi paruusque uideri
sentirique ingens. Et cum mirabilis intra
stet mensura ped*e*m, tamen exclamare libebit,
si uisus per me*m*bra feres : « Hoc pectore pressus
uastator Nemees, haec exitiale ferebant
robur et Argoos frangebant brachia remos. »
Ac spati*o* tam magna breui mendacia form*ae* !

19 habitura *Auantius* : -tumque *M cf. 2, 6, 104* || **21** corpere *M* || caeras *M* || **25** hic *Domitius* : Haec *M* || **26** caelo *Auantius* : -li *M* || **27** piseo *M* || **28** policliteis *M* || **30** monstrabit *Geuartius* : -auit *M cf. u. 25* tibi *quod non est cur temptes* || chelin *M* || illi *Geuartius* : -le *M* || **33** Amphitrioniades *M* || **35** artos ς : -tus *M* || **37** Indulsit [l *ex* s M^1] *M* || **39** pedem *Politianus* : -dum *M* || **40** menbra *M* || **43** ac spatio *ed. Parm. quod adiectiuo* breui *desideratur* : Ac spatium *M* -um *pro* -o *ex* tam magna *Introd. XXXV nec reiciendum ac si poeta plus dicere uult quam is quocum se colloqui fingit Schmalz-Hofmann 658* || forme *M*

proportions, quel métier dut avoir le savant artiste pour exécuter le modelage d'ornements de table tout en roulant dans son esprit l'idée de formes colossales[1] ! Grossiers en regard de lui, ni les Telchines dans leurs cavernes de l'Ida, ni Brontès[2*], ni le dieu de Lemnos qui polit les armes divines n'auraient pu avec si peu de matière créer en se jouant quelque chose de tel. La physionomie n'est pas farouche, ni déplacée dans la gaieté des festins ; le dieu est tel que l'admira la maison du frugal Molorchus[3], ou que le vit la prêtresse de Tégée dans les bois sacrés d'Aléa[4*] ; tel encore, après être monté des cendres de l'Oeta dans les astres, il buvait avec allégresse le nectar sous l'œil encore farouche de Junon : c'est ainsi que, les traits empreints de douceur, il invite les convives à la joie, comme s'il la portait au fond du cœur. Une de ses mains tient la coupe enivrante de son frère, et l'autre n'a pas oublié la massue[5*] ; un dur rocher lui sert de siège, avec la peau du lion de Némée en guise de draperie.

Cette œuvre sacrée a eu un destin digne d'elle. Elle fut la propriété du monarque de Pella, qui en avait fait une divinité vénérable pour ses joyeux festins[6]; c'était un compagnon qu'il portait avec lui au Couchant et au Levant ; et il la présentait volontiers de la même main qui venait d'ôter et de donner des diadèmes, et avait ruiné des villes puissantes. C'est à elle qu'il demandait toujours le courage pour les batailles du lendemain, à elle que, victorieux, il racontait toujours ses splendides combats, soit qu'il eût arraché à Bromius les Indiens enchaînés, soit que de sa grande lance il eût renversé

1. V. à 1,3,50 sq. Ici, le *lusus* — cf. 49 — ne précède pas, mais accompagne les grandes œuvres : Lysippe, tandis qu'il sculpte ses colosses, s'exerce la main sur une statuette de moins d'un pied.

3. V. à 3,1,29. Hercule chez Molorchos, Hercule devant Augè, Hercule parmi les dieux, les trois représentations n'ont entre elles de commun et elles n'ont de commun avec l'Hercule Épitrapézios que le vase à boire.

6. Martial, 9,43,7 *hoc habuit numen Pellaei mensa tyranni*, cf. Pline, *NH*. 34,48 *Alexandri quoque Magni tabernaculum sustinere traduntur solitae statuae*, dont une vue un peu courte ne saisit là que le signe de goûts artistiques.

quis modus in dextra, quanta experientia docti
artificis curis pariter gestamina mensae
fingere et ingentes animo uersare colossos !
tale nec Id*ae*is qui*c*quam *T*elc*h*ines in antris
nec stolidus Brontes nec, qui polit arma deorum,
Lemnius exigua potuisset ludere massa.
Nec torua effigies epulisque aliena remissis,
sed qualem par*c*i domus admi*r*ata Molorchi
aut *A*leae lucis uidit Tege*ae*a sacerdos ;
qualis et Oet*a*eis emissus in astra fauillis
nectar adhuc torua laetus Iunone bibebat :
sic mitis uultus, ueluti de pectore gaudens,
hortatur mensas. Tenet haec marcentia fratris
pocula, at haec *cla*uae meminit manus ; aspera sedis
sustinet et cultum Neme*ae*o tegmine saxum.

Digna operi fortuna sacro. P*e*ll*a*eus habebat
regnator laetis numen uenerabile mensis
et comitem occasus secum portabat et ortus,
pr*a*estabatque libens modo qua diademata dextra
abstulerat dederatque et magnas uerterat urbes.
Semper a*b* hoc animos in crastina bella petebat,
huic acie*s* semper uictor narrabat opi*m*as,
siue catenatos Bromio detraxerat Indos

47 ideis *M* || quitquam *M* || thelcines *M* || **48** stolidus *M* : sol- ς *alii alia intellege « non Brontem solum sed et Telchines et Vulcanum in tali opere efficiendo stolidos prae Lysippo futuros fuisse »* || **51** parti *M* || admisata *M* || **52** Aleae *Hermolaus Barbarus* : taleae *M* || Tegeaea ς : tegea *M* || **53** oeteis *M* || **57** clauae *Markland* : leuae *M* || sedis *M* : -des *Markland cf. Neue-Wagener 1, 279 at Sommer Hdb 371* || **58** et cultum *M* : occultum *Hand pr Iena 1849, 25 alii alia cf. Suet Nero 32* matronam... purpura cultam || Nemeaeo ς : nemeo *M* || **59** Pellaeus ς : polleus *M* || **62** Prestabat- *M* : prensa- *Domitius alii alia intellege porrigebat Gl L 2, 398, 23* praesto παρέχω *al. Martial 10, 11, 3 sq.* Pyladi praestare matellam | dignus || **64** ab *Domitius* : ad [d *in ras. ex* b *M*[1]] *M def. Vollmer* || **65** acies ς : -ie *M* || opimas ς : -inas *M*

l'enceinte de Babylone, soit qu'il eût écrasé sous le poids de la guerre les terres de Pélops et la liberté des Pélasges ; et de toute cette suite d'exploits, on dit qu'il ne s'excusa auprès du dieu que de son triomphe sur Thèbes[1]. Bien plus, quand la Destinée mit fin à ses hauts faits, au moment où il absorbait le fatal breuvage, déjà chargé des brumes épaisses de la mort, il trembla en voyant s'altérer le visage de la divinité qu'il aimait et le bronze se couvrir de sueur à son dernier banquet.

Ensuite l'admirable chef-d'œuvre fut possédé par le roi des Nasamons[2]*; et le dieu de la vaillance reçut libations et honneurs de cet Hannibal au bras toujours terrible et fier de son épée parjure. Mais celui-ci s'était baigné dans le sang de la race italique, il avait menacé les toits de Romulus d'un épouvantable incendie ; aussi, même quand il lui offrait un banquet, les dons de Lénéus, le dieu le haïssait-il, affligé d'avoir à accompagner son armée scélérate, surtout quand il anéantit d'une torche sacrilège la citadelle qu'il avait fondée, qu'il outragea les maisons et les temples de l'innocente Sagonte et alluma au cœur de sa population une rage glorieuse[3]*.

Et après la mort du chef sidonien, ce ne fut pas à une maison plébéienne qu'échut le bronze célèbre. Elle fit l'ornement des festins de Sulla[4]*, cette statuette accoutumée à ne pénétrer que dans des maisons illustres et heureuse du lignage de ses possesseurs.

Et maintenant encore, si les dieux ont souci de connaître les caractères et les sentiments humains, ce n'est pas, à vrai dire, une cour, ô dieu de Tirynthe, ni une pompe royales qui te sollicitent[5]*, mais le cœur pur et au-dessus de toute faute d'un maître dont la loyauté est antique et qui tient pour perpétuel le pacte de l'amitié qu'il a formée. Vestinus[6]* le sait bien, lui qui est traité, bien qu'encore dans la fleur de l'âge, comme

1. Les décisions dn synedrion de Corinthe, au terme de l'expédition de 335, donnaient en effet à Alexandre l'hégémonie sur la Grèce. L'excuse auprès d'Hercule des *Thebani triumphi* et de la destruction de sa ville repose historiquement, comme l'observe Vollmer, *Ed.* 481, sur un regret noté dans Plutarque, *Alex.* 13 ὕστερον μέντοι πολλάκις αὐτὸν ἡ Θηβαίων ἀνιᾶσαι συμφορὰ λέγεται.

seu clusam magna Babylona refregerat hasta
seu Pelopis terras libertatemque Pelasgam
obruerat bello ; magnoque ex agmine laudum
fertur Thebanos tantum excusasse triumphos.
Ille etiam, magnos Fatis rumpentibus actus,
cum traheret letale merum, iam mortis opaca
nube grauis uultus alios in numine caro
aeraque supremis timuit sudantia mensis.

Mox Nasamoniaco decus admirabile regi
possessum ; fortique deo libauit honores
semper atrox dextra periuroque ense superbus
Hannibal. Italicae perfusum sanguine gentis
diraque Romuleis port*a*ntem incendia tectis
oderat, et cum epulas et cum Len*a*ea dicaret
dona, deus castris maerens com*e*s ire nefandis,
praecipue cum sacrileg*a* face miscuit ar*c*es
ipsius *im*meritaeque domos ac templa S*a*gunti
polluit et populis furias immisit honestas.

Nec post Sidonii letum ducis aer*e* potita
egregi*o* plebeia domus. Conuiuia *Su*llae
ornabat semper claros intrare penates
adsuetum et felix dominorum stemmate signum.

Nunc quoque, si mores humanaque pectora curae
nosse deis, non aula quidem, Tir*y*nt*h*ie, nec te
regius ambit honos, sed cas*t*a ignaraque culpae
mens domini, cui prisca fides coeptaeque perenne
foedus amicitiae. Scit adhuc florente sub aeuo

67 magna *M* : multa *Baehrens sed quodcumque est regis magnum est cf. 5, 1, 134 Sauter Kaiserkult bei Mart und Stat 1934, 96* || **78** Italicae ς : -iae *M* || **79** portantem ς : -ten- *M* || **80** lenea *M* || **81** comes ς : -mis *M* || nep [*del. M*[1]] nefandis *M* || **82** sacrilega *Gronouius* : -as *M* || arces ς : -rte- *M* || **83** immeritae- ς : meritae- *M* || sgunti *M* || **85** aere ς : -ra *M* || **86** egregio ς : -ia *M* || Sullae *Domitius* : sibillae [*alterum* i *ex* ŭ *M*[1]] *M* Syllae *Markland Intr. XXI, XLIV* || **90** Tirynthie *Politianus* : -rinti- *M* || **91** casta ς : -tra *M*

le seraient de grands aïeux : jour et nuit Vindex porte en lui sa pensée et vit dans les bras de cette ombre chérie. C'est donc ici que tu vas jouir des douceurs du repos, ô le plus vaillant des dieux, Alcide ! Tu n'y vois point de guerres ni de farouches combats, mais une lyre, des bandelettes et des lauriers amis des poèmes. Dans un poème solennel Vindex te rappellera avec quelle puissance tu épouvantas jadis les maisons troyennes et gétiques[1], le Stymphale neigeux et les cimes pluvieuses de l'Érymanthe, quel rude adversaire tu fus pour le maître du troupeau d'Ibérie ou pour le roi de la Maréotide qui présidait à l'impitoyable autel ! Il célébrera les portes de la Mort franchies et dépouillées par toi[2], et les femmes en pleurs de la Libye et de la Scythie[3]. Jamais le souverain de la Macédoine, ni le barbare Hannibal, ni la voix sans art du cruel Sylla n'auraient pu trouver pour toi de semblables accents. Mais toi, à coup sûr, Lysippe, auteur de l'hommage[4], tu n'aurais pas souhaité regards plus connaisseurs.

1. L'expédition d'Heraclès contre Laomédon, le père de Priam, semble née de la volonté des Doriens de Cos et de Rhodes de donner à leur héros national un rôle dans la défaite de l'Asie, qui, selon l'ancienne épopée, était une affaire éolienne et ionienne, Wilamowitz, *Herakles*[2] 31 sq. Quant à la légende des cavales de Diomède, sa localisation au pays des Bistones de Thrace serait récente s'il était vrai que les Thraces dont il s'agit dans l'état primitif étaient les peuplades établies dans la région du Cithéron et de l'Hélicon, Wilamowitz, 64 sq.

2. Alceste — *penetrata* —, Cerbère — *spoliata* — Vollmer, *Ed.* 483 ? V. à 3,1,172.

3. Les Hespérides, dont la localisation était liée à celle d'Atlas, Hygin, 30 cf. *Myth. Vat.* 1,106 ; 2,161 et Ovide, *Met.* 4, 644 ; et les Amazones — v. à 1,6,55 sq. —, dont le vêtement grec, dans les peintures de vases, est changé, depuis la deuxième moitié du VIe siècle, en un vêtement scythique, Bethe, *P-W*. 1, 1773.

4. Cf. 1,1,85 ; par ailleurs Martial, 9,43,6 *nobile Lysippi munus opusque uides* et 8,50 (51) 22 (cf. 9,99,8, et aussi 5,52,7 ; 9,49,6 et déjà Ovide, *Her.* 17,71) *auctor muneris*.

par magnis Vestinus *a*uis, quem nocte dieque
spirat et in carae uiuit complexibus umbrae.
Hic igitur tibi laeta quies, fortissime di*u*um,
Alcide, nec bella uides pugnasque feroces,
sed chel*y*n et uittas et amantes carmina laurus.
Hic tibi sol*l*emni memorabit carmine, quantus
Iliacas Geticasque domos quantusque niualem
S*t*ymphalon quantusque iugis Er*y*mant*h*on aquosis
terrueris, quem te pecoris possessor Hiberi,
quem tulerit saeuae Mareoticus arbiter arae.
Hic penetrata tibi spoliataque limina mortis
concinet et flentes Lib*ya*e *Scy*thiaeque puellas.
Nec te regnator Macetum nec barbarus umquam
Hannibal aut saeui posset uox horrida Syllae
his celebrare modis. Certe tu, muneris auctor,
non aliis malles oculis, Lysippe, probari.

94 magnis s [s *del. M*[1]] uestinus *M* || auis *Auantius* : aqu- *M* || **96** diuumque [que *exp. M*[1]] *M* || **98** chelin *M* || carmina *M* : stam- *Waller diss Breslau 1885, 45* num- *Saenger alii alia neque infitiandum* carmina *ex u. 99* carmine *oriri potuisse sed non displicet iteratio qua tenor in expositione optime seruatur cf. Vollmer ad l.* || **99** solemni *M* || **101** Strymphalon *M* || erimanton *M* || **105** Libyae ς : -bre *M* || cithiae- *M*

VII

ODE LYRIQUE A VIBIUS MAXIMUS[1]

Toi[2]* qui, depuis déjà longtemps m'es associée dans un vaste champ[3], hardie Érato, diffère tes labeurs héroïques, et d'une œuvre immense ramène tes pas à des cercles plus étroits ;

et toi, chef de la troupe lyrique, Pindare, accorde-moi pour un instant le droit d'user d'un nouveau plectre, s'il est vrai que j'ai honoré Thèbes, ta patrie, dans un chant latin.

C'est pour Maximus que j'essaie d'amenuiser ma poésie ; à présent, je dois emprunter mes guirlandes à un myrte que nulle main n'a ébranché[4], à présent ma soif est plus grande, et en même temps je suis obligé de boire à un flot plus pur[5].

Quand donc te rendront au doux Latium les montagnes de la Dalmatie[6]*, où, pour avoir vu Pluton, le mineur revient tout pâle et aussi jaune que l'or arraché au sous-sol[7]* ?

Voici que moi-même, né pourtant sur une terre plus proche, la paresseuse Baïes ne peut me retenir par le charme de son port, non plus que le trompette illustré dans les combats où prenait part Hector[8]*.

1. Sur Vibius Maximus v. à 4 *epist.* 17 ; sur le titre v. à 4,5 *titul.*

3. Le champ de bataille de Thèbes.

4. V. à 1.

5. Je suis plus avide que jamais d'inspiration, puisque j'invente une espèce littéraire ; et en même temps — *et* adversatif SCHMALZ-HOFMANN, *Lat. Synt.* 660 — je dois écarter tous les thèmes de l'érotique — v. à 1 — qui ont rapport à autre chose qu'au fruit d'une union légitime et ne boire de Castalie — *castior amnis* traduit le nom grec, cf. 2,2,38 ; 1,4,57 ; 2,1,187 etc. — que les eaux les plus pures.

VII

ODE LYRICA AD VIBIVM MAXIMVM

Iam diu lato sociata campo
fortis heroos, Erato, labores
differ atque ingens opus in minores
contrahe gyros,

tuque, regnator lyricae cohortis,
da noui paulum mihi iura plectri,
si tuas cantu Latio sacraui,
Pindare, Thebas :

Maximo carmen tenuare tempto ;
nunc ab intonsa capienda myrto
serta, nunc maior sitis et bibendus
castior amnis.

Quando te dulci Latio remittent
Dalmatae montes, ubi Dite uiso
pallidus fossor redit erutoque
concolor auro ?

Ecce me natum propiore terra
non tamen portu retinent amoeno
desides Baiae liticenue notus
Hectoris armis.

VII VIVIVM *M cf. 4 epist. 17, de forma nominis Nohl Herm 1877, 517 cf. Martial 11, 106, 1* Vibi Maxime *CIL 3 dipl. XVI 22 p. 859, 3, 38 Moore Harv St 20, 1909, 1*

1 sociata *M cum u. 6* mihi *iungendum* : sati- *uel* spati- ς || **2** heroos ς : -ois *M ex* fortis || **4** giros *M* || **5** liricae *M* || **15** fossor ς : fes- *M* || **19-20** liticenue notus | Hectoris armis *ed. Parm.* : laticemue motus | Hectoris amnis *M*

Sans toi[1], mes Camènes sont engourdies, le maître de Thymbra est plus lent à venir que de coutume, et voici que mon Achille[2] reste cloué sur place au premier tour de piste[3].

Car c'est grâce à tes affectueux conseils que ma Thébaïde, torturée sans fin par ma lime, essaie avec une confiance téméraire d'atteindre aux joies que procure la gloire du poète de Mantoue[4].

Mais nous excusons tes lenteurs, puisque tu as donné pour soutien à ton foyer désert un rejeton florissant. O jour de joie ! Voici qu'un second Maximus nous arrive !

N'avoir point d'enfant, c'est ce qu'il faut éviter de tout son pouvoir[5] : l'héritier aux vœux hostiles vous serre de près, souhaitant — ô honte ! — les funérailles du meilleur de ses proches, amicalement[6].

L'homme sans enfant ne reçoit jamais de pleurs sur sa tombe : dans la maison conquise le survivant cupide[7] se dresse, étendant la main sur les dépouilles de la mort, et il suppute jusqu'aux frais du bûcher !

Qu'il vive de longs jours, cet enfant de bonne race ! Que, par un chemin ouvert à un petit nombre d'hommes[8], il s'élève jusqu'aux vertus de son père et rivalise avec son aïeul par ses exploits !

1. A la différence de 1,4,19 sqq. (Rutilius Gallicus), 5,1,11 sqq. (Domitien), Stace n'attend pas d'un *numen* de Vibius Maximus l'inspiration : l'inspiration apollinienne est seulement favorisée par les conseils de l'ami cf. 25 sqq. — comme elle le fut autrefois par ceux d'un père 5,3,3, sqq.

2. Désignation du poème par l'objet de ce poème, cf. 4,4,94 ; 5,2,163 ; 5,5,36 etc. ; *Thebas* 3,2,143 ; 5,5,36.

3. Cf. 1,2,86 *meta... in ipsa.* Une course — la métaphore a été amorcée 3 sq. — comporte plusieurs, en général sept, tours de piste : la première borne n'est ni celle du premier tour, ni celle du premier demi-tour, mais celle du départ ; l'*Achilléide*, sortie des *carceres*, est restée sur place.

4. Sur l'*epistola* à Vibius Maximus *de editione Thebaidos*, 4 *epist.* 19, v. *ad l.*

5. *Omni nisu* répondrait-il à des préoccupations qui auraient porté Stace à adopter un fils ? mais v. à 5,5 *titul.*

6. L'établissement du texte fait difficulté — v. app. crit. — sans que l'idée qui s'y exprime prête à contestation.

7. Sur les *heredipetae*, Friedlaender-Wissowa, *S-G.* 1[9] 249.

8. Ménandre, *Rh. Gr.* 3,412 Sp. ἐπεὶ δὲ οὐδὲν ἔχεις ἕτερον παρὰ

Torpor est nostris sine te Camenis,
tardius sueto uenit ipse Thymbrae
rector et primis meus ecce metis
h*a*eret Achilles.

Quippe te fido monitore nostra
Thebais multa cruciata lima
temptat audaci fide Mantuanae
gaudia famae.

Sed damus lento ueniam, quod alma
prole fundasti uacuos penates.
O diem laetum ! uenit ecce nobis
Maximus alter.

Orbitas omni fugienda nisu,
quam premit uotis inimicus heres,
optimo poscens — pudet heu ! — propinquo
funus amic*e*.

Orbitas nullo tumulata fletu :
stat domo capta cupidus superstes
imminens leti spoliis et ipsum
computat ignem.

Duret in longum generosus infans
perque non multis iter expeditum
crescat in mores patrios auumque
prouocet actis.

24 heret *M* || **35-36** propinquo | funus amice *Krohn Klotz* : propinquo | funus amici *M def. Vollmer sed neque conferenda erant 5, 2, 11 ; 5, 5, 12 neque h. l. ut 5, 5, 43 uocatiuus plural. recipi potest* propinquom | funus amico ς

Toi, tu évoqueras à ton jeune fils ces épées que tu avais portées jusqu'à l'Oronte oriental, tenant sous ton ordre les étendards d'une aile de cavalerie bien disciplinée, avec la faveur de Castor ;

lui, il lui dira comment, ayant accompagné la foudre irrésistible de l'invincible César, il imposa aux Sarmates fuyards de vivre sous le même ciel.

Mais que l'enfant connaisse d'abord tes talents, grâce auxquels, mesurant toute l'antiquité, tu nous rends l'œuvre du bref Salluste et celle du fils du Timave[1].

ταῦτα εἰπεῖν τοῦ νέου (νέος γὰρ ὢν οὐδέπω πράξεις ἐπεδείξατο), ἐρεῖς ἐκ μεθόδου ἐγκωμιάζων οὕτω· τοῦτο δὲ τεκμαιρόμενος περὶ τῶν μελλόντων μαντεύομαι, ὅτι παιδείας εἰς ἄκρον ἥξει καὶ ἀρετῆς, ὅτι φιλοτιμήσεται πόλεσιν ... καὶ τὰ τοιαῦτα. Le fils du futur *praefectus Aegypti* — v. Hirschfeld, *Kaiserl. Verwaltungsbeamten*[2] 382 sqq. — a devant lui le cursus équestre.

1. Sur les faits évoqués dans les trois dernières strophes v. à 4 *epist.* 17. Tite Live est désigné par le fleuve vénète aux sept — Polybe *ap.* Strabon, 5,214, Mart., 4,25,6, Servius, *Aen.* 1,245 — ou neuf sources — Virgile, *l.c.*, Méla, 2,61 — qui débouche au fond de l'Adriatique entre Aquileia et Trieste — fort loin de Padoue ; mais le Timave est lié à Padoue par Virgile, et à la source Aponus, proche de la ville — cf. Mart., 1,61,3 —, par Lucain, 7,193 sqq.

Tu tuos paruo memorabis enses,
quos ad E*o*um tuleras Orontem
signa frenat*ae* moderatus alae
Castore dextro ;

ille ut inuicti rapidum secutus
Caesaris fulmen refugis amaram
Sarmatis legem dederit, sub uno
uiuere caelo.

Sed tuas artes puer ante discat,
omne quis mundi senium remensus
orsa Sallusti breuis et Timaui
reddis alumnum.

46 Eoum ς : eum *M* || tuleras *M* : -rīs (*at 4, 2, 59* miserĭs) *Auantius edd. praeter Alfredum Klotz sed plus quam perfectum licet recipias pro perfecto metri causa substitutum Schmalz-Hofmann 562, nisi interpretari malis « quos ad Orontem tuleras antequam in Dalmatiam profectus es » ? Cf. Plaut Capt 194* ad fratrem quo ire dixeram *(antequam hinc abii)* mox iero *al.* || Orontem *M* : -en *Housman J Ph 1910, 236* || **47** frenate *M*

VIII

COMPLIMENT A JULIUS MÉNÉCRATÈS[1]

Ouvre les portes des dieux, Parthénopè, emplis leurs temples, parés de bandelettes, des nuages de Saba et des entrailles palpitantes des victimes ! Voici que la famille de l'illustre Ménécratès s'augmente d'un troisième rejeton ! La noble foule de tes chefs s'accroît et te console des pertes que t'a causées la fureur du Vésuve. Et que Naples ne soit pas seule, égoïstement, à entourer les autels en fête : que les ports qui lui sont associés, que la terre chérie du doux Dicarchéen[2], ainsi que la plage de Sorrente qu'aime le dieu de l'ivresse[3*], ceignent de guirlandes leurs autels sur ce rivage[4*] où habite l'aïeul maternel qu'environne une foule de petits-fils, rivalisant à qui reproduira le mieux ses traits ! Qu'il se réjouisse aussi, l'oncle[5*] qu'illustre le javelot mérité en Libye, ainsi que Polla qui s'imagine qu'ils sont nés d'elle et les soulève pour les serrer affectueusement sur son sein ! Bravo jeune homme, de donner tant de flambeaux à une patrie qui le mérite ! Voici que vibre un doux tumulte, la maison retentissant des cris de tant de jeunes maîtres. Que la noire Envie s'enfuie bien loin et porte ailleurs son cœur haineux ! A ceux-ci Atropos de blanc vêtue[6*] a promis de nombreuses années et la gloire d'une vertu prolongée, et

1. Sur Julius Menecrates v. à 4 *epist.* 21 sqq. ; et aussi sur la *gratulatio* ou *egloga ad municipem meum... cui gratulor*, v. d'ailleurs à 3 *epist.* 22 et à 4,7,1 ; ce n'est pas sans dessein que se suivent deux compliments pour une naissance, dont le premier, lyrique, a tout l'air d'une épître et dont le second, en hexamètres, s'apparente par endroit à l'hymne 1 sqq., 45 sqq.

2. Le citoyen de Dicéarchée-Pouzzoles v. à 2,2,3 — *mitis* cf. 1,1,102 ; 3,5,79.

VIII

GRATVLATIO AD IVLIVM MENECRATEN

Pande fores superum uittataque templa Sab*a*eis
nubibus et pecudum fibris spirantibus imple,
Parthenope ; clari genus ecce Menecrat*is* auget
tertia iam soboles. Procerum tibi nobile uulgus
crescit et insani solatur damna Vesaeui.
Nec solum festas secreta Neapolis aras
ambiat : et socii portus dilectaque miti
terra Dica*r*che*o* nec non plaga cara madenti
Surrentina deo sertis altaria cingat,
materni qua litus aui, quem turba nepotum
circumit et similes contendit reddere uultus.
Gaudeat et Lib*y*ca praesignis auunculus hasta,
quaeque sibi genitos putat attollitque benigno
Polla sinu. Macte, o iuuenis, qui tanta merenti
lumina das patriae. Dulcis tremit ecce tumultus
tot dominis clamata domus. Procul atra recedat
Inuidia atque alio liuentia pectora flectat :
his senium longaeque decus uirtutis et alba

VIII GLATVLATIO *M*

1 Pandere [re *del. rubr.*] sorores [*del. M*[1] *et rubr.*] fores *M* || sabeis *M* || 3 Menecratis ς : -tes *M* || 5 uesaeui *M cf. Verg Georg 2, 224* : Veseui ς *cf. Val Fl 4, 507 Claudian 36, 184* || 6 secreta *M* : erecta *Baehrens* seruata *Saenger alii alia intellege ab iis uicinitatibus quae uu. 7 sqq. memorantur* || 8 Dicarcheo *Baehrens* : dicachen *M* Dicaearcho *Krohn cf. ad 3, 1, 92* || 12 libica *M* || hastas [-s *del. M*[1]] *M* || 15 dulcis — tumultus *M* : -ci — -tu *Domitius al. sed appositiuum u. 16* clamata domus

l'Apollon de la patrie[1], ses lauriers. Donc, quand le père très auguste de la cité ausonienne t'avait accordé la joie du privilège des trois enfants[2*], c'était un présage. Autant de fois est venue Lucine ; autant de fois, rappelée, elle entra dans ta pieuse demeure. Qu'à ce compte, j'en fais le vœu, ta maison garde sa fécondité et qu'elle ne soit jamais dépouillée des dons sacrés[3*] qu'elle a reçus ! Et bravo si ta race a été plus souvent enrichie de la force des mâles ; mais ta jeunesse de père doit aussi se réjouir d'avoir une petite fille : eux sont plus faits pour se distinguer, elle te donnera plus tôt des petits-fils ; telle, digne déjà des palestres de la cité maternelle, Hélène radieuse rampait entre ses frères amycléens[4] ; tel le spectacle du ciel, quand par une nuit sereine deux astres ont approché leur lumière, de part et d'autre, de la lune.

Et pourtant, ô le plus précieux des jeunes hommes, j'ai une plainte à t'adresser, une plainte amère ; je suis même irrité, autant que peut s'irriter l'affection. A-t-il fallu qu'une joie si grande me fût apportée par la rumeur publique ? Quand ton troisième enfant faisait entendre ses vagissements, un message écrit n'est pas aussitôt venu vers moi, en toute hâte, m'inviter à combler mes autels de flammes joyeuses, à couronner ma lyre, à décorer mes portes, à tirer de ma cave une amphore noircie par la fumée d'Albe[5*], et à signaler par un chant cette journée ? Mais il faut qu'aujourd'hui seulement, lent et paresseux, je confie mes vœux à mes vers ? A toi en est la faute, sur toi retombe cette honte. Mais il ne m'est pas permis de prolonger davantage mes plaintes ; voici que la troupe folâtre de tes enfants t'entoure et qu'ils veulent défendre leur père. Qui ne vaincrais-tu pas avec l'aide de ce bataillon ?

Dieux de la patrie[6*], vous que, avec de magnifiques présages, la flotte des Abantes[7*] porta sur les mers au

1. Cf. 45 sqq.

4. Cf. *Theb.* 7,413 : renchérissement savant — v. à 1,2,213 — sur MARTIAL, 1,36,2 *Ledaei... Lacones* « les Dioscures ».

Atropos et patrius lauros promisit Apollo.
Ergo quod Ausoniae pater augustissimus urbis
ius tibi tergeminae dederat laetabile prolis,
omen erat. Venit totiens Lucina piumque
intrauit repetita larem. Sic fertilis, oro,
stet domus et donis numquam mutata sacratis.
Macte, quod et proles tibi saepius aucta uirili
robore, sed iuueni laetanda et uirgo parenti :
aptior his uirtus, citius dabit illa nepotes
qualis maternis Helene iam digna palaestris
inter Amyclaeos reptabat candida fratres ;
uel qualis caeli facies, ubi nocte serena
admouere iubar mediae duo sidera lunae.
  Sed queror haud faciles, iuuenum rarissime, questus
irascorque etiam, quantum irascuntur amantes.
Tantane me decuit uulgari gaudia fama
noscere ? cumque tibi uagiret tertius infans,
protinus ingenti non uenit nuntia cursu
littera, quae festos cumulare altaribus ignes
et redimire chelyn postesque ornare iuberet
Albanoque cadum sordentem promere fumo
et cantu signare diem, sed tardus inersque
nunc demum mea uota cano ? tua culpa tuusque
hic pudor. Vlterius sed enim producere questus
non licet ; en hilaris circumstat turba tuorum
defensatque patrem. Quem non hoc agmine uincas ?
  Di patrii, quos auguriis super aequora magnis

19 lauros ς : -ro *M* -rus *Krohn cf. ad 1, 2, 181* || **21** ger [*del. M*¹] ter geminae *M* || letabile *M* || **26** laetanda et *Saenger* : letam dat *M* || **28** palestris *M* || **29** amycleos *M* || **38** redimere *M* || chelin *M* || **40** sed *M* : sic *Baehrens* si *commate post u. 41* cano *posito Brandes Ztschr östr Gymn 1885, 581 at uu. 36 sq. uerbis* non uenit... | littera *respondet sententia*

rivage d'Ausonie ; toi, chef de ce peuple qui émigrait de loin, Apollon, dont l'heureux Eumélus[1], tournant la tête, vénère encore d'un doux regard l'oiseau perché sur son épaule gauche ; et toi, Cérès Attique, pour qui, dans une course haletante, nous, tes mystes secrets, agitons toujours la torche votive ; et vous, Tyndarides, que l'effrayant Taygète de Lycurgue ni l'ombreuse Thérapné n'ont jamais honorés davantage[2*] : cette famille, avec tous ses membres, protégez-la, pénates paternels. Puissent-ils être de ceux qui, par leur éloquence et par leurs ressources, aideront notre ville épuisée par les années et par tant d'épreuves et la conserveront aussi verdoyante que son nom[3]. Que leur père leur communique son aimable caractère et leur aïeul sa grande libéralité, et tous les deux la passion de la gloire que mérite la vertu. Assurément les richesses et la naissance permettent à celle-ci d'entrer avec le flambeau initial dans une maison patricienne, et à ceux-ci, dès qu'ils aborderont l'âge viril, pour peu que les assiste la divinité de l'invincible César si favorable aux mérites, de frapper au seuil du sénat romuléen[4].

1. Housman a réintégré *Eumelus* dans le texte, à coup sûr — v. app. crit. — ; et il faut renoncer à voir dans une *Eumelis* Naples, J. Bérard, *Colonisation grecque* 414, ou la Sirène Parthénopè, fille d'Eumélos, Hoefer, *P-W*. 6, 1079. Il s'agit du θεὸς πατρῷος de la phrétrie des Eumélides, sur lequel nous ne savons rien d'ailleurs ; nous voyons du moins que sa statue cultuelle se trouvait à Naples. Sur l'épaule gauche un oiseau, qui ne peut être que la colombe d'Apollon 3,5,79 sq., dont Velleius Paterculus 1,4,1 enseigne qu'elle guida les Chalcidiens vers Cumes, v. J. Bérard, 48 sq. Et l'on peut se demander encore — v. *ad l.* et à 4,4,52 — si Naples confondait de parti pris son oecisme avec celui de Cumes ou si, accréditant une légende qui conduisait directement une colonie d'Eubée à ses rives, elle s'appropriait ce qui lui convenait dans la tradition de l'oecisme du plus ancien des établissements grecs.

3. Jeu sur le nom Νεάπολις.

4. Les vv. 59 sqq. concernent des enfants de naissance équestre, v. à 4 *epist.* 21 sq.

litus ad Ausonium deuexit Aban*ti*a classis,
tu, ductor populi longe migrantis, Apollo,
cuius adhuc uolucrem laeua ceruice sedentem
respiciens blande felix Eumel*us* adorat,
tuque, Ac*ta*ea Ceres, cursu cui semper anhelo
uotiuam taciti quassamus lampada mystae,
et uos, Tyndaridae, quos non horrenda Lycurgi
Ta*y*geta umbrosaeque magis coluere Therapnae :
hos cum plebe sua patrii seruate penates.
Sint, qui f*e*ssam aeuo crebrisque laboribus urbem
uoce opibusque iuuent uiridique in nomine seruent.
His placid*o*s genitor mores largumque nitorem
monstret auus, pulchrae studium uirtutis uterque.
Quippe et opes et origo sinunt ha*n*c lampade prima
patricias intrare fores, hos pube sub ipsa,
si modo prona bonis inuicti Caesaris adsint
numina, Romulei limen pulsare senatus.

46 Abantia ς : ab anxia *M cf. Ouid M 15, 164* -tēus || **49** Eumelus *Housman CR 1906, 45 :* -liss *M ex* -lus *cf. ad 2, 6, 57 Int. XXXIV* -lis *uulg. i.e. Parthenope Eumeli filia, at filias Phorci aut Acheloi Sirenes esse constat Roscher* 3^1 *1653 ; 4, 604 ita ut euanescat ficta illa Eumelis et ueri sit simile Statium designare* Εὔμηλον θεὸν πατρῷον φρήτορσιν Εὐμηλειδῶν *IG 14, 715 cf. PW 6, 1079 J. Bérard Colonisation grecque 1941, 414* || **50** Actaea *Domitius* : acea *M* || **52** lygurgi *M* || **53** Targeta *M* || **55** fessam ς : fos- *M* || **57** placidos ς : -dus *M* || **59** hanc *Geuartius* : hac *M* || **61** bonis [b *in ras. ex* p *M*[1]] *M*

IX

HENDÉCASYLLABES PLAISANTS POUR PLOTIUS GRYPUS[1*]

C'est par pure plaisanterie, pour sûr, que tu m'as, Grypus, envoyé livre pour livre. Mais cela pourrait paraître spirituel, si, après ceci, tu m'envoyais quelque chose ; car prolonger la plaisanterie, Grypus, ce n'est plus plaisanter. Eh bien ! voici, faisons le compte. Mon livre[2*], vêtu de pourpre, avec son papier tout neuf[3] et l'ornement d'un double cylindre[4], m'a coûté, outre ma peine, dix as[5*] : toi, un livre[6*] rongé des mites et couvert de moisissure, comme ces papiers que mouillent les olives libyennes, ou qui enveloppent l'encens ou le poivre du Nil, ou préservent les anchois de Byzance, et ne contenant pas du moins les discours que, pleine de jeunesse[7*], ta voix de tonnerre faisait entendre sur les trois Forums[8*] ou devant les cent juges, avant que le Germanique t'eût fait maître des services de bouche qui le suivent et t'eût donné la haute main au loin sur les relais de toutes les routes[9*], mais les bâillements du

3. *Charta* ne porte que sur *nouus* ; et *purpureus* concerne l'étui de parchemin — διφθέρα, *paenula*, φαινόλης — qui contenait le *uolumen* cf. MARTIAL, 10,93,4 *purpurea toga*, v. BIRT, *Buchwesen* 64, *Abriss* 329.

4. Contrairement à ce que l'on enseignait — v. LAFAYE, *DA*. 3, 1179, mais BIRT, *Abriss* 329 sqq. — l'*umbilicus*, ὀμφαλός, cylindre peint ou doré, propre aux exemplaires de luxe, n'était ni fixé au dernier feuillet de papyrus, ni muni à ses extrémités de bossettes : on le glissait dans le vide central du *uolumen* roulé en vue de protéger celui-ci de la poussière ; pendant la lecture, il servait à l'enroulement progressif, par la main gauche, du papyrus parcouru ; en regard du singulier *umbilicus* CAT., 22,7, HOR., *Epo.* 14,8, MART., 2,6,11, le pluriel, qui apparaît dans Stace et dans MARTIAL, 1,66,11 ; 3,2,9 ; 4,89,2 ; 5,6,15 ; 8,61,4, s'explique par le fait que le cylindre pouvait être creux et contenir un second cylindre que le lecteur dégageait pour en faire l'usage qu'on a vu, tandis qu'il maintenait le premier au centre du rouleau.

IX

*H*ENDECASYLLABI IOCOSI AD PLOTIVM GRYPVM

Est sane iocus iste, quod libellum
misisti mihi, Gr*y*pe, pro libello.
Vrbanum tamen hoc potest uideri,
si post hoc aliquid mih*i* remittas ;
nam si ludere, Gr*y*pe, perseueras,
non ludis. Licet, ecce, computemus !
Noster purpureus nouusque *c*h*ar*t*a*
et binis decoratus umbilic*is*,
praeter me mihi constitit decussis :
tu rosum tineis situque putrem,
quales aut Lib*y*cis madent oliuis
aut tus *N*iliacum piperue seruant
aut B*y*zantiacos colunt lacertos,
nec saltem tua dicta continentem,
quae trino iuuenis Foro tonabas,
aut centum prope iudices, priusquam
te Germanicus arbitrum sequenti
annonae dedit omniumque late
praefecit stationibus uiarum,

IX ENDECA · SYLLABI *M*

2 gripe *M* || **4** mih [mihi *M*[a] *in mg.*] *M* || **5** gripe *M* || **7** cartha *M* || **8** umbilicis ς : -cus *M* || **9** decussis *M* : -si *Turnèbe at cf. GL suppl 117, 23* neutra nomina in is tria sunt indeclinabilia ut hoc tresis sexis dec<us>is *suppl. Heraeus Rh M 1899, 306 Lucil ap. Varr LL 9, 81* decusis siue decusibus est *PF 23 et 129 L* || **11** libicis *M* || **12** miliacum *M* || **13** bizantiacos *M*

vieux Brutus[1], un livre acheté dans la boîte de quelque misérable bouquiniste au prix d'un as de Gaius[2], plus ou moins, voilà ton cadeau ! Faut-il vraiment que t'aient manqué les bonnets faits de bouts recousus de lacernes mangées[3], ou les essuie-mains, ou les serviettes jaunâtres, le papier, les fruits de Thèbes ou de Carie[4*] ? N'as-tu trouvé nulle part un pain, dont la pyramide s'écroule, de prunes et de figues de Syrie[5*] ? Point de mèches desséchées, point de pelures d'oignons repliées ? Non seulement pas d'œufs, mais ni même de douces farines, ni de rude épeautre[6*] ? Nulle part, tu n'as trouvé l'humide logis des escargots contournés, nomades des plaines du Cinyps[7*] ? Pas de lard rance, ou de jambon anémique ? Pas de saucisses de Lucanie, pas de farci pesant à la mode falisque, pas de sel, de condiment digestif, ou de fromage, de pains de fleur de nitre verte[8*], ou de vin de liqueur recuit dans les grains de son psithie[9*], ou de raisiné, troublé par une lie sucrée[10*] ? Combien peu de ne pas même donner de bougies à la forte odeur, un couteau, ou de minces tablettes ? Ne pouvais-tu, dis-le-moi, envoyer des raisins conservés dans la terre cuite, des bols passés sur le tour de Cumes[11*] ? ou bien un assortiment — d'où te vient cette

1. Probablement M. Junius Brutus —, qui ne vécut pas vieux — 85 (?) - 42 av. J.-C., v. Gelzer, *P-W.* 10, 973 sq. —, mais en des temps déjà anciens. Son éloquence se reliait à l'atticisme archaïsant ; Quintilien, 12,10,11 et Tacite, *Dial.* 25 en notent bien la *grauitas* ; mais ils la mettent, l'un 10,1,123 et l'autre 21, au-dessous du style de ses œuvres philosophiques —, Brutus, dans ce dernier texte, figurant au nombre d'orateurs dont il est dit d'abord qu'ils prêtent à rire ou à dormir *(fatebor me) in quibusdam... uix somnum tenere.*

2. Ce témoignage sur une diminution, par Caligula, du poids de l'as n'est pas isolé si sur un quadrans de Claude — 41 et 42 ap. J.-C., Mattingly, *Coins Rom. Emp. Br. Mus.* 1, 189 sq. n. 174 sqq. pl. 35,13 — on lit, au-dessous d'une balance, *PNR* = *pondus nummi* (mieux *nummorum*) *restitutum*, avec Eckhel, ou, avec Willers, *ponderum norma restituta*, v. Mattingly, CLVIII.

3. Le cadeau de Saturnales par excellence : Martial, 14,132 *Pilleum*] *Si possem, totas cuperem misisse lacernas : | nunc tantum capiti munera mitto tuo* montre qu'il était courant de tailler les bonnets dans des lacernes usagées, v. à 2,1,130 et Blümner, *Priv. Alt.* 215 n. 18.

sed Bruti senis oscitationes
de capsa miseri libellion*is*
emptum plus minus asse Gaiano
donas. Vsque adeone defuerunt
caesis pillea s*u*ta de lacernis
uel mantelia luridaeue mappae,
c*h*ar*t*ae Thebaicaeue Caricaeue ?
nusquam turbine conditus ruenti
prunorum globus atque c*o*ttanorum ?
non e*n*lychnia sicca, non replictae
bul*b*orum tunicae ? nec oua tantum
nec le*n*es halicae nec asperum far ?
nusquam Cinyphiis uagata campis
curuarum domus uda coclearum ?
non lardum graue debilisue perna ?
non Lucanica, non graues Falisci,
non sal oxy*p*orumue caseusue,
aut panes uiridantis a*ph*ronitri
uel passum psithiis *s*uis recoctum,
dulci defr*u*ta uel lutosa c*a*eno ?
quantum nec dare c*e*reos olentes,
cu*l*tellum tenuesue codicillos ?
ollares, rogo, non licebat uuas,
Cumano patinas in orbe tortas

21 libellionis ς : -nes *M* || **24** caesis *M* : sciss- *Heinsius alii alia at uide Lucil 995 M* tiniae omnia caedunt || suta ς : sicta *uel* sicca *uel etiam* suta *M* || **26** Carthae *M* || **28** cottanorum ς : ca- *M gr.* κόττανα *cf. Iuuenal 3, 83* cottona *PA*κ -tan- *p*ω || **29** eulychnia *M* || **30** bulborum ς : -ullo- *M* || tantum *M* : tota *Turnèbe* tandem *Markland* — quantum ! — *Postgate Phil 1905, 130 alii alia, recte « non tantum non sed ne quidem » cl. 5, 3, 71 interpretatur Vollmer* || **31** lenes *Heinsius* : -eue- *M* || **36** oxyporum *ed. Ald.* : -yfo- *M* || **37** uiridantis *ut uid. (an* nitidantis*? Souter) M* || aphronitri ς : ăfp̆r- *M* || **38** suis *Auantius* : uuis *uel* unis *M* || **39** defruta ς : -uct- *M* || ceno *M* || **40** caereos *M* || **41** cutellum *M* || **43** in *M* : uel *Heinsius alii alia at* in *locali sensu i.q. gr.* ἐπί *cf. Ant Denkm 1, 1886 tab. 8 fig. 17-18 = DA 2 fig. 3033*

peur ? — de marmites blanches et de pots[1] ? Mais équitablement et comme dans une balance exacte, sans rien changer, tu me rends mesure pour mesure. Eh quoi ! Si, avec mon petit déjeuner sur l'estomac, je venais au point du jour t'apporter mon salut, est-ce que tu prendrais le chemin de ma maison pour me saluer en retour ? Ou bien, quand tu m'as régalé d'un luxueux festin, dois-tu toi-même t'attendre à être invité à un repas semblable ? Je suis en colère contre toi, Grypus. Je ne t'en envoie pas moins le bonjour ; seulement ne va pas encore, avec ton esprit habituel, me renvoyer à présent des hendécasyllabes.

1. Mouvement comparable : Martial, 2,46,9 sq. *quantum erat, infelix, pannis fraudare duobus — | quid metuis ? — non te, Naeuole, sed tineas ?* L'inquiétude est provoquée chez l'interlocuteur par le tour de la phrase. Dans Stace, elle l'est par le double sens du mot *synthesis* : *a*) un assortiment de *uestes cenatoriae*, de couleurs variées, qu'il était de bon ton de passer les unes après les autres au cours du repas, v. Blümner, *Priv. Alt.* 219 sq. ; secondairement, la *uestis* elle-même : d'usage aux Saturnales, d'où la toge était bannie, elle figurait, dans l'échange rituel des cadeaux, au nombre des *diuitum munera* Martial, 14,142 (141) ; *b*) un assortiment, un service de vaisselle — argenterie dans l'inventaire égyptien *Pap. Berl.* 8935 du Ier s. ap. J.-C., v. Drexel, *Röm. Mitt.* 36-37, 1921-22, 37 ; 40 sq. ou bien, comme dans Stace, poterie, v. Blümner, 156 : c'était encore un cadeau de Saturnales, mais, dans le second exemple, de pauvre, cf. Martial, 4,46,14 sq. *et crasso figuli polita caelo | septenaria synthesis Sagunti.* Sur *caccabus* κάκκαβος, *uas ubi coquebant cibum* (avec une étymologie populaire) Varron, *LL.* 5,127, Blümner, *l. c.* ; en liaison avec ce mot, *calix* doit offrir son sens élargi et désigner un vase quelconque, une marmite cf. Ovide, *Fast.* 5,509, Vitruve, 6,1,8 et *Thes. LL.* 3,164,78.

aut unam dare s*y*nthesin — quid horres ? —
alborum calicum atque caccaborum ?
sed certa uelut aequus in statera
nil mutas, sed idem mihi rependis.
Quid si, cum bene mane semicrudus
inlatam tibi dixer*o* salutem,
et tu me uicibus domi salutes ?
aut, cum me dape iuueris opima,
expectes similes et ipse cenas ?
irascor tibi, Gr*y*pe. Sed ualebis ;
tantum *n*e mihi, qu*o* soles lepor*e*,
et nunc *h*endecasyllabos remittas.

44 sinthesin *M* || **49** dixero ς : -re *M* || **53** gripe *M* || **54** ne ς : me *M* || quo ς : quod *M* || lepore *Domitius* : -ri *M* || **55** endecasyllabos *M*

P · PAPINI · STACII · SILVARVM · LIBER | IIII · EXPLICIT · INCIP · LIB · V · ·

LIVRE V

STACE

SILVES

LIVRE CINQUIÈME

I[1]

STACE A SON AMI ABASCANTUS[2*] SALUT[3*]

Nous devons de toutes les forces de notre cœur honorer les bons exemples, puisqu'ils sont d'intérêt public. Les pieux regrets que tu manifestes envers ta Priscilla éclairent un des côtés de ton caractère en même temps qu'ils doivent t'attirer toutes les sympathies, et surtout celles d'un époux. Car aimer une femme vivante, c'est plaisir ; l'aimer après sa mort, c'est religion. Ce n'est pourtant pas en inconnu, ni non plus en officieux[4*] que je me suis jeté sur cette tâche. Priscilla en effet aimait ma femme[5*], que son amitié m'avait rendue encore plus chère ; après cela, ce serait montrer de l'ingratitude que de ne pas être sensible à tes larmes. En outre, je m'efforce toujours, dans la mesure de ma médiocrité, de bien mériter de tout ce dont s'entoure la maison divine[6*]. Car celui qui honore sincèrement les dieux aime aussi leurs prêtres[7*]. Mais quoique je fusse depuis longtemps désireux d'approcher de plus près ton intimité, je préférerais pourtant n'en avoir pas encore trouvé l'occasion.

CHANT FUNÈBRE[8*] EN L'HONNEUR DE PRISCILLA

Si ma main savait soit donner la ressemblance aux fictions de la cire, soit animer l'ivoire ou l'or de figures en relief, j'aurais le moyen, Priscilla[9*], de plaire à ton

1. Posthume, le livre n'est pas précédé d'une *epistula* dédicatoire.

P. PAPINI STATI
SILVARVM
LIBER QVINTVS

I

STATIVS ABASCANTO SVO SALVTEM

Omnibus affectibus prosequenda sunt bona exempla, cum publice prosint. Pietas, quam Priscillae tuae pr*a*estas, et morum tuorum pars et nulli non conciliare te, praecipue marito, potest. Vxorem enim uiuam amare uoluptas est, defunctam religio. Ego tamen huic operi non ut unus e turba *n*ec tantum quasi officiosus adsilui. Amauit enim uxorem meam Priscill*a* et amando fecit mihi illam probatiorem ; post hoc ingratus sum, si lacrimas tuas transeo. Praeterea latus omne diuinae domus semper demereri pro mea mediocritate conitor. Nam qui bona fide deos colit, amat et sacerdotes. Sed quamuis propiorem *u*sum amicitiae tuae iampridem cuperem, mallem tamen nondum inuenisse materiam.

EP*I*CEDION IN PRISCILLAM*

Si manus aut similes docilis mihi fingere c*e*ras
aut ebur impressis aurumue animare figuris,

I EPIST. **1** omnibus *M* : -nium *Phillimore alii alia at uide Sen Ep 116, 3; 6 Curt 7, 1, 211 Quintil IO 1, 8, 7 al. Decl 294, 167, 7 R* || **2** prestas *M* || **6** uec [nec *M*[1]] *M* || **7** Priscilla ς : -am *M* || **12** usum ς : uis- *M*

EPYCEDION IN PRISCILLAM VXOREM [*ultimam u. secl. Klotz*] *M*
1 caeras *M*

mari en consolant sa peine. Car sa singulière tendresse mérite que la couleur d'Apelle, en fixant tes traits, ou la main de Phidias, en te donnant la vie, te rende à sa douleur. Tant on le voit chercher à arracher ton ombre au bûcher, engager un formidable combat avec la Mort[1]*, épuiser le talent des artistes et s'ingénier à aimer dans tous les métaux ton image ! Mais éphémère est l'honneur que procure l'effort d'une main adroite. Mon rôle à moi, épouse sans pareille d'un illustre jeune homme, c'est d'essayer de t'apporter avec ma lyre l'hommage durable d'un chant qui ne saurait sombrer dans l'obscurité[2]*, pourvu que j'aie la faveur d'Apollon et de celui qui m'assiste toujours aux côtés d'Apollon, — César[3] : aucun autre tombeau ne saurait mieux te garder.

Il est sans doute bien tardif, le baume que je compose pour une si grande douleur, quand pour la seconde fois la roue volante de Phébus entraîne une année dans son tour[4]* ; mais quand la blessure était toute fraîche, que la maison endeuillée venait à peine d'être meurtrie et que la seule plainte funèbre[5]* trouvait l'accès de l'oreille pitoyable d'un homme privé de son épouse, il n'y avait pas alors d'autre consolation que de pleurer, de déchirer ses vêtements, de fatiguer de ses lamentations la foule des esclaves domestiques et de surpasser les leurs, d'assaillir les Destins et les injustes habitants du ciel de récriminations furieuses. C'est en vain que, pour adoucir ces gémissements, Orphée serait venu en personne avec son cortège de forêts et de fleuves ; en

3. Le prince-dieu se confond avec des divinités particulières : Domitien avec Jupiter, Hercule, Bacchus, Mercure, v. Scott, *Imperial Cult under the Flavians* 133 sqq. ; et aussi Apollon, selon Martial, 5,6,18 *dominum nouem sororum* — le dieu sur un semis de 85 Mattingly, *Coins Rom. Emp. Brit. Mus.* 2, 367 n. 318 sq. cf. Index 3, 442 et xciv ; pour ce qui est d'ailleurs de Domitien poète, v. en dernier lieu Bardon, *Les Empereurs et les Belles-Lettres*, 1940, 281 —; mais ici, c'est au *numen* du prince que Stace demande l'inspiration — v. H. Frère, *Mél. Thomas*, 1930, 309 —, et ce *numen* est mis de pair avec celui du dieu, comme déjà dans les invocations de Virgile, *Georg.* 1,24 sqq. (César τρισκαιδέκατος θεός), de Calpurnius, 4,87 sqq., de Valerius Flaccus, 1,5 sqq.

hinc, Priscilla, tuo solacia grata marito
conciperem. Namque egregia pietate meretur,
ut uel Apelleo uultus signata colore,
*Ph*idiaca uel *n*ata manu reddare dolenti.
Sic auferre rogis umbram conatur et ingens
certamen cum Morte gerit curasque fatigat
artificum inque omni te quaerit amare metallo.
Sed mortalis honos, agilis quem dextra laborat.
Nos tibi, laudati iuuenis rarissima coniunx,
longa nec obscurum finem latura perenni
temptamus dare iusta l*y*ra, modo dexter Apollo
quique uenit iuncto mihi semper Apolline Caesar
annuat : *h*aut alio melius condere sepulcro.
Sera quidem tanto struitur medicina dolori,
altera cum uolucris Phoebi rota torqueat annum ;
sed cum plaga recens et adhuc in uulnere primo
nigra domus, questu miseramque accessus ad aurem
coniugis orbati, tunc flere et scindere uestes
et famulos lassare greges et uincere planctus
Fataque et i*ni*ustos rabidis pulsare querelis
caelicolas solamen erat. Licet ipse leuandos
ad gemitus siluis comitatus et amnibus Orpheus

4 meretur *M*[2] : mor- *M* || **6** fidiaca *M* || nata *M*[2] *cf. u. 231* nouaris : uata *M* rasa *Schrader alii alia* || **13** lira *M* || **15** haud ς : aut *M de forma* haut *Sommer Hdb 275* || sepulchro *M* || **19** quaestu miseramque accessus ad aurem *M def. Imhof pr Halle 1859, 13 Vollmer* : quis tum miseras accessus ad aures *Sandstroem diss Uppsala 1878, 32* questu miseram qui accessus ad aurem *Macnaghten J Phil 1890, 136 alii alia sed cum* -que *cl. Theb 5, 732* placidasque accessus ad aures *seruandum uideatur non est cur datiuum* questu *i.e. querimoniae funereae temptes nec licet in singulari* aurem *haereas cf. 5, 2, 58 sq.* bibe... pronis | auribus| *Ouid M 13, 787* auribus hausi *at Ach 1, 794* aure...trahentem *Hor C 2, 13, 32* bibit aure || **20** tunc [t *ex* n *ut uid. M*[1]] *M* || **22** iniustos *M*[2] : iu iustos *M*

vain que toutes les sœurs de sa mère[1], ainsi que tous les prêtres d'Apollon et de Bacchus, auraient accompagné le poète : ni les chants, ni les cordes de cette lyre qui charma les divinités du pâle Averne et les chevelures des Euménides[2]* n'y auraient rien fait ; si grande était la peine qui régnait dans son cœur consterné. Même à présent, la cicatrice, toute lisse que le temps l'ait rendue, fuit la main qui la touche, et une pluie de larmes appesantit, prête à jaillir, les yeux de l'époux. Se peut-il que de ces yeux ruissellent encore aujourd'hui des pleurs de tendresse ! Admirable fidélité du souvenir ! De la Dame du Sipyle on dira qu'elle a séché plus tôt ses larmes maternelles ; plus tôt ses rosées de douleur feront défaut à l'épouse de Tithon ou la mère d'Achille, rassasiée et épuisée, cessera de briser ses vagues orageuses au tombeau de son fils[3]*. Courage ! Rien de cela n'échappe au dieu qui tient les rênes de l'univers et gouverne, plus proche que Jupiter, les actions des hommes ; il voit ton chagrin et lit dans le cœur de son ministre favori. Il tire même des enseignements de ce que tu aimes une ombre et révères une morte. Voilà bien le plus pur des attachements, voilà bien l'amour qui a mérité l'approbation d'un censeur, notre maître[4]*.

Ne soyons pas surpris d'ailleurs, si, cœur contre cœur, pour longtemps la concorde vous a unis et mêlés l'un à l'autre par une chaîne que rien n'a brisée. Elle, à la vérité, elle avait accepté une première union et les torches d'un autre mariage ; mais comme si elle t'eût lié par sa virginité, elle t'étreignait et te chérissait de toute sa chair et de toute son âme : ainsi, l'orme, dès sa naissance lié aux jeunes pampres d'une vigne, l'aime, mêle à elle ses feuillages touffus, appelle de ses vœux les richesses de l'automne et se réjouit d'être couronné de ses grappes chéries[5]*. On loue[6] pour leur lignage ou pour le don d'une beauté distinguée des femmes auxquelles

1. Le texte groupe de telle sorte les Muses — plus exactement, les huit sœurs de Calliope —, Apollon et Bacchus qu'il est difficile de croire que Stace songe à distinguer dans Orphée une inspiration apollinienne et une inspiration dionysiaque.

6. Dans la *laudatio funebris*.

adforet atque omnis pariter matertera uatem,
omnis Apollineus tegeret Bacchique sacerdos :
nil cantus, nil fila deis pallentis Auerni
Eumenidumque audita comis mulcere ualerent ;
tantus in attonito regnabat pectore luctus.
Nunc etiam ad *ta*ctus refugit iam plana cicatrix,
dum canimus, grauibusque oculis uxorius instat
imber. Habentne pios etiamnum haec lumina fletus ?
mira fides ! citius genetrix Sip*y*lea fer*e*tur
exhausisse genas, citius *T*ithonida m*a*esti
deficient rores aut exsatiata fatiscet
mater Achilleis hiemes adfrangere bustis.
Macte animi ! notat ista deus, qui flectit habenas
orbis et humanos propior Ioue digerit actus,
maerentemque uidet lectique arcana ministri.
Hinc etiam documenta capit, quod diligis umbram
et colis exequias. Hic est castissimus ardor,
hic amor a domino meritus censore probari.
Nec mirum, si uos collato pectore mixtos
iunxit inabrupta concordia longa catena.
Illa quidem nuptu*m*que prior taedasque marito
passa alio, sed te ceu uirginitate iugatum
uisceribus totis animaque amplexa fouebat ;
qualiter aequaeuo sociatam palmite uitem
ulmus amat miscetque nemus ditemque pr*e*catur
autumnum et caris gaudet redimita racemis.
Laudantur proaui*s* seu pulchrae munere formae

27 fl [*del.* *M*[1]] fila *M* || **30** ad tactus *Cartault JS 1904, 528 cf. 2, 1, 13* : ad planctus *M* *ex* plana *Havet 540, contra sensum* || **33** Sipylea feretur *Heinsius* : si pelea fertur *M* Sipyleia fertur ς *male adiectiuum emendatur (de suffixo* -ēus *ap. Stat. Schamberger diss phil Hal 17, 1907, 250) ut seruetur id uerbum quod cum u. 35 futuris discrepat* || **34** cithonida *M* || mesti *M* || **44** catenae [-e *del.* *M*[1]] *M* || **45** nuptum- ς : -tu- *M* || **49** praecatur *M* || **51** proauis seu ς : -ui seu *M*

ont manqué les biens de la vertu, et en possession d'une fausse gloire elles ignorent la véritable : toi, si brillante que fût ta naissance, si heureuse que fût ta beauté, digne d'éveiller les aspirations de bien des prétendants, tu tirais pourtant de toi-même un plus grand lustre en ne voulant connaître qu'un seul lit, en ne voulant nourrir qu'une seule flamme dans l'intimité de ton être[1]. Son amour, ni le ravisseur phrygien n'eût pu l'altérer, ni les prétendants de Dulichium, ni l'adultère qui souilla la chaste couche de son frère à l'aide de l'or mycénien[2]*. On lui eût offert les ressources de Babylone, l'or du trésor de Lydie, les richesses immenses des Indiens, des Sères et des Arabes, elle eût préféré mourir irréprochable dans une pauvreté pudique et donner sa vie pour son honneur. Elle n'affectait pas pourtant un air chagrin et rigide, et il n'y avait pas dans son caractère une trop grande austérité ; son honnêteté était simple et enjouée, et un charme se mêlait à sa pudeur. Si d'ailleurs une crainte angoissée l'avait appelée à de plus hauts devoirs, c'est avec joie qu'elle eût été jusqu'à affronter pour son époux des bataillons de guerriers, les feux de la foudre et les périls de la pleine mer[3]*. Il vaut mieux que l'adversité n'ait pas voulu prouver combien vive était ta tendresse conjugale, combien promptes tes alarmes pour ton époux. Oui, la voie suivie fut meilleure, et tes prières ont valu à ton mari la faveur des dieux, tandis que nuit et jour tu fatiguais les puissances divines, que tu te prosternais en suppliante au pied de tous les autels et que tu adorais l'aimable génie d'un maître présent[4]*. Tu as été entendue, et la Fortune s'est approchée d'un pas bienveillant. Car il a vu le sang-froid agissant du jeune homme loyal, son inaltérable dévouement, son esprit toujours armé pour répondre aux besoins, ses pensées toujours en éveil, et son jugement rassis, digne de suivre sans rupture le déroulement de tant d'affaires diverses, il a vu tout cela, celui qui lit dans le cœur de tous ses sujets

1. Application mécanique, et un peu fâcheuse, à une remariée du motif, traditionnel dans la *laudatio* et parodié par MARTIAL, 10,63,7 sq., de l'*uniuira*.

quae morum caruere bonis, fals*ae*que potentes
laudis egent uerae : tibi quamquam et origo niteret
et felix species multumque optanda maritis,
ex te maior honos, unum nouisse cubile,
unum secretis agitare sub ossibus ignem.
Illum nec *Ph*rygius uitiasset raptor amorem
Dulichiiue proci nec qui fraternus adulter
casta M*y*cen*ae*o conubia polluit auro.
Si Bab*y*lonos opes, L*y*dae si pondera gazae
Indorumque dares Serumque Arabumque potentes
diuitias, mallet cum paupertate pudica
intemerata mori uitamque rependere famae.
Nec frons triste rigens nimiusque *in m*oribus horror,
sed simplex hilarisque fides et mixta pudori
gratia. Quod si anceps metus *ad* maiora u*o*casset,
illa uel armiferas pro coniuge laeta cateruas
fulmineosque ignes mediique pericula ponti
exciperet. Melius, quod non aduersa probarunt,
quae tibi cura tori, quantus pro coniuge pallor.
Sed meliore uia dextros tua uota marito
promeruere deos, dum nocte dieque fatigas
numina, dum cunctis supplex aduolueris aris
et mitem genium domini praesentis adoras.
Audita es, uenitque gradu Fortuna benigno.
Vidit quippe pii iuuenis nauamque quietem
intactamque fidem succinctaque pectora curis
et uigiles sensus et digna euoluere tantas
sobria corda uices, uidit, qui cuncta suorum

52 falsae- *Heinsius*: -so- *M Introd. XXXII* || **53** niteret *M* : -ebat *Adrian diss Würzburg 1893, 41 sed cf. 5, 2, 48 Schmalz-Hofmann 737* || **57** frigius *M* || **59** miceneo *M* || **60** babilonos *M* || lidae *M* || **64** in moribus *Domitius* : maioribus *M* || **66** ad maiora ς : et m- *M Introd. XXIV* || uocasset ς : uac- *M*

et s'entoure de tout côté de ministres éprouvés[1*]. Rien d'étonnant à cela : il voit, lui, l'Orient et l'Occident, ce qu'apporte l'auster et le tempétueux borée, les plans de la guerre et de la paix, et il pénètre jusqu'à l'intention elle-même. C'est lui qui sur des épaules où tombait la crinière[2] a placé une masse immense et *un poids*[3] à peine maniable — car il n'est pas dans la demeure sacrée une autre charge[4*] plus multiple — : envoyer dans le vaste univers, en tout sens, les ordres du chef de la cité romuléenne, diriger de sa main toutes les forces et les ressources de l'empire ; prendre connaissance des messages ornés de lauriers qui viennent de la région de l'Ourse, des nouvelles qu'envoient l'Euphrate vagabond, la rive de l'Hister au double nom, les bataillons du Rhin ; savoir combien nous avons avancé vers les bornes du monde et vers cette Thulé qu'enveloppe de son tumulte le reflux des vagues — car on ne voit que javelots dressant des feuillages heureux et nulle lance ne se signale par la plume sinistre — ; en outre, si notre maître répartit dans les commandements ses fidèles épées, faire connaître qui est capable de gouverner cent hommes, chevalier introduit dans les rangs de l'infanterie, qui de diriger une cohorte, à qui convient le grade plus distingué où brille le tribun, ou qui est plus digne d'entraîner une aile qui porte le frein ; connaître aussi à l'avance mille faits qui relèvent du hasard, si le Nil a inondé ses campagnes, si la Libye a été arrosée par les pluies qu'apporte l'auster ; si j'énumérais toutes ses fonctions, on verrait que le dieu ailé de Tégée, à la baguette révélatrice[5*], ne porte pas plus de messages des hauteurs étoilées, non plus

2. Pour inattendue qu'elle soit, l'épithète *iubatis* doit être conservée, v. app. crit. Stace ne veut pas dire qu'Abascantus était encore — presque — un adolescent quand il reçut la charge de l'*ab epistulis*, Vollmer, après Politien, *Ed.* 502, faisant état de 1,2,2 ; il était déjà un « homme » : moins un « poilu » (Skutsch, *ALL.* 12, 1902, 199 rapprochant Juvénal, 14,193 sqq.) qu'un « chevelu » (Klotz, *Ib.* 13, 1904, 286, cf. Dares, 13,9 Meister *Achillem pectorosum ore uenusto, membris ualentibus (et) magnis, iubatum bene crispatum*).

3. Restitution d'Avantius.

nouit et inspectis ambit latus omne ministris.
Nec mirum : uidet ille ortus obitusque, quid a*uster*,
quid boreas hibernus agat, ferrique *to*gae*que*
consilia atque ipsam mentem probat. Ille iubatis
molem immensam umeris et uix tractabile † tempus †
imposuit — nec enim numerosior altera sacra
cura domo —, magnum late dimittere in orbem
Romulei mandata ducis uiresque modosque
imperii tractare manu ; quae laurus ab Arcto,
quid uagus Eu*ph*rates, quid ripa binominis Histri,
quid Rheni uexilla ferant, quantum ultimus orbis
cesserit et refugo circumsona gurgite Thyle
— omnia nam laetas pila attollentia frondes,
nullaque f*a*mosa signatur lancea penna — ;
praeterea, fidos dominus si diuidat enses,
pandere, quis centum ualeat frenare, maniplos
inter missus eques, quis praecepisse cohorti,
quem deceat clari praestantior ordo tribuni,
quisnam frenigerae signum dare dignior alae ;
mille etiam praenosse uices, an merserit agros
Nilus, an imbrifero Lib*y*e sudauerit austro ;
cunctaque si numerem, non plura interprete uirga
nuntiat ex celsis ales Tegeaticus astris,

81 auster ς *cf. 3, 3, 96* : arctos *M ex u. 88* arcto *Intr. XXIX, XLVII* || **82** togaeque ς : rotagae *M Introd. XXVI, XLII* || **83** iubatis *M* : subactis *Auantius alii alia, lect. trad. iure recipit Vollmer, male post Politianum i.q. puerilibus cl. 1, 2, 2* umero comanti *interpretatur, uirilibus contra intellegendum cf. Klotz ALL 13, 1904, 286* || **84** tempus *M* : pondus *Auantius Introd. XLVII* || **89** eufrates *M* || **93** famosa *Saumaise* : fum- *M* || **95-96** maniplos | Inter missus eques *M* : maniplis | intermixtus equos *Saumaise alii alia, lect. trad. bene def. Vollmer ut tamen falso primipilatum in militiarum equestrium numero reponat DA 2, 780 Stein Röm Ritterst 140, 2 : ad eos equitum Rom. filios qui tamquam centuriones armorum initium faciebant alludi uidetur DA 3, 1055* || **100** Libye ς : -brae *M*

que la jeune envoyée de Junon qui glisse à travers l'atmosphère limpide et tend dans l'air pluvieux son arc aux brillantes couleurs, ni la Renommée qui dans sa course ailée, ô Germanique, transporte tes lauriers, en devançant le jour et même l'Arcadien traînant sous les astres, et laisse la fille de Thaumas au milieu du ciel[1]. Combien heureuse, Priscilla, te virent les dieux et les hommes en ce jour béni où pour la première fois ton époux fut élevé à ses hautes fonctions ! Ton bonheur a *presque*[2] surpassé le sien, tandis que, prosternée poitrine contre terre, tu te roulais passionnément aux pieds sacrés du maître, à qui tu devais tant[3]. Moindre est l'allégresse qui anime sur le mont d'Aonie celle à qui le Seigneur de Délos a remis l'entrée de sa grotte mystérieuse ou celle à qui Bacchus a attribué le vénérable privilège du premier thyrse et l'étendard de sa troupe frénétique[4]*. La tranquillité de son âme n'en fut pourtant pas modifiée, la prospérité n'enfla pas son cœur plein de droiture : ses sentiments restent les mêmes, et son caractère, dans l'élévation de sa fortune, garde sa modestie. Elle se préoccupe avec angoisse des soucis de son mari, elle l'exhorte à la fois et le modère dans son travail. Elle lui sert elle-même des repas tout simples et des coupes sobres, et elle l'invite à suivre l'exemple du maître[5]* ; telle l'Apulienne, femme d'un frugal paysan, ou celle qu'a brunie le soleil sabin, qui s'aperçoit, au regard déjà jeté par les étoiles, que le temps est proche où son mari aura achevé sa journée, prépare en toute hâte la table et le lit et tend l'oreille au bruit de la charrue qui rentre. Mais c'est trop peu dire. Avec toi et pour t'accompagner, elle eût d'un cœur fort bravé les Ourses glacées et les hivers sarmates, et l'Hister, et les froids blêmes du Rhin[6]* ; avec toi, elle eût enduré toutes les chaleurs brûlantes, et, si les lois des camps le permettaient[7]*, elle eût voulu porter le carquois, elle eût voulu couvrir son flanc

1. Dans la mesure où elle est au service de Domitien, Fama va plus vite que les messagers des dieux, Hermès et Iris.

2. Restitution de Burman.

3. Mise en scène de cette προσκύνησις — v. Kroll, *P-W*. Supp.

quaeque cadit liquidas Iunonia uirgo per auras
et picturato pluuium ligat aera g*y*ro,
quaeque tuas laurus uolucri, Germanice, cursu
Fama ue*hi*t praegressa diem tardumque sub astris
Arcada et in medio linquit T*h*aumantida caelo.
Qualem te superi, Priscilla, hominesque benigno
aspexere die, cum primum ingentibus actis
admotus coniunx ! uicisti gaudia † cene †
ipsius, effuso dum pectore prona sacratos
ante pedes auide domini tam magna merentis
uolueris. *A*onio non sic in uertice gaudet,
qu*am* pater arcani praefecit hiatibus antri
Delius, aut primi cui *i*us uenerabile th*y*rsi
Bacchus et attonitae tribuit uexilla cateruae.
Nec tamen hi*n*c mutata quies probitasue secundis
intumuit : tenor idem animo moresque modesti
fortuna crescente manent. Fouet anxia curas
coniugis hortaturque simul flectitque labores.
Ipsa dapes modicas et sobria pocula tradit,
exemplumque ad erile mo*n*et ; uelut Apula coniunx
agricolae par*c*i uel sole infecta Sabino,
quae uidet emeriti iam prospectantibus astris
tempus adesse uiri, propere mensasque torosque
instruit expectatque sonum redeuntis aratri.
Parua loquor. Tecum gelidas comes illa per Arctos
Sarmaticasque hiemes Histrumque et pallida Rheni
frigora, tecum omnes animo durata per aestus
et, si castra darent, uellet gestare *ph*aretras,

104 giro *M* || **106** uehit *Domitius* : uelut *M* || **107** taumantida *M* || **110** cene *M ex 4, 2, 5* : paene *Burman satis apte* || **113** Aonio ς : auson- *M* || **114** quam *Barth* : Quem *M* || **115** cui ius *Domitius* : cuius *M* || thirsi *M* || **117** hinc ς : hic *M* || **121** tradit [d *ex* b M^1] *M* || **122** mouet *M* || **123** parti *M* || **126** redeuntis ς : -ibus *M* || **130** faretras *M*

d'un bouclier d'Amazone : il lui eût suffi de te voir, dans le nuage de poussière des champs de bataille, près du coursier foudroyant de César, balancer ses javelots divins et recevoir la sueur dégouttant de sa grande lance. Jusqu'ici ma lyre a fait entendre des sons heureux. Il est temps maintenant de déposer ton feuillage, Phébus, et de consacrer ma chevelure par le triste cyprès. Quel dieu a imposé à Fortune et à Envie[1*] le lien d'une parenté toujours en guerre ? Qui a voulu que s'affrontent ces déesses en une guerre éternelle ? Est-ce que la première ne distinguera jamais une maison sans que l'autre aussitôt la transperce de son regard et vienne troubler ses joies d'une main cruelle ? La demeure fleurissait, riante, inébranlée : nul motif d'affliction. Qu'y avait-il en effet à redouter de la part de Fortune, quelles que soient sa traîtrise et sa légèreté, quand César était si favorable ? Les Destins pâles de jalousie ont trouvé la voie, et leur cruelle violence a pénétré dans ce foyer irréprochable. Ainsi le Notus brûle les vignobles chargés de grappes de son souffle malfaisant, ainsi des pluies excessives pourrissent la moisson déjà haute, ainsi le vent jalouse le rapide vaisseau qu'il rencontre et assemble les nuées autour de ses voiles heureuses. L'admirable beauté de Priscilla est la proie du Destin ; tel un pin aux hautes frondaisons, gloire des forêts, soit que l'ait frappé la foudre cruelle de Jupiter, soit que ses racines n'aient plus de prise, défaille et, dépouillé de son feuillage, ne rend plus à la brise murmure pour murmure. A quoi servent l'honnêteté, la chasteté conjugale, la fidélité au culte des dieux ? Les sombres filets de la Mort ont entouré la malheureuse, les trames impitoyables des sœurs se tendent, et il ne reste plus que l'extrémité du fil épuisé. Ni la foule des

5, 518, ALFÖLDI, *Röm. Mitt.*, 1934, 55 — contre laquelle, Domitien mort, MARTIAL ne s'élèvera pas moins, 10,72,5 sqq. *(Blanditiae) ad Parthos procul ite pilleatos | et turpes humilesque supplicesque | pictorum sola basiate | regum* que PLINE, *Pan.* 24,2 *non tu* (Trajan) *ciuium amplexus ad pedes tuos deprimis*, mais dont le germe est dans OVIDE, *Pont.* 3,1,149 *submissaque terra | ad non mortalis brachia tende pedes* (sa femme devant Livie-Junon).

uellet Amazonia latus intercludere pelta ;
dum te puluerea bellorum nube uideret
Caesar*e*i prope fulmen equi diuinaque tela
uibrantem et magnae sparsum sudoribus hastae.
  Hactenus alma chelys. Tempus nunc ponere frondes,
Phoebe, tuas m*a*estaque comam damnare cupresso.
Quisnam impacata consanguinitate ligauit
Fortunam Inuidiamque deus ? quis iussit iniquas
aeternum bellare deas ? nullamne nota*b*it
illa domum, toruo quam non haec lumine figat
protinus et saeua proturbet gaudia dextra ?
Florebant hilares inconcussique penates :
nil m*a*estum. Quid enim, quamuis infida leuisque,
Caesare tam dextro posset Fortuna timeri ?
Inuenere uiam liuentia Fata, piumque
intrauit uis saeua larem. Sic plena maligno
adflantur uineta Noto, sic alta senescit
imbre seges nimio, rapidae sic obuia puppi
inuidet et uelis adnubilat aura secundis.
Carpitur eximium Fato Priscilla decorem ;
qualiter alta comam siluarum gloria pinus
seu Iouis igne malo seu iam radice soluta
deficit et nulli spoliata remurmurat aurae.
Quid probitas aut casta fides, quid numina prosunt
culta deum ? Furuae miseram circum undique Leti
uallauere plagae, tenduntur dura sororum
licia et exacti superest pars ultima fili.

133 Caesarei ς : -ri *M* || 136 mesta- *M* || 139 notabit *Barth* : -auit *M* || 143 mestum *M* || 144 dextro tam [tam dextro *M*[1]] *M* || 149 adnubilat *M i.q. nubila admittit* : obnubilat *uel* obsibilat *Markland, de uerbis compositis a Stat. fictis Schamberger diss phil Hal 17, 1907, 298, nec licet memores Amm 27, 6, 15* uirtutem... obnubilarunt [adnubilabant *GA*] actibus prauis *si modo transit.* adnubilare *non tolerari potest*

esclaves, ni l'art laborieux des médecins ne viennent en aide à ses souffrances ; cependant, tandis que de toutes parts les familiers feignent l'espoir et composent leur visage, elle remarque les larmes de son mari. Tantôt il implore vainement les flots incorruptibles de l'infernal Léthé, tantôt dans sa détresse il mouille de ses pleurs tous les autels, laisse son empreinte aux portes des temples et balaie leur seuil de sa poitrine ; tantôt enfin il implore la divinité, que la prière peut fléchir, du grand César. O cours impitoyable du destin ! Y a-t-il donc quelque chose qui ne soit pas permis à César ? Quels délais auraient pu s'ajouter à des existences mortelles si tu étais, ô père, le maître absolu ? La Mort gémirait, emprisonnée dans le noir barathre[1], et les Parques réduites à l'inaction auraient déposé loin d'elles leur quenouille[2]*. Déjà ses traits s'affaissent, ses yeux chavirent, signe d'une fin prochaine, ses oreilles n'entendent plus, sauf quand l'unique voix de son mari se fait reconnaître ; il est le seul que, revenant du sein de la mort, son âme voie encore ; c'est lui que, de ses bras défaillants, elle étreint avec force, en tournant vers lui ses yeux fixes ; ce n'est pas de son dernier soleil, c'est de son cher mari qu'elle veut rassasier ses regards. Alors, à l'agonie, elle cherche à consoler le cœur qui l'aime et ne faisait qu'un avec elle : « O toi, moitié de mon âme[3]* destinée à me survivre, à laquelle je voudrais tant pouvoir laisser les années que me ravit la dure Atropos, épargne, je t'en prie, tes larmes, ne meurtris pas ta poitrine de coups furieux, et ne torture pas l'ombre de ta femme qui t'échappe. J'abandonne sans doute le lit conjugal, mais en observant l'ordre de la mort[4] puisque je m'en vais la première : j'ai vécu des années préférables à une longue vieillesse ; je t'ai vu depuis longtemps dans tout l'éclat de ton destin, je t'ai

1. *Barathrum*, de l'enfer, dès PLAUTE, *Bacch.* 149, *Rud.* 570 ; à peu près confiné dans la langue poétique, le mot se loge commodément en fin d'hexamètre, VIRGILE, *Aen.* 8,245, cf. *Theb.* 1,85 ; 8,15.

4. TACITE, *Ann.* 16,11 *seruauit... ordinem fortuna ac seniores prius, tum cui prima aetas extinguuntur*. Cette idée, dont la banalité n'a jamais lassé les Romains, s'est fixée en thème d'épicède. L'arrangement que lui impose Stace a prêté à erreur, v. app. crit. :

Nil famuli coetus, nil ars operosa medentum
auxiliata malis ; comites tamen undique ficto
spem simulant uultu, flentem notat illa maritum.
Ille modo infernae nequiquam flumina Lethes
incorrupta rogat, nunc anxius omnibus aris
inlacrimat signatque fores et pectore terget
limina ; nunc magni uocat exorabile numen
Caesaris. Heu durus fati tenor ! estne quod illi
non liceat ? quantae poterant mortalibus annis
accessisse morae, si tu, pater, omne teneres
arbitrium ? caeco gemeret Mors clusa bara*th*ro,
longius et uacuae posuissent stamina Parcae.
Iamque cadunt uultus oculisque nouissimus error
optunsaeque aures, nisi cum uox sola mariti
noscitur ; illum unum media de morte reuersa
mens uidet, illum aegris circumdat fortiter ulnis
immotas obuersa genas, nec sole supremo
lumina, sed dulci mauult satiare marito.
Tum sic unanimum moriens solatur amantem :
« Pars animae uictura meae, cui linquere possim
o utinam, quos dura mihi rapit Atropos, annos :
parce, pr*e*cor, lacrimis, saeuo ne concute planctu
p*e*ctora, nec crucia fugientem coniugis umbram.
Linquo equidem thalamos, saluo tamen ordine mo*r*tis
quod prior : exegi longa potiora senecta
tempora ; uidi omni pridem te flore nitentem,

168 baratro *M* || **177** possim *M* : -sem *Markland cf. Schmalz-Hofmann 569* || **179** praecor *M* || **180** Poctora *M* || **181** mortis ς : mostis *M* maestos *Domitius alii alia, id agnoscendum quod non minus scriptores quam tituli decantauerunt Cic Lael 15 Martial 1, 114, 5 ; 9, 51, 3 CLE 984, 6 ; 176, 2 al., ceterum non maior natu Priscilla sed sibi uidetur diutius uixisse uu. 182 sqq., aliter Vollmer ad l. Engelmann Herm 1903, 290 at uide Vollmer Ibid 134, 2 Klotz Ibid 476, de* rt *in* st *commutat. Intr. XXXVI ; uide etiam LVIII*

vu approcher tous les jours davantage de la main du Très-Haut. Ni les Destinées, ni aucune divinité n'ont désormais de pouvoir sur toi : j'emporte avec moi leur puissance. Quant à toi, poursuis avec allégresse le chemin où tu es entré ; aime inlassablement la personne sacrée et le génie de notre Tout-Puissant. A présent, — et cet ordre, tu souhaites toi-même de te le voir donner — offre au temple du Capitole un or éternel, qui, en une statue de cent livres, fasse resplendir les traits de notre César sacré et atteste l'affection de la servante qui lui appartint[1]. A cette condition je ne verrai moi-même ni les Furies ni l'horreur du Tartare, et j'aurai le bonheur d'être admise au séjour de l'Élysée. » Elle parle ainsi en expirant, et entoure de ses bras le corps qui lui fut uni ; sans tristesse, attachée aux lèvres de son mari, elle y fit passer le souffle de sa vie, et elle ferma elle-même ses yeux en y pressant la main qui lui était chère.

Mais le jeune homme, le cœur incendié par ce deuil immense, emplit tantôt son foyer vide de lamentations farouches, tantôt il veut dégainer son épée, tantôt il s'élance vers des précipices — ses compagnons ont peine à le retenir —, tantôt, bouche à bouche, il se penche sur celle qu'il a perdue ; sauvagement, il remue la douleur enfouie au fond de son cœur ; ainsi le poète odryse, hébété à la vue du cadavre de sa femme, abandonna, frappé d'horreur, sa lyre sur les bords du Strymon et répandit sur le bûcher des larmes que n'accompagnait aucun chant[2]*. Il eût même hardiment mis fin au cours de sa vie, pour ne pas te laisser descendre seule dans l'abîme du Tartare ; mais il en est empêché par une volonté loyale au chef et digne de l'admiration des saints commandements[3]*, et par un amour plus haut.

Priscilla n'est pas plus âgée que son mari ; mais, grâce à lui, elle a vécu plus que ses années ; il est donc dans l'ordre qu'elle meure la première.

1. Suétone, *Dom.* 13 *statuas sibi in Capitolio nonnisi aureas et argenteas poni permisit ac ponderis certi* ; Vollmer, *Ed.* 506 soupçonne, non sans raison, dans *centeno* un renchérissement sur l'ordonnance du prince.

uidi altae propius propiusque accedere dextrae.
Non in te Fatis, non iam caelestibus ullis
arbitrium : mecum ista fero. Tu limite coepto
tende libens sacrumque latus geniumque potentem
inrequietus ama. Nunc, quod cupis ipse iuberi,
da Capitolinis aeternum sedibus aurum,
quo niteat sacri centeno pondere uultus
Caesaris et propriae signet cultricis amorem.
Sic ego nec Furias nec deteriora uidebo
Tartara et El*y*sias felix admittar in oras. »
Haec dicit labens sociosque amplectitur artus
haerentemque animam non tristis in ora mariti
transtulit et cara pressit sua lumina dextra.
At iuuenis magno flam*m*atus pectora luctu
nunc implet saeuo uiduos clamore penates,
nunc ferrum laxare cupit, nunc ardua tendit
in loca — uix retinent comites —, nunc ore ligato
incubat amissae mersumque in corde dolorem
saeuus agit, qualis conspecta coniuge segnis
Odr*y*sius uates positis ad Strymona plectris
obstupuit tristemque rogum sine carmine fleuit.
Ill*e* etiam erecte rupisset tempora uitae,
ne tu Tartareum chaos incomitata subires,
se*t* prohibet mens fida ducis mirandaque sacris

193 helisias *M* || **197** flamnatus *M* || **203** odrisius *M* || **205** illae *M* || erecte [e *supra scr.* M^1] *M sequitur ras. ante quam fuisse* -t *uel* -r *suspicatur Klotz* : fractae *Imhof pr Halle 1859, 20* electae *Cartault JS 1904, 528 alii alia sed fidenter, audacter intellegendum Tac A 4, 59 Sen Dial 7, 4, 3 cf. Amm 26, 6, 16* erectius ire pergebat || **207** Sec *M* || ducis *M* : -ci *Domitius, sicut* studiosus *cum genetiuo* fidus *per analogiam iungitur cf. Verg A 12, 659* || miranda- *M* : seruanda- *Barth* iurata- *Markland alii alia, retinenda lect. trad. nec tamen pluralis* sacris imperiis *pro imperatore sed strictiore sensu pro illis Domitiani* ἐπιταγαῖς *quae in Delphica epistula proconsulari Dittenberger Syll 3, 821 D-E memorantur cf. Scott Imp cult under the Flav 1936, 100*

Quel poète pourrait dignement conter tout au long les funérailles et les présents funèbres de ce convoi funeste ? On y voyait, en une longue file, passer par monceaux tout le printemps de l'Arabie et de la Cilicie, les fleurs de la Sabée, la moisson de l'Inde destinée à la flamme, l'encens soustrait au service des temples, et les essences, à la fois, de la Palestine et des Hébreux, les plantes coryciennes et les bourgeons de l'arbre de la fille de Cinyras[1] ; et elle-même repose sur une haute couche fournie par les Sères et sous un dais d'étoffe de Tyr[2]*. Mais dans toute l'assistance on n'a d'yeux que pour l'époux ; vers lui se tournent les regards de la grande Rome, comme s'il conduisait de jeunes fils à leur bûcher suprême : telle est la douleur qui empreint ses traits, telle, la nuit qui enveloppe sa chevelure et ses yeux. On dit qu'elle a eu une fin paisible, et on la proclame heureuse ; on répandit des larmes sur le sort du mari.

Il est un lieu, aux portes de la Ville où commence vers l'Est la grande voie Appienne, un lieu où Cybèle dépose ses gémissements dans l'Almo italien sans plus se souvenir des rivières de l'Ida[3]*. C'est là que ton incomparable époux, après t'avoir délicatement enveloppée dans la pourpre de Sidon — car il n'a pu supporter les fumées ni le fracas du bûcher funèbre —, t'a arrangée, Priscilla, sur un lit de béatitude. Le nombre des années ne pourra te nuire, l'épreuve du temps ne saurait te porter dommage : tant on a pris de précautions pour ton corps, si grande est l'abondance des trésors que le marbre vénérable respire[4]*. Bientôt te voilà transformée en images multiples[5]* : tu es Cérès dans ce bronze, la brillante fille de Gnosse dans cet autre, sous ce dôme Maïa, une Vénus chaste dans ce marbre. Les divinités accep-

1. Les périphrases géographiques, dont la dernière désigne le safran — Martial, 3,65,2 *Corycio... croco*, du nom du port de Cilicie —, se complètent par une périphrase mythologique : Ovide, *Met.* 10,489 avait popularisé la métamorphose de la fille incestueuse du Perse Cinyras en arbre à myrrhe.

imperiis et maior amor.
Quis carmine digno
exequias et dona malae feralia pompae
perlegat ? Omne illic stipatum examine longo
uer Arabum Cilicumque fluit floresque Sab*a*ei
Indorumque arsura seges praereptaque templis
tura, Pal*a*estin*i* simul Hebr*a*eique liquores
Cor*y*ciaeque comae C*i*n*y*reaque germina ; et altis
ipsa toris Se*r*um T*y*rioque umbrata recumbit
tegmine. Sed toto spectatur in agmine coniunx
solus ; in hunc magnae flectuntur lumina Romae
ceu iuuenes natos suprema ad busta ferentem :
is dolor in uultu, tantum crinesque genaeque
noctis habent. Illam tranquillo fine solutam
felicemque uocant, lacrimas fudere marito.
Est locus, ante Vrbem qua primum nascitur ingens
Appia quaque Italo gemitus Almone Cybebe
ponit et Id*a*eos iam non reminiscitur amnis.
Hic te Sidonio uelatam molliter ostro
eximius coniunx — nec enim fumantia busta
clamoremque rogi potuit perferre — beato
composuit, Priscilla, toro. Nil longior aetas
carpere, nil aeui poterunt uitiare labores :
sic ca*u*tum membris, tantas uenerabile marmor
spirat opes. Mox in uarias mutata nouaris
eff*i*gies : hoc aere Ceres, hoc lucida Gnosis,
illo Maia t*h*olo, Venus hoc non improba saxo.

211 cilicium- *M* || sabei *M* || **213** Palaestini *Domitius* : -lestinis *M ex* s- *ortum neque est ut monet Klotz Palaestinis templis locus* || hebrei *M* || **214** Coryciae- ς : -rsc- *M* || Cynirea- *M* || **215** Serum ς : -rium *M* || tirio- *M* || **224** ideos *M* || **230** sic cautum *Phillimore* : Sic catum *M* siccatam ς || marmor [-r- *supra scr.* M^1] *M* || **232** effigies ς : -fug- *M* || **233** tolo *M* : luto *Baehrens* coli (*ex u. 231* nouaris *pendens*) *Krohn alii alia at non displicet dicendi uarietas*

tent volontiers de recevoir tes traits gracieux : les serviteurs et les gens accoutumés à t'obéir[1*] t'entourent ; alors, selon l'usage, on prépare des lits et des tables perpétuels. C'est une maison cela, une maison ! Qui oserait parler d'un tombeau désolé ? A la vue de la tendresse de l'époux, on s'écrierait à bon droit sur-le-champ : « Voici bien, je le reconnais, le ministre de celui qui a fondé naguère un sanctuaire pour sa famille immortelle et a établi ses propres astres dans un autre ciel[2*]. » Ainsi, lorsqu'un grand navire quitte pour quelque nouveau voyage les rives de Pharos et qu'il a déjà tendu, sur ses deux flancs, d'innombrables cordages et déployé la vaste envergure de son mât chargé de voiles, dès qu'il a pris le départ, on voit une étroite embarcation suivre la même route et réclamer sa part de l'immense auster.

Pourquoi donc à présent, ô le plus distingué des jeunes hommes, nourris-tu dans ton cœur un chagrin sans mesure et interdis-tu à ta longue douleur de te quitter ? Tu crains, n'est-ce pas, que Priscilla ne tremble devant les aboiements de Cerbère ? Il garde le silence en face des ombres irréprochables. Que le nocher ne soit long à s'approcher et la chasse loin des eaux ? Il transporte sur-le-champ les mânes méritants et les place avec bienveillance dans sa barque hospitalière. Au surplus, dès que se présente l'ombre d'une femme bénie de son tendre époux, Proserpine fait appel à des torches pleines d'allégresse ; elle ordonne aux héroïnes d'autrefois de sortir de leurs grottes saintes, de dissiper les ténèbres de deuil par l'éclat d'une lumière empourprée et d'étendre devant l'âme guirlandes et fleurs de l'Élysée. C'est ainsi que Priscilla est entrée au séjour des mânes[3*] ; là, étendant une main suppliante, elle implore pour toi les Destinées et cherche à te concilier les rois du lugubre Averne, afin que, parvenu au plus long terme de la vie humaine, tu quittes, vieux toi-même, ton maître toujours jeune occupé à pacifier l'univers. Les sœurs infaillibles s'engagent par serment à accomplir ses vœux.

Accipiunt uultus haud indignata decoros
numina : circumstant famuli consuetaque turba
obsequiis, tunc rite tori mensaeque parantur
assidu*ae*. Domus ista, domus ! quis triste sepulcrum
dixerit ? H*ac* merito uisa pietate mariti
protinus exclames : « Est hic, agnosco, minister
illius, aeternae modo qui sacraria genti
condidit inque alio posuit sua sidera caelo. »
Sic, ubi magna nouum Phario de litore puppis
soluit iter iamque innumeros utrimque rudentes
lataque ueliferi porrexit brachia mali
inuasitque uias, in eodem a*n*gusta phaselos
aequore et immensi partem sibi uindicat austri.
Quid nunc immodicos, iuuenum lectissime, fletus
corde foues longumque uetas exire dolorem ?
nempe times, ne Cerbereos Priscilla tremescat
latratus ? tacet ille piis ; ne tardior adsit
nauita proturbetque uadis ? uehit ille merentes
protinus et manes placidus locat hospite cumba.
Praeterea, si quando pio laudata marito
umbra uenit, iubet ire faces Proserpina laetas
egressasque sacris ueteres *h*er*o*idas antris
lumine purpureo tristes laxare tenebras
sertaque et El*y*sios animae praesternere flores.
Sic manes Priscilla subit ; ibi supplice dextra
pro te Fata rogat, reges tibi tristis Auerni
placat, ut expletis humani finibus aeui
*p*acantem terras dominum iuuenemque relinquas
ipse senex. Certae iurant in uota sorores.

237 assidue *M* || sepulchrum *M* || **238** hac ς : haec *M* || **244-246** *comma post* mali *ponit, post* uias *tollit Vollmer male siue uu. 245-246 zeugma admittas siue* et sibi *ut monet Housman CR 1906, 46 iungas* || **245** angusta ς : aug- *M* || **255** heroidas ς : eori- *M* || **257** helisios *M* || **261** pacantem *Auantius* : Plac- *ex u. 260* placat *M*

II

ÉLOGE DE CRISPINUS, FILS DE VETTIUS BOLANUS[1]*

Mon ami Crispinus[2] gagne les campagnes tyrrhéniennes et les bois de Tagès[3]*; il n'y doit pas séjourner longtemps, et il ne s'agit pas d'une terre inaccessible, et mon cœur est déchiré par une angoisse secrète et mes yeux humides laissent tomber de grosses larmes pressées ; il me semble suivre sur l'orageuse mer Égée la voile d'un ami qui me quitte, contempler, déjà épuisé par l'émotion, son navire du haut d'une falaise et me plaindre que mes yeux soient vaincus par l'étendue de l'espace.

Ah ! si c'était, illustre enfant, les glorieux débuts d'une carrière militaire et les auspices, chers à ton cœur, de la vie des camps qui te réclamaient, combien ma joie verserait de pleurs et de quelles étreintes je t'envelopperais ! Faut-il donc que des amis aillent jusqu'à souhaiter ce qui les affligera ? — aujourd'hui que ta vie ne parcourt encore que pour la seizième fois le cercle de l'année, mais que ton âme est plus forte que le compte strict de tes ans et que ton esprit fait fléchir de son poids et déborde son âge[4]*. Rien d'étonnant : une ascendance exclue des honneurs, d'obscurs aïeux, une famille dépourvue d'éclat héréditaire ne t'ont pas fait naître plébéien ; tu ne sors pas non plus d'un sang

2. Stace écrit le poème pour Crispinus alors que son jeune ami vient d'être nommé *tribunus militum*. Le titre est bon ; et il s'agit bien ici d'un ἐγκώμιον, mais dont la composition, assez artificielle, utilise le procédé hellénistique déjà reconnu dans 1,6 : deux péripéties, formant un « drame », sont notées au moment où elles se produisent. Crispinus va partir pour l'Étrurie, et Stace, avec des larmes, le met en route 1-7 ; mais voici un messager de l'empereur qui apporte la lettre de nomination : bravo, adieu 168-180. Dans l'intervalle, les *laudes*, qui empruntent sans doute des thèmes au

II

LAVDES CRISPINI VETTI BOLANI FILII

Rura meus T*y*rrhena petit saltusque Tagetis
Crispinus ; nec longa mora est aut auia tellus,
et mea secreto uelluntur pectora morsu,
udaque turgentes impellunt lumina guttas,
ceu super *A*eg*a*eas hiemes abeuntis amici
uela sequar spectemque ratem iam fessus ab altis
rupibus atque oculos long*o* querar aere uinci.
Quid ? si militiae iam te, puer inclite, primae
clara rudimenta et castrorum dulce uocaret
auspicium, quanto manarent gaudia fletu
quosue darem amplexus ! etiamne optanda propinqui*s*
tristia ? — ut octonos bis iam tibi circuit orbes
uita, sed a*n*gustis animus robustior annis,
succumbitque oneri et mentem sua non capit aetas.
Nec mirum : non te series inhonora parentum
obscurum proauis et priscae lucis egentem

II **1** tirrhena *M* || **3** Et *M* : sed *Gronouius edd. omnes at non raro* et *i.q. et tamen Theb 10, 568 Cic de Or 3, 86 Ouid Am 3, 3, 2 Martial 2, 43, 16 ; 6, 27, 7* (β) *al. Thes LL 5ª 893, 4 cf. Schmalz -Hofmann 660* || **5** egeas *M* || **7** longo ς : -on *M* || **11** propinquis ς : -ui *M def. Vollmer, uix ferri potest uocatiuus* || **12** ut *M* : et ς *edd. omnes praeter Fridericum Vollmer, locus uarie temptatus, mihi constare uidetur in coni.* ut *uim temporalem cf. Ter Ad 406* ut numerabatur forte argentum interuenit homo, *in uu.* octonos bis orbes *uim derogatiuam inesse cf. Ach 2, 110* uix mihi bissenos annorum torserat orbes | uita, *u. 14 duas translationes inter se discrepare non tamen ut traditum reiciatur cf. 1 epist. 27* a situ litteras fugientes *al.* || octonos ς : ott- *M* || **13** angustis ς : augustis [-is *ex* -us *M*[1]] *M*

de chevaliers, et ce n'est pas avec une trabée toute fraîche et une pauvre bande de pourpre[1*] que tu as frappé, en étranger, à la porte de l'auguste séjour et du sanctuaire du sénat latin ; le cortège de tes ancêtres t'y précédait. C'est ainsi qu'on attend, dans les vastes espaces du Cirque de Romulus, un cheval splendide, glorieux des titres de sa race et dans le long lignage duquel le haras fécond ne montre que des aïeux couverts de victoires ; les applaudissements universels l'excitent, la poussière elle-même et les bornes arrondies se réjouissent de reconnaître sa course ailée : de même, noble enfant, la Curie a compris que tu étais né pour elle, et, dès tes premiers pas, elle a bouclé ta chaussure du croissant patricien[2*]. Peu après, tes épaules ont connu, selon l'usage, les plis de l'étoffe de Tyr et la tunique des grands[3*]. Et en vérité ton père te donnait de beaux exemples en vue de tes titres à venir. Car au seuil même de la jeunesse il attaqua vaillamment l'Araxe ceint du carquois, ainsi que l'Arménie qui se refusait à obéir au farouche Néron[4*]. Le commandement suprême dans cette guerre sévère appartenait à Corbulon ; mais ce grand chef lui-même admira hautement, dans maint combat important, son compagnon d'armes Bolanus, associé à ses travaux ; il avait aussi coutume de lui confier le plus dur de ses soucis et de partager avec lui ses inquiétudes ; avec lui il examinait quel moment était favorable aux ruses, quelles heures propices à la guerre ouverte, quand il fallait tenir pour suspecte la parole du fier Arménien ou croire à sa fuite. C'était Bolanus qui reconnaissait les dangers de la route, Bolanus qui se préoccupait de trouver les hauteurs convenables à la sécurité du camp, Bolanus qui arpentait les champs, qui déblayait les dangereux obstacles des torrents ou des bois, qui réalisait les grands desseins de ce général respecté et suffisait

προτρεπτικός 58 sqq., 125 sqq., mais tout aussi bien — en liaison avec 1 sqq. — au προπεμπτικόν 132 sqq., 158 sqq., et qui, si elles s'attachent surtout à préfigurer le tribunat, trouvent leurs motifs propres tant dans les actions du jeune homme que dans sa naissance. Le poème est de 95-96, suivant de peu 4,4 et 4,7 publiés dans l'été de 95 : Stace, âgé 158, donne les premières lectures de l'*Achilléide* 160 sq.

plebeia de stirpe tulit ; non sanguine *c*retus
turmali trabe*a*que* re*cens* et paupere clauo
augustam sedem et Latii penetrale senatus
aduena pulsasti, sed praecedente tuorum
agmine. Romulei qualis per iugera Circi,
cum pulcher uisu, titulis generos*us* auitis
expectatur equus, cuius de st*e*mmate longo
felix demeritos habet admissura parentes,
illum omnes acuunt plausus, illum ipse uolantem
puluis et incuruae gaudent agnoscere metae :
sic te, clare puer, genitum sibi Curia sensit,
primaque patricia clausit uestigia luna.
Mox T*y*rios ex more sinus tunicamque potentem
agnouere umeri. Sed enim tibi magna parabat
ad titulos exempla pater. Quippe ille iuuentam
protinus ingrediens *ph*aretratum inuasit Araxen
belliger indocilemque fero seruire Neroni
Armeniam. Rigidi summam Mauortis agebat
Corbulo, sed comitem belli sociumque laborum
ille quoque egregiis multum miratus in armis
Bolanum ; atque illi curarum asperrima suetus
credere partirique metus, quod tempus amicum
fraudibus, ex*e*rto quaenam bona tempora bello,
quae sus*pect*a fides aut quae fuga uera ferocis
Armenii. Bolanus iter praenosse timendum,
Bolanus tutis iuga qu*a*erere commoda castris,
metiri Bolanus agros, aperire malignas
to*rr*e*nt*um nemorumque moras tantamque uerendi

17 tretus *M* || **18** trabeaque recens et *Krohn* : trabeque ac remis et *M male intellecta emendatione* trabeq̇. *Havet 1409* || **21** qualis [qu *ex* aci *M*[1]] *M* || **22** generosiss *cf. 4, 8, 49* || **23** stammate *M* || **27** cura [ria *M*[1]] *M* || **29** tirios *M* || **32** faretratum *M* || **39** exerto *Liuineius* : -xor- *M* || **40** suspecta *Politianus* : -scepta *M* || **42** querere *M* || **44** torrentum *Heinsius* : Tot rerum *M ex u.* Torrētum *syllabis commutatis, uide tamen Introd. XXXVII*

seul à l'exécution de ses ordres importants. Le sol barbare lui-même connaissait déjà le héros ; son cimier était le second à la guerre, et son casque venait tout de suite après celui du général. Ainsi les Phrygiens déconcertés, bien qu'ils vissent les armes de Némée et que l'arc de Cléones mît en déroute leurs lignes, bien qu'Alcide combattît, redoutaient pourtant aussi Télamon[1]. Apprends, enfant — car ce n'est pas une bouche étrangère qui doit t'enseigner le noble amour de la vaillance : que ce soit la gloire des tiens qui fournisse aux besoins de ton âme ! Qu'à d'autres soit offert l'exemple des Décius, des Camilles rentrés d'exil[2] ! — pour toi, apprends à connaître ton père, avec quel éclat, portant les ordres, il pénétra jusqu'à Thulé, qui oppose sa barrière aux vagues occidentales, là où toujours Hypérion épuisé s'arrête[3*] ; et avec quel éclat il gouverna les mille cités de la puissante Asie l'année qui lui échut, sous une toge qui tempérait l'autorité suprême[4]. Absorbe d'une oreille toute prête de telles leçons, que tes parents rivalisent à te les rendre aimables, que les compagnons et les vieux serviteurs de ton père te les répètent.

Et voici déjà que tu médites de prendre un autre chemin et que tu t'apprêtes à partir sans tarder[5*] ; pourtant les signes d'une robuste virilité n'ont pas encore apparu sur tes joues, et la ligne de ta vie est encore telle quelle ; et ton père n'est plus à tes côtés ; il a succombé victime d'un cruel destin, et laissant sans protection une double descendance ; il ne lui a même pas été donné de dépouiller tes jeunes épaules de la pourpre enfantine et de les revêtir d'un blanc vêtement[6*]. Qui ne fut gâté en son adolescence par l'absence de frein,

1. Sur Heraclès en Troade contre Laomédon v. à 4,6,100 ; *nec pars militiae Telamon sine honore recessit* (Ovide, *Met.* 11,216 = Hygin, 89) qui reçut Hésione délivrée. *Cleonaeus arcus* — v. à 4,4,28 — reprend purement et simplement *Nemeaea arma.*

2. Lucain, 7,358 *Curios... reducesque Camillos* — Camille ayant vaincu les Gaulois après son retour d'exil, Tite Live, 5,46 sqq.

4. Sur le gouvernement d'Asie, v. à *titul.* ; 58 *imperium mulcente toga* reproduit 1,4,48 (du préfet de la ville) *ferrum mulcere toga* ; pour avoir eu un pouvoir militaire qu'il tint à subordonner à son pouvoir civil, Bolanus a été *legatus Aug. pro praetore.*

mentem implere ducis iussisque ingentibus unus
sufficere. Ipsa uirum norat iam barbara tellus,
ille secundus apex bellorum et proxima cassis.
Sic *Ph*ryges attoniti, quamquam Neme*ae*a uiderent
arma Cleon*a*eusque acies impelleret arcus,
pugnante Alcid*e* tamen et Telamona timebant.
Disce, puer, — nec enim externo monitore petendus
uirtutis tibi pulcher amor : cognata ministret
laus animos. Aliis Decii reducesque Camilli
monstrentur — tu disce patrem, quantusque negantem
fluctibus occiduis fess*o* usque Hyperione Thylen
intrarit mandata gerens quantusque potent*is*
mille urbes Asiae sortito rexerit anno,
imperium mulcente toga. *B*ib*e* talia pronis
auribus, haec certent tibi conciliare propinqui,
haec iterent comites praecepta senesque paterni.
Iamque alio moliris iter nec deside passu
ire paras. Nondum ualidae tibi signa iuuent*ae*
inrepsere genis, et adhuc tenor integer aeui ;
nec genitor iuxta ; fatis namque haustus iniquis
occidi*t* et geminam prolem sine praeside linquens ;
nec saltem teneris ostrum puerile lacertis
exuit albentique umeros induxit amictu.
Quem non corrupit pubes effrena nouaeque

48 friges *M* || Nemeaea *Politianus* : -mea *M* || **49** Cleoneus- *M* || **50** alcidae *M* || **55** fesso usque Hyperione *Vollmer* : fessusque hyperione *M Havet 673, contre sensum* fessoque Hyperioni *Imhof Xenia Halae 1867, 2 alii alia* || **56** potentis *Heinsius* : -tes *M cf. Ach 1, 787 ; 2, 63 Manil 4, 680 ; 753 Lucan 9 1002 al.* || **58** bibe *Heinsius* : tibi *M frustra def. Vollmer u. Intr. XXVII et Hor C 2, 13, 32 Prop 3, 6, 8 Ouid Tr 3, 5, 14* || **60** paterni *M* : -na *Postgate alii alia, adi.* ἀπὸ κοινοῦ *monet Saenger* || **61** alio *M* : adeo *Markland* illo *Heinsius* alte *Cartault JS 1904, 528 alii alia, intellege cl. Plaut Mil 863 Lucil 776 Liu 5, 54, 6 in nescio quem alium locum extra Vrbem ad militiam uu. 8 sqq. 132 sqq.* || **62** iuuente *M* || **65** occidit ς : -io *M* || **68** corripit [rup *M*[1]] *M*

par la liberté hâtivement conférée de la toge virile ? Tel un arbuste, qui ne connaît pas la serpe, pousse ses frondaisons et laisse sa fécondité avorter en ombrages. Mais tu entretiens dans ton jeune cœur l'amour des Piérides, la modestie, et ton caractère sait se donner des lois ; et puis tu montres une honnête gaieté, un front serein, une élégance qui s'arrête au bord du luxe, et des sentiments de famille qui se portent également et de toutes façons vers tous ; la fortune de ta maison t'a enseigné à céder le pas à ton frère jumeau[1*], à admirer ton père, à pardonner à ta coupable mère. Se peut-il qu'elle ait eu le courage de te préparer une coupe criminelle et des sucs mortels[2*], à toi qui par ta voix pourrais écarter la morsure des serpents, et par ton regard attendrir toutes les marâtres ? On aurait plaisir à tourmenter son ombre et, par de justes imprécations, à ravir la paix à son tombeau ; mais je te vois, cher enfant, renoncer à ce que la justice te permettrait de dire et te disposer à me parler ainsi : « Épargne, je t'en prie, des cendres : il faut voir là le destin, la colère des Parques pernicieuses, et la faute du dieu, quel qu'il soit, qui lit trop tard dans les cœurs humains et n'arrête pas à leur point de départ les entreprises scélérates et les esprits qui machinent d'horribles crimes. Que la mémoire de ce jour soit abolie et que les âges à venir se refusent à y croire ! Pour nous tout au moins, gardons le silence, et laissons les crimes de notre propre maison s'ensevelir dans de profondes ténèbres. Celui-là a châtié la faute qui a le souci des hommes ses sujets, grâce à qui Piété revient visiter la terre, et que le crime redoute[3]. Cette vengeance nous suffit et elle doit nous arracher des larmes. Que ne pouvons-nous conjurer les cruelles Euménides, écarter Cerbère de ton ombre craintive et répandre plus vite sur tes mânes les eaux du fleuve d'oubli ! » Bravo, jeune homme ! Mais le crime de ta mère n'en est que plus grand. Et ce n'est pas seulement le sens des

3. Domitien, dont le règne, avec l'âge d'or, ramène sur la terre *Pietas* — v. à 1,4,2 —, a fait condamner en vertu de sa *censoria potestas* la mère de Crispinus.

libertas properata togae ? ceu nescia falcis
silua comas tollit fructumque expirat in umbras.
At tibi Pieriae tenero sub pectore curae
et pudor et docti legem sibi dicere mores ;
tunc hilaris probitas et frons tranquilla nitorque
luxuriae confine tenens pietasque per omnes
dispensata *modos* ; aequaeuo cedere fratri
mirarique patrem miseraeque ignoscere matri
admonuit fortuna domus. Tibine illa nef*a*nda
pocula letalesque manu componere sucos
eualuit, qui uoce potes praeuertere morsus
serpentum atque omnis uultu placare nouercas ?
Infestare libet manes mer*it*oque precatu
pacem auferre rogis ; sed te, puer optime, cerno
flectentem iustis et talia dicta parantem :
« Parce, precor, cineri : fatum illud et ir*a* nocentum
Parcarum crimenque dei, mortalia quisquis
pectora sero uiḍet nec primo in limine sistit
conatus scelerum atque animos infanda parantes.
Exci*d*at illa dies aeuo nec postera credant
saecula. Nos certe taceamus et obruta multa
nocte tegi propriae patiamur crimina gentis.
Exegit poenas, hominum cui cura suorum,
quo Pietas auctore redit terrasque reuisit,
quem timet omne nefas. *S*atis haec lacrimandaque nobis
ultio. Quin saeuas utinam exorare liceret
Eumenidas timidaeque auertere Cerberon umbrae
immemoremque tuis citius dare manibus amnem. »
Macte animo, iuuenis ! sed crescunt crimina matris.

75 modos *Behotius* : domos *M* || **77** nefonda *M* || **79** praeuertere [u *ex* t *M*[1]] *M* || **81** merito- ς : -rtio- *M* || **83** iustis *M* : uisus *anon. in exempl. Domitianae Bodleiano alii alia, intellege flectentem a iustis dictis cf. Ciris 329* incepto... flectere || **84** ira *Domitius* : -re *M* || **88** excidat *Auantius* : -itat *M* || die saeuo *M* || **93** satis ς : fa- *M*

devoirs familiaux, mais la plus haute vaillance encore qui t'a été donnée. Naguère, comme justement un de tes camarades, innocent, pâlissait sous une accusation que colportait la calomnie, comme la loi Julia soulevait le Forum, se dressait dans l'appareil que lui assuraient tant de juges et brandissait la foudre vengeresse de la pudeur[1], toi, bien qu'enfermé dans l'ombre silencieuse des études tu n'eusses pas encore affronté le Forum et ses lois sévères, tu as osé écarter les craintes de ton ami tremblant et repousser les traits qui menaçaient sa poitrine, sans armes encore et combattant novice. Jamais Romulus ni notre ancêtre dardanien[2] n'ont vu de si jeunes années s'engager dans la lutte meurtrière des procès en plein Forum. Les sénateurs restèrent stupéfaits devant une si haute entreprise et devant tes efforts ; et déjà l'accusé lui-même n'avait plus peur. Pareille est ta vigueur physique, et tes forces, toujours prêtes à des actions d'éclat, sont à la hauteur de ton courage et se plient à ses hautes exigences. Moi-même, je t'ai vu récemment sur la rive du Tibre, là où le flot tyrrhénien bouillonne sur les bas-fonds laurentins[3]*, hâter ta course et exciter de ton talon nu les flancs d'un fier cheval, la menace dans le regard et dans le bras — on peut me croire, je demeurai stupéfait et crus te voir en armes — : aussi beau sur un cheval gétule et brandissant des javelots troyens, Ascagne s'élançait à la chasse sur les plaines où régnait sa belle-mère et enflammait d'amour pour son père la malheureuse Élissa[4]* ; tout pareil Troïle par une légère

1. *(Lex) Iulia* est sujet commun. Suivant son plan de réforme morale et appuyé sur sa *censoria potestas*, Domitien, comme la lex Scantinia contre le *stuprum cum uiro*, avait renouvelé la lex Julia contre l'adultère et le concubinat, Dion Cassius 67,12,1 Boiss., Juvénal, 2,30 ; Martial, 5,75 (publié en automne 89) vise cette mesure, qui est d' « actualité » dans 6,2 ; 4 ; 7 ; 22 ; 45; 91 (cf. 9,5(6),8) publié entre l'été et l'automne de 90, v. Gsell, *Domitien* 84, Corradi, *Diz. epigr.* 2, 2013. La périphrase *iudice multo* désigne les Centumvirs devant lesquels les affaires d'adultère étaient renvoyées.

2. Une statue d'Énée sur le Forum, non loin, apparemment, de celle de Romulus *in sacra uia a parte Palatii uenientibus* Servius, *Aen.* 8,641, v. Platner-Ashby, *Topogr. Dict.* 500.

Nec tantum pietas, sed protinus ardua uirtus
adfectata tibi. Nuper cum forte sodal*is*
immeritae falso paller*e*t crim*in*e famae,
erigeretque Forum succinctaque iudice multo
surgeret et castum uibraret Iulia fulmen,
tu, quamquam non ante Forum leges*que* seueras
passus sed tacita studiorum occultus in umbra,
defensare metus aduérsaque tela subisti
pellere, inermis adhuc et tiro, pauentis amici.
Haud umquam tales aspexit Romulus annos
Dardaniusque senex medii bellare togata
strage Fori. Stupuere patres temptamina tanta
conatusque tuos, nec t*unc* reus ipse timebat.
Par uigor et membris, promptaeque ad fortia uires
sufficiunt animo atque ingentia iussa sequuntur.
Ipse ego te nuper *T*iberino in litore uidi,
qu*a* T*yr*rhena uadis Laurentibus aestuat unda,
tendentem cursus uexantemque ilia nuda
calce ferocis equi, uultu dextraque minacem
— si qua fides dictis, stupui armatumque putaui — :
G*a*etulo sic pulcher equo Troianaque quassans
tela nouercales ibat uenator in agros
Ascanius miseramque patri flagrabat Elissam ;

99-100 sodalis — palleret *Domitius cf. uu. 106 sqq.* : -es — -ent *M frustra def. Vollmer, uidetur uerbum plurali ex* -es *et* -is *confusione orto Intr. XXXII aptatum* || **100** crimine ς : -mae *M* || **103** legesque seueras ς : -es se- *M* || **110** nec tunc *Leo* : nec te *M def. Vollmer* nec reus *i.q. et accusator intellegens* de te *Baehrens* tacite *Klotz alii alia, uidetur* te *ex* tc̄ *ortum Havet 644; 741 sqq., parum ingeniosa euadit sententia at certe cum iis quae sunt antea uu. 100 sqq.* palleret, metus, pauentis *satis congruens* || **113** thiberino || **114** qua *Domitius* : Qui *M* || tirihena *M* || **117** distis *M* || **118** getulo *M* || **120** flagrabat *M* : flamma- *Heinsius alii alia sed non ab usu Statiano u. intransitiue dictum transitiua ui instruxisse cf.* nigrare *2, 6, 83 Schamberger diss phil Hal 17, 1907, 309 cf. GlL 2, 72, 29* flagro flagratus sum *Auien Arat 1128 Greg Tur Franc 7, 31*

volte trompait l'élan menaçant des chevaux ; ou tel était le héros que, de leurs hautes tours, tandis qu'il serrait les bornes arcadiennes dans la poussière d'Ogygos, contemplaient sans hostilité les matrones tyriennes[1]. Eh bien donc, — car la faveur de notre chef te pousse vers les grandes choses, et ton frère joyeux trace à tes riants espoirs un chemin infaillible — élève ton cœur et conçois les virils soucis de la vie des camps. Mavors et la vierge d'Athènes t'enseigneront l'art des combats ; Castor, à manier les chevaux, Quirinus, à agiter les armes autour de tes épaules, lui qui t'a permis de faire claquer près de ton cou si tendre les boucliers nés des nuages et des armes que nul carnage n'a souillées[2*].

Vers quelles terres, vers quelle partie de l'univers de César vas-tu donc aller[3*] ? Vas-tu nager dans les fleuves de l'Ourse et dans les flots soumis du Rhin ? Vas-tu suer dans les champs de la Libye brûlée du soleil ? Feras-tu trembler les montagnes de la Pannonie et les Sarmates nomades ? Ou bien l'Hister aux sept bouches te retiendra-t-il, et Peucé qu'enveloppe son amant, le fleuve qu'elle ombrage[4] ? Visiteras-tu les cendres de Solyme et les palmeraies captives de l'Idumée, qui ne plante pas pour elle-même ses fertiles vergers ? Mais si une terre régie par ton illustre père te reçoit, quelle sera l'allégresse du farouche Araxe ! Quel orgueil exaltera les plaines de la Calédonie ! — quand un habitant chargé d'ans de cette terre sauvage te dira : « C'est ici que

1. Avec Ascagne et Troïlos (cf. 2,6,33 — Τρωΐλον ἱππιοχάρμην Homère, *Il.* 24,257 —), Parthénopée, le « joli » Arcadien — d'où l'épithète de *metas* 123 — « devant Thèbes » cf. 2,6,42 et *Theb.*, 9,683 sqq. — la ville étant évoquée par deux épithètes savantes : les Thébaines sont *Tyriae* comme la *Thébaïde* est *Sidonia* 4,4,88, v. à 3,1,16 ; d'autre part, l'aborigène Ὤγυγος avait été chef du clan des Ἔκτηνες, les premiers habitants de la terre de Thèbes : ἀπὸ τούτου τοῖς πολλοῖς τῶν ποιητῶν ἐπίκλησις ἐς τὰς Θήβας ἐστὶν Ὠγύγιαι Pausanias, 9,5,1, cf. Sophocle, *OC.* 1770, Euripide, *Ph.* 1113 Apollonios Rh. 3, 1177, à Rome dès Accius *ap.* Festus, 188 L. *Ogygia moenia*, puis Ovide, *Her.* 10,48, Sénèque, *Oed.* 589, Valerius Flaccus, 8,446, Stace, 26 fois dans la *Thébaïde*.

4. V. app. crit. La légende locale dans Valerius Flaccus, 8,255.

Troilus haud aliter g*y*ro leuiore minantes
eludebat equos aut quem de turribus altis
Arcadas Og*y*gio uersantem in puluere metas
spectabant T*y*riae non toruo lumine matres.
Ergo age — nam magno ducis indulgentia pulsat
certaque dat uotis hilaris uestigia frater —,
surge animo et fortes castrorum concipe curas.
Monstrabunt acies Mauors Ac*ta*eaque uirgo,
flectere Castor equ*o*s, umeris quatere arma Quirinus,
qu*i* tibi tam tenero permisit plaudere coll*o*
nubige*n*as clipeos intactaque c*ae*di*b*us arma.
Quasnam igitur terras, quem Caesaris ibis in orbem ?
Arctoos*ne* amnes et Rheni fracta natabis
flumina an aestiferis Lib*y*ae sudabis in ar*u*is ?
an iuga Pannoniae mutatoresque domorum
Sauromatas quaties ? an te septenus habebit
Hister et umbroso circumflua coniuge P*e*uce ?
an Sol*ym*um cinerem palmetaque capta subibis
non sibi felices siluas ponentis Idymes ?
Quod si te magn*o* tellus frenata parenti
accipiat, quantum ferus exultabit Araxes,
quanta Cal*e*donios attollet gloria campos !
cum tibi longaeuus referet trucis incola terr*ae* :

121 giro *M* || **123** ogigio *M* || **124** tiriae *M* || **125** nam magno *M* : nam magni ς iam magno *parenthesi a u.* ducis *facta olim Vollmer Phillimore, intellege ad magnum tribuni officium, cl. et his subst.* incognito assentiar, paruo contentus *Cic Ac 2, 113 Lael 86 et hoc datiu. Verg Buc 2, 30* gregem uiridi compellere hibisco || **126** hilaris *M uarie temptatum, iunge* notis hilaris || **128** Actaea- ς : accea- *M* || **129** equos ς : -ues *M* || **130** qui ς : -is *M* || **131** nubigenas *ed. Parm.* : -eras *M* || caedibus ς : cedimus *M* || **133** Arctoosne ς : -sue *M* || **134** librae *M* || aruis ς : -mis *M* || **137** umbroso *M* : undo- *Auantius sed Hister* πεύκαις *umbratur ex quibus insula nomen capit* Σ *Apoll Rh 4, 310 quod memorat Klotz cf. Prop 2, 34, 67* umbrosi subter pineta Galaesi || Peuce ς : pau- *M* || **138** Solymum *Domitius* : -lidum *M* || **140** magno ς : -ne *M* || **142** Caledonios *Politianus* : -lid- *M* || **143** terre *M*

ton père avait coutume de rendre la justice, c'est sur ce tertre qu'il haranguait ses cavaliers. Ces tours de garde et ces châteaux — les vois-tu ? — c'est lui qui les a dressés *sur une vaste étendue*[1], et qui a conduit le fossé tout autour de ces fortifications ; ces dons, ces trophées, c'est lui qui les a consacrés aux dieux des combats — tu vois encore les dédicaces — ; cette cuirasse, il la revêtit lui-même à l'appel des armes ; cette autre, il l'a arrachée à un roi des Bretons[2*]. » Ainsi, quand il méditait contre les Troyens une guerre victorieuse, Pyrrhus, qui n'avait pas connu Achille, entendait Phénix lui parler du héros.

Heureux Optatus[3*]; confiant dans ta verte jeunesse, tu vas endurer les fatigues de tous les chemins et approcher de tous les retranchements, peut-être, toi aussi, l'épée au côté — puisse ainsi te favoriser la divinité impériale ! — et compagnon infatigable de ton ami intime, aussi dévoué que le loyal Pylade, ou comme le fut le fils de Ménétios[4] au cours de la guerre de Troie. Car pareille est l'union de vos cœurs, pareille votre affection ; et je souhaite qu'elle se maintienne. Pour moi, l'âge de la vigueur déjà m'échappe ; aussi est-ce avec des vœux et des prières que j'affermirai ton courage, et le mien ! Pourtant s'il m'arrive, à mon habitude, de faire retentir mes plaintes[5*] et si le sénat de Romulus vient écouter mes vers, tu me manqueras, Crispinus, et mon Achille[6*] parcourra du regard tous les gradins sans te voir. Mais tu reviendras plus grand — les pressentiments des poètes ne demeurent pas stériles —, et celui qui t'admet à présent près des aigles en t'ouvrant la carrière des camps te permettra aussi de franchir tous les grades, de t'entourer des orgueilleux faisceaux et de t'asseoir sur la chaise curule de ton père.

Mais quel est ce messager qui accourt des hautes collines d'Albe la Troyenne[7*], d'où le plus proche des dieux[8*] contemple de près les remparts de sa Rome ?

1. Restitution de Waller.
4. Le patronymique de Patrocle déjà dans Properce, 2,1,38.

« Hic suetus dare iura parens, hoc caespite turmas
adfari † uitae † specula*s* castellaque longe
— aspicis ? — ille dedit cinxitque haec moenia fossa ;
belligeris haec dona deis, haec tela dicauit
—cernis adhuc titulos —, hunc ipse u*o*cantibus armis
induit, hunc regi rapuit thoraca Britanno. »
Qualiter in Teucros uictricia bella par*anti*
ignotum Pyrrho *Ph*oenix narrabat Achillem.
  Felix, qui uiridi fidens, Optate, iuuenta
durabis quascumque uias uallumque subibis,
forsan et ipse latus — sic numina principis adsint —
cinctus et unanimi comes indefessus amici,
quo P*y*lades ex more pius, quo Dardana gessit
bella Menoetiades. Quippe *ha*ec *con*cordia uobis,
hic amor est duretque precor. Nos fortior aetas
iam fugit ; hinc uotis animum precibusque iuuabo
et mihi ! sed questus solitos si forte ciebo
et mea Romulei uenient ad carmina patres,
tu deeris, Crispine, mihi, cuneosque per omnes
te meus absentem circumspectabit Achilles.
Sed uenies melior — uatum non inrita currunt
omina —, quique aquilas tibi nunc et castra recludit,
idem omnes perferre gradus cing*i*que superbis
fascibus et patrias dabit insedisse curules.
  Sed quis ab excelsis Troianae collibus Albae,
unde suae iuxta prospectat moenia Romae

145 uitae *M* : uigilas *Markland* uictor *Davies* late *Waller diss Breslau 1885, 53 alii alia nihil certi* || speculas ς : -la *M* || **148** uocantibus *Heinsius* : uac- *M* || **149** thoraca [h *supra scr.* M^1] *M* || **150** paranti *Morellus* : -rentis *M* || **151** foenix *M* || **152** Optate *M nomen agnouit Barth* || **153** subibis [*alterum* b *ex* ll M^1] *M* || **156** pilades *M* || **157** haec *Domitius* : et *M u. Intr. XXX* || concordia ς : cordia *M* || **160** Et *M def. Vollmer* : hei *Domitius quo recepto uix* sed *ferri potest* || questus *M def. Vollmer carmina illa epica quae rem ex tragoedia depromunt intellegens* || **166** cingi-*Politianus* : -it- *M* || **168** sed ς : Si *M librario usitatissima iunctura* si quis *decepto*

Plus rapide que Renommée, il entre dans ta maison et l'emplit de la nouvelle qu'il apporte. Je le disais bien : non, les prédictions des poètes ne demeurent pas stériles[1]. Voici que César t'ouvre le seuil immense des honneurs et te confie la charge de l'épée ausonienne. En avant, enfant ! et par tes efforts montre-toi à la hauteur de pareils bienfaits ; heureux, toi qui dès maintenant prêtes serment au grand chef et à qui le divin Germanique remet ta première épée ! La faveur n'est pas moindre que si le dieu des combats lui-même te montrait les vaillantes aigles et ombrageait tes traits sous le casque farouche. Va avec allégresse et apprends à mériter de plus grands honneurs !

1. La reprise de 164 tend à lier les *laudes* au « drame », v. à 1.

proximus ille deus, Fama uelocior intrat
nuntius atque tuos implet, Crispine, penates ?
Dicebam : certe uatum non irrita currunt
auguria. En, ingens reserat tibi limen honorum
Caesar et Ausonii committit munia ferri.
V*a*de, puer, tantisque enixus suffice donis,
felix, qui magno iam nunc sub praeside iuras
cuique sacer primum tradit Germanicus ensem.
Non minus hoc, fortis quam si tibi panderet ipse
Bellipotens aquilas toruaque induceret ora
cassid*e*. Vade alacer maioraque disce mereri.

172 *post* dicebam *dist. Klotz, post* certe *ceteri* || **175** uade ς : Vnde *M* || **180** casside ς : -dad *ex* uade *M* || alater *M*

III

CHANT FUNÈBRE[1] EN L'HONNEUR DE SON PÈRE[2]

De la source Élyséenne, inspire-moi, ô mon très docte père, un amer talent et un poème de mélancolie, et donne l'impulsion à ma lyre en deuil. Car il ne m'est pas permis sans toi de faire vibrer les échos des antres de Délos ou, selon ma coutume, d'éveiller Cirrha. Tout ce que m'avaient enseigné naguère Phébus dans l'ombre de sa grotte corycienne, Euhan du haut des collines d'Ismara, je l'ai désappris. Les bandelettes du Parnasse ont disparu de ma chevelure ; j'ai tremblé de voir l'if funèbre se mêler à mon lierre, et mon laurier tremblant — horreur ! — se dessécher[3]*. En tout cas, moi qui, d'une inspiration sublime, me mettais à exalter les exploits des rois au grand cœur et à élever mon chant à la hauteur du dieu Mars[4]* — qui a jeté sur mon génie une rouille stérile ? Qui, avec l'engloutissement d'Apollon, a étendu un brouillard glacé sur mon esprit frappé de malédiction ? Les déesses se tiennent stupéfaites autour du poète, et ni leurs doigts, ni leurs voix ne font entendre de douces mélodies. Celle même[5]* qui les dirige, la tête appuyée sur sa cithare silencieuse, est telle qu'elle s'arrêta, Hèbre, sur tes bords quand Orphée lui eut été ravi, ne voyant plus que troupeaux de bêtes sourdes désormais et bois immobiles depuis que le chant s'était tu. Mais toi, soit que, affranchi

1. Sur l'*epicedion* v. à 2 *epist.* 8 et à 2,1,1.

2. On tient de l'épicède — cf. 2,1,33 ; 3,3,39 — tout ce qu'on sait sur le père de Stace : les origines 116 sqq., les deux patries 124 sqq. cf. 106 sqq., l'enfance napolitaine 121 sqq., 133 sqq., les dons littéraires 85,90 (*utraque lingua*), 100 sqq., 115 (poésie et prose), les succès remportés aux *Augustalia* 112 sqq., 133 sqq., le professorat à Naples 146 sqq., le professorat 176 sqq. et l'activité

III

EPICEDION IN PATREM SVVM

Ipse malas uires et lamentabile carmen
*E*l*y*sio de fonte mihi pulsumque sinistrae
da, genitor praedocte, l*y*rae. Neque enim antra moueri
Delia nec solitam fas est impellere C*irr*ham
te sine. Cor*y*cia quicquid modo Phoebus in umbra,
quicquid ab Ismariis monstr*a*rat collibus Euhan,
dedidici. Fugere me*o*s P*a*rnasia crines
uellera, funestamque hederis inrepere taxum
extimui trepidamque — nefas ! — arescere laurum.
Certe ego, magnanimum qui facta attollere regum
ibam altum spirans Martemque aequare canendo —
quis sterili mea c*o*rda situ, quis Apolline merso
frigida damnatae pr*ae*dux*it* nubila men*ti* ?
Stant circum attonitae uatem et nil dulce sonante*s*
nec digitis nec uoce deae. Dux ipsa silenti
fulta caput cithara, qualis post Orphea raptum
astitit, Hebre, tibi, cernens iam surda ferarum
agmina et immotos sublato carmine lucos.

III **2** Helisio *M* || **3** praedocte *M cf. Coripp Iust 4, 56* : perdocte ς *alii alia, non displicet adi. nouatum cf.* praeceleres praeculta *Theb 6, 551 ; 2, 298 Schamberger diss phil Hal 17, 1907, 289* || lirae *M* || moueri *M* : -re ς « *a me* » *intellegendum non aduersante genere u.* impellere *cf. 1, 2, 55 ; 4, 1, 20* || **4** cryyham *M* || **5** corrycia *ut uid. M* || **6** Quitquid *M* || monstrarat *Phillimore* : -abrat *M* -abat ς || **7** meos ς : meus *uel* mens *M* || pernasia *M* || **11-12** *dist. Vollmer recepto anacolutho* || **12** corda ς : car- *M* || **13** praeduxit *Domitius* : produxa *M* || menti ς : menis *M* || **14** sonantes ς : -tē *M*

de ton corps, tu t'élances vers l'empyrée[1*] pour passer en revue les régions de lumière et les éléments de l'univers, apprenant la nature de la divinité, l'origine des feux des astres, la route qui conduit le soleil, la cause qui diminue Phébé et celle qui peut lui rendre sa clarté disparue, et élargissant la poésie de l'illustre Aratus, soit que, sur le gazon écarté des plaines du Léthé, non loin des assemblées des héros et des mânes bienheureux, tu te tiennes aux côtés des vieillards de Méonie et d'Ascra — et ton ombre ne se laisse point distancer —, élevant la voix à ton tour et mêlant tes chants aux leurs, fournis, ô mon père, des accents et l'inspiration à ma profonde douleur. Car dans le ciel la Lune[2*], reprenant trois fois son visage et trois fois le cachant, me voit encore prostré et ne faisant appel à aucune des déesses de l'Hélicon pour apaiser mon noir chagrin ; depuis que ton bûcher a reflété ses flammes sur mes traits et que mes yeux humides ont avidement contemplé tes cendres, les titres de la poésie sont pour moi sans valeur. C'est à peine si pour cette offrande je secoue pour la première fois la torpeur de mon esprit et tâche de dérouiller mon talent enseveli dans le silence, la main encore défaillante, sans que mon œil soit sec[3*], appuyé à la tombe où tu reposes en paix sur le sol de notre propre domaine[4*], en ce lieu où, après la mort d'Énée, Ascagne brillant comme une étoile fonda Albe sur les hauteurs du Latium, par haine des plaines engraissées de sang phrygien et du royaume reçu en dot par sa funeste belle-mère[5*]. Ici je veux pour toi — car le safran des Sicanes n'exhale pas un plus doux parfum, ni les cinnames précieux que pour toi les riches Sabéens ont pu recueillir, ni les épis odorants que pour toi l'Arabe a pu

littéraire à Rome 195 sqq., l'action sur le fils 3 sqq., 209 sqq., 225 sqq., 233 sqq., le mariage 239 sqq. et le caractère 246 sqq., la mort 252 sqq. et la sépulture dans l'Albanum 36 sqq. Difficulté chronologique : l'épicède a été composé trois mois 29 sqq. après la mort du père, survenue à l'époque de la mise en route de la *Thébaïde* 10 sqq., 233 sqq., et peu de temps après l'éruption du Vésuve 205 sqq., approximativement en 80 ; et les vv. 227 sqq. font état du succès de Stace aux Jeux Albains et de son échec

At tu seu membris emissus in ardua tendens
fulgentisque plagas rerumque elementa recenses,
quis deus, unde ignes, quae ducat semi*t*a solem,
quae minuat Phoeben quaeque integrare latentem
causa queat, notique modos extendis Arati,
seu tu Leth*a*ei secreto in gramine campi
concilia heroum iuxta manesque beatos
M*a*eonium Ascr*a*eumque senem non segnior umbra
accolis alternumque sonas et carmina misces :
da uocem magn*o*, pater, ingenium*que* dolori.
Nam me ter relegens caelo terque ora retexens
Luna uidet residem nullaque *H*eliconide tristes
solantem curas ; tuus ut mihi uultibus ignis
inrubuit cineremque oculis umentibus haus*i*,
uilis honos studiis. Vix haec i*n* munera soluo
primum animum tacitisque situm depellere curis
nunc etiam *l*abente manu, n*e*c lumine sicco
ordior adclinis tumulo, quo molle quiescis
iugera nostra tenens, ubi post Aeneia fata
stellatus Latiis ingessit montibus Albam
Ascanius, *Ph*rygio dum pingues sanguine campos
odit et infaustae regnum dotale nouercae.
Hic ego te — nam Sicanii non mitius halat
aura croci, dit*e*s nec si tibi rara Sab*a*ei
cinnama, odoratas nec Arabs decerpsit aristas —

21 semita ς : -ina *M* || **24** lethei *M* || **26** meonium ascreum- *M* || **28** magno *Auantius* : -na [*fortasse ex* no *M*¹] *M* || ingeniumque dolori ς : -um do- *M* || **30** eliconide *M* || **31-33** *dist. Krohn* || **32** hausi ς : -it *M* || **33** immunera *M* || **34** curis *M* : chordis *Schrader, de u.* cura *i.q.* μελέτη *plurali uide Tac A 3, 24, 5* || **35** labente ς : ha- *M* || nec *Gronouius* : nunc *M, inflatius quidem poeta dicere potuit sibi post tres menses nondum prosiluisse lacrimas cf. Theb 5, 593, sed uide uu. 32 et 45* ; nunc *pro* nec *ex priore* nunc *Havet 546 sq.* || **39** frigio *M* || **42** dites *Domitius* : -tis *M* || sabei *M*

moissonner — toi, dis-je, c'est en un chant piérien qu'aux applaudissements du fleuve infernal je te pleure[1*] : accueille les gémissements, les blessures et les larmes de ton fils ; peu de parents ont jamais reçu pareil tribut. Et plût aux dieux que ma condition me permît d'élever un autel à tes mânes, un monument pareil aux temples[2*], de dresser dans les airs un édifice plus haut que les rochers des Cyclopes[3*] et que les pierres audacieuses des Pyramides et de border ta sépulture d'un vaste bois sacré ! Là j'aurais surpassé à la fois l'hommage du tombeau de Sicile, le bois sacré de Némée et les solennités de Pélops mutilé[4*]. Là on ne verrait pas une troupe nue[5*] d'athlètes grecs fendre les airs avec le disque oebalien[6*]; la sueur des coursiers n'arroserait pas les plaines, et sur l'ornière friable ne s'entendrait pas le bruit de leurs sabots ; il n'y aurait que le chœur de Phébus ; et la couronne de feuillage, récompense du poète qui t'aurait le mieux loué, je la suspendrais rituellement à ta statue, mon père. Moi-même, les yeux humides, prêtre de ton ombre et de ton âme, j'entonnerais le premier un chant de deuil, dont ni Cerbère avec toutes ses gueules, ni des lois comme celles que subit Orphée ne pourraient te détourner. Et alors, tandis que j'aurais chanté tes vertus et tes actions, peut-être ta tendresse ne m'aurait-elle pas rangé après Homère au souffle puissant, peut-être

aux Jeux Capitolins — l'échec étant de 94, Kerckhoff, diss. Berlin, 1884, 30, Härtel, diss. Leipzig, 1900, 8, Legras, *REA*. 1907, 343, Friedlaender-Wissowa, *S-G* 4$^{9-10}$ 294 (de 90, Vollmer, *Ed.* 19, Giri, *Riv. Filol.* 1907, 446, mais v. ici xviii). Avons-nous affaire à une insertion postérieure (v. p. ex. Leo, *Plaut Forsch.*^{2} 44, Friedlaender-Wissowa, 295) ? Aucun indice : l'insertion commencerait et finirait dans le corps de deux vers. Mieux vaut admettre, avec Vollmer, 9 n. 10, que la datation de l'épicède est fictive, v. à 5,1,16 sq. On n'opposera pas 3,3,39 *neque enim mihi flere parentem | ignotum*, ni même 2,1,30 sqq. *cecini solacia... | et mihi* : le second texte ne se concilierait d'ailleurs pas avec 5,3,29, puisqu'il s'y agit d'un chant émis *fulmine in ipso* et au pied du bûcher. L'épicède est donc un des poèmes récents — l'inachèvement de la *Thébaïde* 237 sqq. étant lié à la fiction chronologique — et non pas le plus ancien du recueil ; celui aussi où il y a le plus de métier, sans la moindre trace d'improvisation.

inferni cum laud*e* laci sed carmine plango
Pierio ; sume *et* gemitus et uulnera nati
et lacrimas, rari qua*s* umquam habuere parentes.
Atque utinam fortuna mihi, dare manibus aras,
par templis opus, aeriamque educere molem,
Cyclopum scopulos ultra atque audacia saxa
Pyramidum, et magno tumulum praetexere luco.
Illic et Siculi superassem dona sepulcri
et Nemees lucum et Pelopis sol*l*emnia trunci.
Illic Oebalio non finderet aera disco
Graiorum uis *nu*da uirum, non arua rigaret
sudor equum aut putri sonitum daret ungula fossa ;
sed Phoebi simplex chorus, et frondentia uatum
praemia laudato, genitor, tibi rite ligarem.
Ipse madens oculis, umbrarum animaeque sacerdos,
praecinerem gemitum, cui te nec Cerberus omni
ore nec Orpheae quirent auertere leges.
Atque tibi moresque tuos et facta canentem
fors et magniloq*u*o non posthabuisset Homero

44 Inferni cum laudae laci sed *M seruat Vollmer uu.* inferni — laci *cum praecedentibus intercludens nec recte interpretans* : inserui cum laude loci sed *Domitius* inferiis cum laude datis et *Krohn* infreni non laude logi sed *Wiman Eranos 1937, 11 alii alia, lac. post u. 43 statuit Leo de Stat Silu comm Gottingae 1892, 15 ; dicit poeta magis patrem nunc carmine quam quondam in sepultura croco cinnamis ture delectari, nec quicquam post u. 43 desideratur sed u. 44 unus et solidus, sententiam explicans uerbis ante parenthesim positis adumbratam, cum quibus per particulam* sed *ab initio enuntiati semotam (cf. Claud Don Aen 10, 514 Digest 1, 18, 9 Baehrens Phil Supp B 12, 1912, 398) non sine quadam neglegentia ut fit (Cic Pis 8 al. Kühner-Stegmann 2ª 76) coniungitur, his u. 278 uerbis* si laudanda precor *illustratur : Stygis i.e. eorum omnium qui apud inferos uersantur laudem adepturum est epicedium, neque offendit genet.* laci *forma cuius exempla in titulis leguntur CIL 1² 781 al. Neue-Wagener 1, 781* || **45** sume et gemitus ς : *-me* ge- *M* -me hos ge- *Markland* -me en ge- *Klotz* || **46** quas ς : -am *M* || **51** sepulchri *M* || **52** solemnia *M* || **54** nuda ς : unda *M* uncta *Polster pr Ostrowo 1884, 12 at* uis nuda uirum *i.q.* οἱ γυμνάδες *cf. 3, 1, 146; 152* || **61** tibi *M* : ibi me *Heinsius, intellege in tuum honorem cf. u. 57* || **62** magniloquio *M*

même aurait-elle prétendu m'égaler au farouche Virgile[1]*. Pourquoi accuserait-elle plus violemment les dieux et les fils d'airain des trois sœurs, la mère qui sur le tertre tiède encore de son enfant s'assied solitaire, ou la femme qui jette les yeux sur le bûcher de son jeune époux et échappe aux mains qui s'opposent et à la foule qui la retient pour courir vers la mort, si on la laissait faire, dans le brasier qui consume son mari ? Il se peut[2]* qu'avec plus de violence qu'elles je poursuive les dieux d'en haut et le Tartare de mes reproches : aux yeux des étrangers eux-mêmes ces funérailles seraient lamentables. Mais ni Nature, ni même Piété ne se sont montrées injustes dans ce deuil : pour moi, ô mon père, c'est au seuil même de ta destinée, c'est dans tes vertes années, que tu m'es enlevé pour aller dans le cruel Tartare. Et en effet la vierge de Marathon n'a pas moins pleuré Icarius, criminellement tué par de cruels paysans, que la mère d'Astyanax n'a pleuré son fils, projeté du haut d'une tour phrygienne. Bien plus, la première étouffa ses gémissements avec le lacet qui mit fin à ses jours : mais toi, on rougit qu'après les funérailles du grand Hector tu te sois pliée à la servitude chez un amant hémonien[3].

Pour moi, ce ne sont pas les chants par lesquels, sûr de sa fin, le cygne en son agonie mélodieuse honore d'avance sa mort, ni ceux des Tyrrhéniennes ailées[4]*, dont la voix si douce, du haut de leur noir rocher, est menace pour les matelots, que j'apporterai en hommage au bûcher de mon père ; ni ceux que, d'une langue mutilée, gémit doucement Philomèle quand elle se plaint à sa cruelle sœur : tout cela est trop banal pour un poète comme lui. Qui donc à des funérailles n'a pas dit tous les rameaux des Héliades et les bourgeons de leurs larmes, et la pierre de Phrygie, et celui qui osa opposer sa musique à celle de Phébus, et Pallas réjouie par la

3. *Theb.* 11,644 *Marathonide silua* | *flebilis* Érigone s'est suicidée sur la tombe de son père tué par les paysans qu'avait enivrés le vin de ses vignes (v. à 3,1,147) Hygin, 130 ; Andromaque, survivant à la mort de son enfant, a épousé Néoptolème, le fils du Thessalien : *Haemonius* d'Achille, Ovide, *Fast.* 5,400, *Tr.* 3,11,28.

tenderet et toruo pietas aequare Maroni.
Cur magis incessat superos et aena sororum
stamina, quae tepido genetrix super aggere nati
orba sedet uel quae primaeui coniugis ignem
aspicit obstantesque manus turbamque tenentem
uincit in ardentem, liceat, moritura maritum ?
Maior *et h*is forsan superos et Tartara pulsem
inuidia : externis etiam miserabile uisu
funus eat. Sed nec modo se Natura dolenti
nec Pietas iniusta dedit : mihi limine primo
fatorum et uiridi, genitor, ceu raptus ab aeuo
Tartara dura subis. Nec enim Marathonia uirgo
parcius extinctum saeuorum crimine agrestum
fleuerit Icarium *Phry*gia quam turre cadentem
Ast*y*anacta parens. Laqueo quin illa supremo
inclusit gemitus : at te post funera magni
Hectoris Haemonio pudor est seruisse marito.
  Non ego, quas fati certus sibi morte canora
inferias praemittit olor nec rupe quod atra
T*yr*rhenae uolucres nautis praedulce minantur,
in patrios adhibebo rogos ; non murmure trunco
quod gemit et durae queritur Philomela sorori :
nota nimis uati. Quis non in funere cunctos
*H*eliadum ramos lacrimosaque germina dixit
et *Phry*gium silicem atque ausum contraria Phoebo

63 toruo *M damn. Havet REA 1915, 269* : docto *Markland alii alia cf. ad 2, 6, 40 neque epitheton ab ingenii uergiliani uirilitate discrepare uidetur* || **69-74** *poetam cum aduersario colloqui statuit et sic fere dist. Vollmer, uu.* sed nec — subis *poetae tribuit Klotz alii aliter* || **69** et his *Krohn cf. 3, 5, 50* nec minor his : aliis *M Intr. XXXIII, XXXIX* alis *ed. princ. Ven. 1472* at his *Baehrens* ais *Vollmer* || **71** modo *M* : mihi *Domitius at uide ad 4, 9, 30* || **76** frigia *M* || **77** Astranacta *M* || **82** Tirihenae *M* || **84** philomelia [*alterum* i *del. M*[1] *ut uid.*] *M* || **85** nota ς : Na- *M* || cunctos ς : -to *M* || **86** Eliadum *M* || **87** frigium *M*

traîtrise du buis[1] ? Pour toi, que Piété qui a oublié les hommes, Justice rappelée au ciel[2] et Éloquence en sa double langue[3] te pleurent, ainsi que Pallas et le cortège, sur l'Hélicon, du docte Phébus[4]* : ceux qui ont eu pour tâche de mener, avec le vers de six pieds, les combats d'Aonie[5]* ; et ceux qui, mesurant leur chant sur l'écaille de tortue arcadienne, *ont fait leur souci de la lyre dont*[6] ils tirèrent leur nom ; et ceux dont sous tous les cieux la sublime Sagesse énumère les sept gloires ; ceux qui, montés sur le terrifiant cothurne, ont tonné les folies furieuses, et les palais des rois, et les astres faisant volte-face dans le ciel ; et ceux qui aiment détendre leurs forces dans les jeux de Thalie, ou à raccourcir d'un pas la marche du vers héroïque[7]*. Car il a embrassé[8]* tous les genres, et à tous il a eu recours, dans tous les sens où s'éploie la puissance de la parole, soit qu'il lui plût d'enchaîner son inspiration aux mesures aoniennes, ou, déliant ses mots, de déverser la tempête et d'égaler la course des nuées par son éloquence effrénée[9]*. Dégage, Parthénopè, des cendres subites ton visage à demi ruiné, et dépose ta chevelure, qu'ensevelit la montagne où passa le souffle, sur le tombeau de ton illustre enfant disparu ; car ni les hauteurs de Monychie,

1. En l'honneur du *uates* 85 qui lui a enseigné *non uulgare loqui* 214, Stace évitera dans l'épicède les comparaisons usées, comme celles de ses vers avec les chants du cygne, des Sirènes, du rossignol, qu'il exploite lui-même dans 3,3,174 sqq., et les thèmes rebattus : les exemples des Héliades et de Niobé sont de plain-pied ; le troisième repose sur deux légendes : Minerve, s'étant aperçue que la flûte la défigurait, rejeta l'instrument *imprecata... ut quisquis eas sustulisset graui afficeretur supplicio* Hygin, 165 ; quand Marsyas, dans sa contestation avec Apollon, fut trahi par sa flûte — *nec fida = et infida* —, la déesse y trouva plaisir. Le rapport entre l'exemple et l'épicède reste obscur : Vollmer, *Ed.* 531 songe à l'*inuidia deorum.*

2. *Pietas* et *Iustitia* forment ici une sorte de doublet, v. à 1,4,2. On notera qu'au v. 72 Pietas est parmi les hommes et que par ailleurs le règne de Domitien a fait descendre Astraea-Pietas-Justitia du ciel 1,4,2 ; 5,2,92 ; une position intermédiaire 3,3,1 sqq.

3. Prose et poésie grecques et latines : ἑκατέραν γλῶτταν Plutarque, *Luc.* 1, *utraque lingua* Horace, *C.* 3,8,5, Suétone, *Aug.* 89.

6. Restitution de Gronov.

carmina nec fida gauisam Pallada buxo ?
Te Pietas oblita uirum reuocataque caelo
Iustitia et gemina plangat Facundia lingua
et Pallas doctique cohors *H*eliconia Phoebi,
quis labor Aonios seno pede ducere campos
et quibus Arcadia carmen testudine mensis
† Cydalibem † nomenque fuit quosque orbe sub omni
ardua septena numerat Sapientia fama,
qui furias regumque domos auersaque caelo
sidera terrifico super intonuere cot*h*urno,
et qui*s* lasciua uires tenu*a*re Thalia
dulce uel *he*roos gressu truncare *tenor*es.
Omnia namque animo complexus et omnibus u*sus*,
qua fandi uis lata patet, siue orsa libebat
Aoniis uincire modis *s*eu uoce soluta
spargere et effreno nimbos aequare profatu.
Exere semi*r*utos subito de puluere uultus,
Parthenope, crinemque adflato monte sepultum
pone super tumulos et magni funus alumni,
quo non Mon*y*c*h*iae qui*c*quam pr*a*estanti*u*s arces

88 nec fida *M* : nec foeda *ed. Parm.* nec uicta *Baehrens alii alia, intellegitur et infida (Marsyae) cf. Hygin 165* || **91** eliconia *M* || **92** ducere campos *M* : ducere cantus *amicus quidam Gronouii* currere campos *Heinsius, dicuntur more poetico epici id facere quod quos depingunt scil.* ducere pugnas *cf. Paul Dig 47, 10, 4 uel potius per metonymiam* campos *cf. Sil 5, 434 al. Thes LL 3, 214, 67* || **94** Cydalibem *M* : cura lyrae *Gronouius* Cea fides *Phillimore qui glossam* bacylidem *in lect. trad. mutatam suspicatur alii alia* || **96** Quis [-i *M*[1]] *M* || **97** coturno *M* || **98** quis *Domitius* : -ui *M* || tenuare *Domitius* : -uere *M u. Introd. XXIV* || **99** heroos ς : oroos *M* || tenores *Domitius* : leones *M def. frustra Vollmer, suspicatur Wiman Eranos 1937, 15 lect. trad. ex* lēones *i.e.* lenones *pro* tenores || **100** usus *Wiman Ibid scil. usus est* : utor *M quod quomodo cum u. 101* libebat *cohaerere possit non uideo, ortam lect. ex emendatione u. 99* ḷēọṇes t or *temere inserta censet Wiman* || **102** seu ς : ceu *M* || **104** semrutos *M* || **107** moniciae *M seruat post Heinsium Klotz cl. Theb 2, 252 ; 12, 616 Steph Byz* Μωνυχ- : Munichiae *uulg. cf. formas usitatas* Μουνυχ- *in codd.* Μουνιχ- *in titulis PW 16, 565* || quitquam prestantias artes *M*

ni la docte Cyrène, ni la valeureuse Sparte[1*] n'eurent plus grand que lui. Si le lignage te faisait défaut, si tu languissais dans l'obscurité sans noblesse ni renom, par ce seul citoyen tu prouverais que tu es grecque et tires de l'Eubée[2*] le sang de tes aïeux. Tant de fois[3] ses tempes s'offrent à tes guirlandes, lorsqu'en des vers admirés il célébrait ta solennelle fête quinquennale, tout en surpassant l'éloquence du roi de Pylos, l'éloquence et l'éclat du roi de Dulichium, ceignant sa chevelure d'une double couronne[4]. Ta naissance était sans tache, tu ne sortais pas d'un sang obscur et ta famille n'était pas sans illustration, bien que la condition de tes parents eût été amoindrie par leurs dépenses. En effet Enfance te choisit pour déposer, selon l'habitude des riches, le vêtement de pourpre destiné à honorer la race et l'or dont s'enorgueillit la poitrine[5*]. Dès ta naissance les sœurs d'Aonie te sourirent favorablement, et Apollon, dont j'éprouvais déjà la bienveillance[6*], plongea ta lyre d'enfant dans son onde sacrée dont il mouilla tes lèvres. L'honneur de t'avoir donné le jour n'est pas le privilège d'une seule patrie[7*] ; le berceau de ta vie est incertain et deux terres se le disputent : la grecque Hyélè, adoptée par les colons latins[8*], te prétend issu de son peuple, aux lieux où le pilote,

3. Cf. 138 sqq. ; 225 sqq. ; sur les *Augustalia* v. à 2,2,6 et à 3,5,92.

4. Les vv. 112-115 font grandement difficulté, v. app. crit. J'admets les corrections de Postgate à 112 et à 114 et, en gros, l'interprétation de Vollmer. Le présent *praestant* va de soi. Les deux exemples de Nestor et d'Ulysse — v. à 1,3,86 — sont de tradition : ils représentent deux genres d'éloquence, τὸ ἀνθηρόν et τὸ ἁδρόν Quintilien, 12,10,58 sqq. ; avec Ulysse *nemo mortalium contendet, hunc ut deum homines intuebuntur* ; d'où dans Stace le κλῖμαξ *ora* — *oraque speciemque* (sans hendiadyin). *Ora* met la prose oratoire en face de la poésie *caneret uersu*. L'une et l'autre se retrouvent dans *utroque*. Construits sur la proposition en *cum*, le participe *supergressus* est adversatif, le participe *subnexus* temporel. Le substantif *utroque* « en poésie et en prose (grecques) » ne manque pas d'appui : Vollmer cite Horace, *Serm.* 2,4,7 *siue est naturae hoc siue artis, mirus utroque*. Mais on voudrait pouvoir appuyer l'existence d'un concours d'éloquence aux *Augustalia* : les Jeux Capitolins, auxquels Stace compare ceux de Naples 3,5,92, à côté des concours de poésie avaient des concours d'éloquence grecque et latine, Friedlaender-Wissowa, *S-G.* 4[9-10] 276.

doctaque Cyrene Sparteue animosa creauit.
Si tu stirpe uacans famaeque obscura iaceres
nil gentile tenens, illo te ciue probabas
Graiam atque Euboico maiorum sanguine duci.
Illa tuis totiens praestant se tempora sertis,
cum stata laudato caneret quinquennia uersu
ora supergressus regis* Pylii oraque regis
Dulichii speciemque, comam subnexus utroque.
Non tibi deformes obscuri sanguinis ortus
nec sine luce genus, quamquam fortuna parentum
artior expensis. Etenim te diuite ritu
ponere purpureos Infantia legit amictus
stirpis honore datos et nobile pectoris aurum.
Protinus exorto dextrum risere sorores
Aonides, puerique chelyn summisit et ora
imbuit amne sacro iam tum mihi blandus Apollo.
Nec simplex patriae decus, et natalis origo
pendet et ambiguo geminae certamine terrae
te de gente suum Latiis ascita colonis

108 Doctaque *M* : -aue *Markland sed uide Prop 2, 1, 21 Thes LL 2, 1571, 21* || cirene *M* || **109** uacans *Baehrens*: uetas *M ex* uatas *pro* uacās *uide Introduction XXV, XXX* || famaeque *M* : -aque ς *Vollmer qui* -a aeque *in comment. scribens uu.* stirpe uetas famaque *uel* fama aeque *intercludit* || **112** illa — praestant se *(hoc Vollmer) Postgate Phil 1905, 134* : ille — prestat sed *M* ille — praestabat *Elter alii alia, constare uidetur* sed *ex* set *pro* se *ante* t- *ortum Havet 681 sqq. quo fit ut* prestat *pro* praestāt *neglecto titulo scriptum,* illa *ad singularem numerum aptatum esse credendum sit Intr. XXV, iungit* ille — subnexus *(est) Vollmer uu.* tuis — sertis *intercludens parum apte* || sertis *Domitius* : -ris *M* || **114** regis Pylii *Postgate Phil 1905, 134* : pilii gregis *M def. in comment. Vollmer* Pylii senis ς *alii alia, non ferri potest lect. trad. ne cl. quidem Martial* grex Pierius *9, 86, 3 ; 12, 11, 4 sed,* gregis *post* supergressus *ex* regis *orto Havet 490,* gregis Pylii *in* Pylii gregis *mutatum ut staret uersus* || **115** utroque *M* : -raq- *Domitius, intellegendum uersibus cf. u. 113 et oratione cf. uu. 114-115* || **118** expensis *Auantius* : -xte- *M ex insolita litt.* t *in uersu frequentia cf. alio sensu Martial 12, 3 (6) 9* breues extendere census || te [*ex* ri *M*[1]] *M* || **119** amittus *M* || **122** chelin *M* || **125** certaminae *M*

alourdi, *hélas*[1*] ! par le sommeil, tomba de la poupe et s'éveilla, le malheureux, au sein des flots[2*]; mais ensuite elle prouve que tu lui appartiens par le long cours de ta vie, la plus grande *Parthénopè*[3*]... le poète de Méonie, et les villes se l'arrachent en lui assignant des lieux de naissance différents, et toutes cherchent à démontrer leur véracité ; il n'est pourtant pas leur vrai fils à toutes, mais l'immense orgueil d'une fausse prétention gonfle les vaincus. Et c'est là que, grandissant et saluant l'aurore de la vie, dans les concours[4*] donnés à chaque lustre par ta patrie et auxquels des hommes ont peine à satisfaire tu es entraîné par ton impatience de la gloire et l'audace de ton talent. Stupéfait, le peuple eubéen admira tes vers d'enfant, et les parents te montrèrent à leurs fils. Ensuite ta voix parut souvent dans les combats, et il n'y eut point de fête où elle ne se couvrît de gloire : moins souvent la verdoyante Thérapnè[5*] enferma Castor victorieux aux courses de chevaux et son frère triomphant au ceste. Mais si l'on tenait pour facile d'être vainqueur chez soi, qu'est-ce que mériter les récompenses achéennes, les tempes ombragées tantôt des rameaux de Phébus, tantôt du gazon de Lerne, tantôt du pin du fils d'Athamas, alors que la Victoire, tant de fois fatiguée, ne se détourna jamais pour porter ailleurs ses feuillages ou en toucher une autre chevelure[6] ? Aussi les pères te confient-ils leurs tendres espoirs, et une jeunesse bien née se forme sous ta direction et apprend de toi les caractères et les exploits des hommes antiques, les malheurs de Troie et les retards d'Ulysse ; avec

6. De ce texte mal entendu on a longtemps tiré la conclusion que le père de Stace avait été vainqueur dans les Grands Jeux de la Grèce. *Sin* introduit l'objection d'un interlocuteur fictif ; et *quid*, qui ouvre la réponse, est dépréciatif : il est moins difficile de réussir dans des épreuves diverses que de s'enfermer — cf. l'amorce *clausere* 140 et v. app. crit. — dans la répétition d'un même succès. Klotz note opportunément *ad u.* que c'est parce que les *Augustalia* prétendaient être ἰσολύμπια que les Jeux Olympiques ne sont pas cités à côté des Jeux Pythiques, Néméens — sur la substitution de *Lerna* à *Nemea* v. à 2,1,181 — et des Isthmiques, dont le pin est évoqué, à côté du laurier et de l'ache, non comme l'arbre sacré de Poseidon, mais comme un arbre de deuil, en liaison avec la légende de Mélicerte-Palémon — une tradition faisant

Graia refert *Hy*ele, † grauis † qua puppe magister
excidit et mediis miser euigilauit in undis ;
maior at inde suum longo probat ordine uitae
. . . .
M*ae*oniden aliaeque aliis natalibus urbes
diripiunt cunctaeque probant ; non omnibus ille
u*er*us, alit uictos immanis gloria falsi.
Atque *i*bi dum profers annos uitamque salutas,
protinus ad patrii raperis certamina lustri
uix implenda uiris, laudum festin*us* e*t* *aud*a*x*
ingenii. Stupuit primaeua ad carmina plebes
Euboea et natis te monstrauere parentes.
Inde frequens pugnae nulloque ingloria sacro
uox tua : non totiens uictorem Castora g*y*ro
nec fratrem c*a*estu uirides clauser*e* Therapnae.
Sin pronum uicisse domi, quid Ach*a*ea mereri
praemia nunc ramis Phoebi nunc gramine Lernae
nunc At*h*amantea protectum tempora pinu,
cum totiens lassata tamen nusquam auia frondes
abstulit aut alium tetigit Victoria crinem ?
Hinc tibi uota patrum credi generosaque pubes
te monitore regi, mores et facta priorum
discere, quis casus Troiae, quam tardus Vlixes,

127 Hyele *Heinsius scil.* Ὑέλη *Herod 1, 167 Strab 6, 252 cf. J. Bérard Colonisation grecque 1941, 309* : sele *M* || grauis *M* : grauis heu *Krohn* Graius ς *prob. Vollmer* « *Graius nomine* » *intellegens parum apte* Troius *Baehrens alii alia nihil certi* || **129** *post h. u. lac. statuit Markland quam nonnulli spernunt uanis coniecturis usi, desideratur mentio Neapolis* || **130** Meoniden *M* || **132** uerus *Schottius* : Versus *M* || **133** ibi ς : ubi *M* || **135** festinus et audax *Lipsius* : festina sed ut dux *M* || **137** Euboea *M* : Eubois *Heinsius cf. 1, 2, 263* Euboica *Phillimore cf. 1, 2, 177 al. at uide* Dacus *1, 2, 180* Inachus *Theb 1, 619 Schamberger diss phil Hal 17, 1907, 956* || **139** giro *M* || **140** cestu *M* || clausero *M* : plausere *Domitius ad quod accusatiui non quadrant, iure monet in comment. Vollmer cl. u. 141 de uictoriis domi comparatis agi cf. Vell 1, 18, 1* ingenia... Atheniensium muris clausa || **141** achea *M* || **143** atamantea *M*

quelle puissance le poète de Méonie[1] sait décrire en ses vers les combats des coursiers et des guerriers, combien le vieillard d'Ascra et celui de Sicile[2*] ont enrichi le religieux homme des champs, la loi qui régit le retour des souples rythmes de la lyre de Pindare, et d'Ibycus qui en appela aux oiseaux[3*], et d'Alcman chanté par la sévère Amyclées[4*], et du fier Stésichore, et de l'audacieuse Sapho qui entra dans les défilés où ne s'engageaient que les hommes, sans craindre une Chalcis[5*], et de tous les autres que la cithare a jugés dignes d'elle. Tu possédais l'art d'expliquer les chants du fils de Battos[6*], et les énigmes de l'obscur Lycophron[7*], et l'embrouillé Sophron[8*], et les mystères de la maigre Corinne[9*]. Mais pourquoi m'arrêtai-je à de minces éloges ? Tu étais habitué à partager avec Homère le même joug, à égaler ses vers de six pieds dans tes lignes déliées du rythme et à ne jamais traîner derrière lui des pas plus courts[10*]. Quoi d'étonnant s'ils abandonnèrent leur patrie pour venir vers toi, tous ceux qu'envoient[11*] le sol de la Lucanie, les arpents de l'inflexible Daunus, le séjour sur lequel gémit Vénus, et la terre qu'oublia de protéger Alcide[12*], ou la vierge qui des hauteurs de Sorrente surveille les abîmes de la mer Tyrrhénienne[13*], et, au-dessus du golfe plus proche, la colline signalée par la trompette et par la rame[14*], et Cumes, qui accueillit jadis les lares d'Ausonie[15*], et ceux qu'envoient les ports dicarchéens[16*] et les rivages de Baïes, lieux où halette le feu lancé à travers la profondeur des eaux, et où des

sortir les *Isthmia* des jeux funèbres en l'honneur du fils d'Athamas (de même Martial, 8,28,19 de Phrixus *Athamanteo... auro*) Pausanias, 2,1,3.

1. Les vv. 148-158 donnent la liste précieuse des textes expliqués par le père de Stace dans son école de Naples : Homère, Hésiode, peut-être Épicharme, Pindare, Ibycos, Alcman, Stésichore, Sapho, Callimaque, Lycophron, Sophron, Corinne. Il n'y a là — Sophron compris — que des poètes. Pas de tragiques ni de comiques (sur Ménandre « scolaire » v. pourtant Friedlaender-Wissowa, *S-G.* 2[10] 193) ; en revanche cinq des lyriques du catalogue alexandrin et, de plus, Corinne, à laquelle est octroyée une dixième place dans les catalogues récents, cf. p. ex. *schol.* Denys le Thrace, 21,19 Hilg., Maas, *P-W.* 11, 1393. A propos de Corinne, d'Alcman, de Stésichore et d'Ibycos on hésite à partager le scep-

quantus equu*m* pugnasque uirum decurrere uersu
M*ae*onides quantumque pios ditarit agrestes
Ascr*ae*us Siculusque senex, qua lege recurrat
P*i*ndaricae uox flexa l*y*rae uolucrumque precator
*I*b*y*cus et tetricis Alcman cantatus Amyclis
Stes*i*chorusque ferox saltusque ingressa uiriles
non formidata temeraria C*h*alcide Sa*pph*o,
quosque alios dignata chelys. Tu pandere doctus
carmina Bat*t*iadae latebrasque Lyco*ph*ronis a*t*ri
So*ph*ronaque implicitum tenuisque arcana Corinnae.
Sed quid parua loquor ? tu par adsuetus Homero
ferre iugum senosque pedes aequare solutis
uersibus et numquam passu breuiore relinqui.
Quid mirum, patria si te petiere relicta,
quos Lucanus ager, rigidi quos iugera Dauni,
quos Veneri plorata domus neglectaque tellus
Alcidae uel quos e uertice Surrentino
mittit T*y*r*r*heni speculatrix uirgo profundi,
quos propiore sinu lituo remoque notatus
collis et Ausoni*i* pridem laris hospita Cyme
quosque Dicarchei portus Baianaque mittunt
litora, qua mediis alte permissus anhelat

149 equum *Postgate Phil 1905, 135 scil.* ἀνδρῶν τε καὶ ἵππων *Hom cf. u. 55* : -uus *M de* -m *et* -s *inter se commutatis uide Introduction XL* -uos ς || **150** Meonides *M* || **151** Ascreus *M* || **152** Pyndaricae *M* || lirae *M* || **153** Ibycus *Politianus* : Obsic- *M* || **154** Stesychorus- *M* || **155** calchide *M* : Leucade *coni. Politianus edd. multi uerbis* saltus — uiriles *decepti quae poetriae non mortem uoluntariam sed, Hor Epist 1, 19, 28* mascula Sappho *amplificando, ingenium uirorum ipsorum qui uersus fecerunt aemulum celebrant, in* Chalcide *profecto licet haereas, an Alcaeus designatur quem non Mytilen's ortum sed ab illa Chalcide insula uel urbe* πρὸς τῇ Λέσβῳ *Steph Byz s. u. (nunc gymnonissi ?) P W 3, 2090, 32 memorata antiquarios nonnullos perhibuisse crediderim ?* || Saffo *M* || **157** batthiadae *M* || lycofronis *M* || atri ς : ari *M* || **158** Sofrona- *M* || **166** tiriheni *M* || **168** ausoni *M* || **170** permissus *M* : -ixtus ς *at uide Lucr 4, 688 Mela 1, 19, 20*

incendies cachés laissent intactes les maisons ? Ainsi les rochers de l'Averne et l'obscure grotte de la Sibylle attiraient de toutes parts les peuples qui venaient y chercher des réponses ; la prêtresse chantait les menaces des dieux et les décisions des Parques, et elle ne prophétisait pas en vain quoiqu'elle eût trompé Phébus[1*]. Par la suite tu instruis les rejetons de Romulus[2] et ceux qui seront des chefs, et tu les diriges avec fermeté dans le chemin tracé par leurs pères. Sous ta direction[3*] a grandi l'observateur dardanien du feu mystérieux, qui tient secret le sanctuaire où se dissimule le larcin de Diomède[4*] ; c'est de toi qu'il a dans son enfance appris le rite ; tu as montré aux Saliens éprouvés la façon de porter leurs armes et aux augures infaillibles les prévisions à tirer du ciel ; à celui qui a le droit de dérouler le livre des chants chalcidiques, pourquoi la chevelure du flamine phrygien se cache[5*] ; et les Luperques court-vêtus ont eu grand'peur de tes coups[6*]. Et maintenant de cette troupe l'un peut-être dicte les lois aux peuples d'Orient, l'autre gouverne l'Hibérie ; un autre oppose, à la Jonction[7], une barrière au Perse Achéménide ; ceux-ci régissent les riches nations de l'Asie, ceux-là les terres du Pont ; les uns, de leurs faisceaux pacifiques, corrigent les débats des tribunaux ; les autres, dans les camps, montent une garde loyale : c'est toi qui es la source de leur mérite. Pour façonner de jeunes esprits, avec toi n'auraient pu rivaliser ni Nestor, ni Phénix[8*], gouverneur d'un élève indomptable ni celui qui par des chants

ticisme de W. Schmid, *Griech. Lit.* 1,1,448 n. 6, 467 n. 9, 488 n. 3, 497 n. 8 : « Stace a voulu donner une idée avantageuse de la science de son père ; mais il s'exprime lui-même sur Alcman comme s'il ne l'avait jamais lu ; et le grammairien peut ne s'être occupé avec ses élèves que des *uersus alcmanici, stesichorei, ibyci*, tels qu'ils sont recensés dans le *Centimetrum* de Servius ». Si les lyriques, que les Romains se piquaient de citer, Sénèque, *Ep.* 27,6, étaient lus dans les écoles latines, Quintilien, 1,8,6, ils l'étaient à plus forte raison dans les écoles grecques, Aelius Aristide, *Or.* 32,24 (222 K) ; et ce que Stace a dit d'Alcman ne compromet pas sa sincérité, v. plus bas.

2. Non pas à Naples, mais à Rome, où il s'est transplanté, au moins avant 69, v. Hilberg, *Wien. St.* 24, 1902, 516 et ici X sqq.

7. V. à 3,2,137. Alliance de mots *secludit* Ζεύγμα.

ignis aquis et operta domos incendia seruant ?
Sic ad Auernales scopulos et opaca Sib*y*llae
antra rogaturae ueniebant undique gentes ;
illa minas d*i*uum Parcarumque acta caneb*at*
quamuis decepto uates non inrita Phoebo.
Mox et Romuleam stirpem proceresque futuros
instruis inque patrum uestigia ducere perstas.
Sub te Dardanius facis explorator op*e*rtae,
qui Diomedei celat penetralia furti,
creuit et inde sacrum didicit puer ; arma probat*is*
monstrasti Saliis praesagumque aethera certis
auguribus ; cui C*h*alcidicum fas uolu*e*re carmen,
cur *Phrygi*i lateat coma flaminis, et tua multum
uerbera succincti formidauere Luperci.
Et nunc ex illo forsan grege gentibus alter
iura dat Eois, alter compescit Hiberas,
alter Ach*a*emenium secludit Zeumate Persen,
hi dites Asiae populos, hi Pontica frenant,
hi fora pacificis emendant fascibus, illi
castra pia statione tenent : tu laudis origo.
Non tibi certassent iuuenilia fingere corda
Nestor et indomiti *Ph*oenix moderator alumni

171 aquas [*del. M*[1]] aquis *M* || **172** sibillae *M* || **174** diuum ς : duum *M* || canebat ς : -ant *M* || **178** opertae ς : -por- *M* || **180** probatis *Baehrens* : -tur *M* -tus *Vollmer* -tor *Ellis JPh 1885, 96, necesse est* probatis | — Saliis *et uu. 181-182* certis | auguribus *concinant nec iure temptata sunt epitheta quae ut ipsa nomina per prolepsin dicuntur* || **181** Monstrastis aliis *M separ. Lipsius* || certis *M* : -ti *Vollmer cf. ad u. 180* || **182** calchidicum *M* || uolucre *M* || **183** Cur frigii lateat *M* : cur Phrygii pa- *Postgate Phil 1905, 135 alii alia, iunge « monstrasti ei, cui Chalcidicum fas uoluere carmen, scil. XV uiro sacr. fac., cur.... » et intellege Phrygium flaminem non Dialem sed archĭgallum cuius tiara a Statio memoratur Graillot Culte de Cybèle 1912, 232 cf. Bickel RhM 1917-18, 52 Wiman Eranos 1937, 16* || **187** achemenium *M* || zeumate *M* : -ugm- ς *cf. 3, 2, 137* || **188** asiae [s *ex* l *M*[1]] *M* || **192** foenix *M*

différents adoucissait le cœur de l'Éacide porté à écouter les trompettes perçantes et les clairons, le centaure Chiron. Tandis que tu étais tout entier en ces occupations, soudain l'Érinnye de la guerre civile agita sa torche du haut du mont Tarpéien et provoqua des combats dignes des champs de Phlégra[1*]. Des torches sacrilèges éclairent le Capitole, et les fureurs des Sénons passèrent dans les cohortes latines. Les flammes faisaient à peine trêve, et ce bûcher de dieux n'était pas encore éteint que, plein d'ardeur et beaucoup plus rapide que le feu lui-même, tu entonnes avec de pieux accents, pour les temples en ruines, un poème de consolation et déplores la captivité du tonnerre. Les grands du Latium s'émerveillent, et César, le vengeur des divinités[2] ; et, du sein des flammes, le père des dieux te fit un signe d'approbation. Et puis[3*] tu te proposais de pleurer dans un chant pieux l'embrasement du Vésuve et de payer aux ravages subis par ta patrie un tribut de gémissements, le jour où le dieu arracha la montagne au sol pour la soulever jusqu'aux étoiles et la laissa retomber au loin sur des villes infortunées. Et moi-même, quand je frappais au seuil des bois mélodieux et des vallons de Béotie, aussitôt que je déclarai descendre de ta souche, les déesses me reçurent ; car je ne te dois pas seulement le ciel, la mer et la terre, dons naturels de celui qui nous transmet la vie, mais aussi cet apanage de la lyre, quelle qu'en soit la valeur, et tu m'as enseigné dès le début un langage qui n'est pas vulgaire et l'espérance de la gloire pour mon tombeau. Quelle était ta fierté chaque fois que je charmais les sénateurs latins[4*] par mes chants et que tu assistais avec bonheur au déploiement de l'art dont tu m'avais fait don ! Ah ! comme les pleurs se mêlaient à ta joie, au milieu des souhaits, des tendres craintes et d'une réserve joyeuse ! Comme ce jour t'appartenait, et comme la gloire était plus pour toi que pour moi ! Tel un père contemple son jeune fils sur l'arène d'Olympie : il frappe lui-même plus fort, il sent le coup plus

2. Domitien, apparemment, puisque Vespasien n'est entré à Rome qu'au début de l'automne 70.

quique tubas acres lituosque audire uolentem
*A*eaciden alio frangebat carmine Chiron.
Talia dum celebras, subitam ciuilis Erinys
Tarpeio de monte facem Phlegr*a*eaque mouit
proel*ia*. Sacrilegis lucent Capitolia *ta*edis,
et Senonum furias Latiae sumpsere cohortes.
Vix requies flammae necdum rogus ille d*e*orum
siderat, excisis cum tu solacia templis
impiger et multum facibus uelocior ipsis
concinis ore pio captiuaque fulmina defles.
Mirantur Latii proceres ultorque deorum
Caesar, et e medio diuum pater annuit igni.
Iamque et flere pio Vesuuina incendia cantu
mens erat et gemitum patriis impendere damnis,
cum pater exemptum terris ad sidera monte*m*
sustulit et late miseras deiecit in urbes.
Me quoque uocales lucos Bo*e*otaque tempe
pulsantem, cum stirpe tua descendere dixi,
admisere deae ; nec enim mihi sidera tantum
aequoraque et terras, qua*e m*os debere parenti,
sed decus hoc quodcumque l*y*rae primusque dedisti
non uulgare loqui et famam sperare sepulcro.
Qualis eras, Latios quotiens ego carmine patres
mulcerem felixque tui spectator adesses
muneris ! heu quali confusus gaudia fletu
*u*ota piosque metus inter laetumque pudorem !
quam *t*uus ille dies, quam non mihi gloria maior !
Talis Olympiaca iuuenem cum spectat harena

194 Eaciden *M* || **196** phlegrea- *M* || **197** Proeligia *M* || taedis ϛ : rhedis *M* || **199** deorum ϛ : duo- *M* || **207** montem ϛ : -te *M* || **209** Boeota- *Baehrens* : biota- *M* || **212** quae mos *Krohn* : quam uos *M ex male distincto, post corrupto* quem os || **213** decus [s *ex* m *M*[1]] *M* || lirae *M* || **214** sepulchro *M* || **215** eras [s *ex* t *M*[1]] *M* || **218** Vota ϛ : No- *M* || **219** tuus *Politianus* : ıuus *M*

fort au profond de sa poitrine ; les gradins le remarquent davantage, les Achéens le contemplent plus attentivement, tandis que ses yeux s'emplissent et s'obscurcissent de flots de poussière et qu'il souhaite de mourir une fois la couronne saisie. Hélas ! je n'ai sous tes yeux mis sur mon front que les feuillages décernés par ma patrie et les épis, octroi de Cérès, de la couronne chalcidienne[1]. Quelle fierté chez toi, comme la terre dardanienne d'Albe aurait eu de la peine à te contenir, si par moi tu avais remporté les guirlandes décernées par la main de César ! Quelle vigueur ce jour-là eût pu te conférer, combien il aurait pu retrancher au long compte de tes années ! Et si la couronne de chêne ne vint pas s'unir sur mes tempes à celle d'olivier, si l'honneur espéré m'échappa, ah ! avec quelle douceur tu aurais séduit la jalousie du dieu du mont Tarpéien[2*] ! Grâce à tes leçons, ma Thébaïde serrait de près les œuvres des poètes antiques ; c'était toi qui stimulais mes chants, toi qui m'enseignais à déployer les hauts faits des héros, et les aspects de la guerre, et la disposition des lieux. Sans toi ma course chancelle sur une route incertaine, et les voiles de mon navire abandonné à lui-même s'enveloppent de brume. Et ce n'est pas moi seul que tu réchauffais de ta large tendresse : tu étais pareil envers la chambre nuptiale. Tu n'as connu les torches que d'un mariage, tu n'as éprouvé qu'un amour. Certes je ne puis détacher ma mère de tes cendres maintenant glacées ; elle sent ta présence et te possède, elle te voit et rend visite à ton tombeau au lever et au coucher du jour, comme d'autres femmes, au pays de Pharos ou en Mygdonie, se livrent à de feints transports de douleur et pleurent des morts qui leur sont étrangères[3*]. Faut-il parler de ton caractère, si ouvert pour tous avec une parfaite mesure ? Quelle tendresse de cœur, quel mépris pour le gain, quel souci de l'honneur, quel amour du bien ! Et d'autre part, dès qu'il te plaisait de te détendre, quelle grâce dans tes paroles, quelle jeunesse invincible dans ton esprit ! Pour

1. Du vivant de son père, Stace a obtenu au moins une victoire aux Jeux de Naples — v. à 1,2,263 — ; sur les *Augustalia* v. à 2,2,6 et à 3,5,92.

qui genuit, plus ipse ferit, plus corde sub alto
c*a*editur ; attendunt cunei, spectatur Acha*ei*s
ille magis, crebro dum lumina pulueris haust*u*
obruit et prensa uouet expirare corona.
Ei mihi quod tantum patrias ego uertice frondes
solaque C*h*alcidicae Cer*e*alia dona coronae
te sub teste tuli ! qualem te Dardanus Albae
uix cepisset ager, si per me serta tulisses
Caesarea donata manu ! quod subdere robur
illa dies, quantum potuit dempsisse senectae !
Nam quod me mixta quercus non pressit oliua
et fugit speratus honos : qua*m* dulce parentis
inuida Tarpei caperes ! Te nostra magistro
Thebais urguebat priscorum exordia uatum ;
tu cantus stimulare meos, tu pandere facta
heroum bellique modos positusque locorum
monstrabas. Labat incerto mihi limite cursus
te sine et orbatae caligant uela carinae.
Nec solum larga memet pietate fouebas :
talis et in thalamos. Vna tibi cognita taeda
conubia, unus amor. Certe s*e*iungere matrem
iam gelidis nequeo bustis ; *te* sentit habetque,
te uidet et tumulos ortuque obituque salutat,
ut Pharios aliae ficta pietate dolores
Mygdoniosque colunt et non sua funera plorant.
Quid referam expositos seruato pondere mores ?
quae pietas, quam uile lucrum, quae cura pudoris,
quantus amor recti ! rursusque, ubi dulce remitti,
gratia quae dictis ! animo quam nulla senectus !

222 ceditur *M* || Achaeis *Imhof Xenia Halae 1867, 2* : achates *M ex Verg A 1, 174 ; 188 ; 513 cet.* || **223** haustu *Domitius* : -ti *M* || **226** calchidicae cerialia *M* || **232** quam *Baehrens* : qua *M* || dulce [l *ex* s M^1] *M* || **235** tua [tu M^1] *M* || **241** seiungere *Domitius* : si i- *M* || **242** te *Domitius* : et *M*

ces qualités la providence des dieux, juge du mérite, t'a accordé la réputation et des louanges abondantes, et de n'être affligé d'aucune épreuve. Tu n'es ravi, ô père, ni à un âge prématuré, ni chargé d'ans : à trois lustres tu as dix fois ajouté l'espace de cinq années. Mais l'affection et le chagrin m'empêchent de faire le compte, ô toi qui méritais de dépasser les bornes de la vie du Pylien et d'égaler l'âge des vieillards troyens[1], ô toi qui méritais de me voir comme tu es ! Du moins la porte de la mort elle-même n'a pas été sombre pour toi : car léger fut le choc, et une lente fin, par une déchéance sénile, n'envoya pas à l'avance tes membres au tombeau menaçant ; mais un engourdissement paresseux[2] et une mort à l'image du repos étendirent tes membres et t'emportèrent dans le Tartare à la faveur d'un sommeil trompeur. Quels furent alors mes gémissements — la troupe angoissée de mes compagnons en fut témoin ; ma mère en fut témoin aussi et dans mon attitude elle vit avec joie un témoignage —, quelles lamentations élevai-je au ciel ! Pardonnez-moi, mânes ; permets-moi de le dire, ô mon père : tu ne m'aurais pas donné davantage..... heureux il[3] saisit son père dans une étreinte vaine ; et, bien qu'il eût voulu l'arracher des demeures Élyséennes où il avait sa place et l'emporter encore une fois à travers les ombres des Danaens[4], cet audacieux qui entreprenait de porter ses pas vivants vers le Tartare, l'antique prêtresse de la Diane infernale l'y fit descendre ; ainsi une moindre cause[5] transporta la lyre odrysienne sur les bords du paresseux Averne ; ainsi Admète sur les rives de Thessalie[6*] ; si une nuit unique ramena en arrière l'ombre du héros de Phylacè[7], pourquoi, ô mon père, ta lyre ou la mienne n'obtiendraient-elles rien des Mânes ?

1. Mort à 65 ans, le père de Stace méritait de vivre plus vieux que Nestor, que Priam et Tithon 3,4,104 etc.
2. Traduit ληθαργία.
3. *Ille* ne se soutient pas : le nom d'Énée a disparu dans une lacune.
4. Comme à Troie à travers les rangs des Danaens.
5. V. à 245.
7. Sur Protesilaos de Phylacè v. à 2,7,124.

His tibi pro meritis famam laudesque benignas
iudex cura deum nulloque e uulnere tristem
concessit. Raperis, genitor, non indigus aeui,
non nimius, *t*rinisque decem quinquennia lustris
iuncta ferens. Sed me pietas numerare dolorque
non sinit, o P*y*lias aeui transcendere metas
et Teucros aequare senes, o digne uidere
me similem ! Sed nec leti tibi ianua tristis :
quippe leues causae, nec segn*is* labe senili
exitus instanti praemisit membra sepulcro,
sed te torpor iners et mors imitata quietem
explicuit falsoque tulit sub Tartara somno.
Quos ego tunc gemitus — comitum manus anxia uidit,
uidit et exemplum genetrix gauisaque *n*ouit —
quae lamenta tuli ! ueniam concedite, manes,
fas dixisse, pater : non tu mihi plura dedisses.

. . . .

felix ille patrem uacuis circumdedit ulnis ;
uellet et *Ely*sia quamuis in sede locatum
abripere et Danaas iterum portare per umbras,
temptantem et uiuos molitum in Tartara gressus
detulit infernae uates longaeua Dianae ;
sic chel*y*n Odr*y*siam pigro transmisit Auerno
causa minor, sic Thessalicis Admetus in oris ;
si lu*x* una retro *Phy*laceida ret*t*ulit umbram,
cur nih*i*l exoret, genitor, chel*y*s aut tua Manes

251 tristem *M* : -es *Markland lac. stat. Krohn Rothstein Festschr Vahlen 1900, 502, intellegendum tristem (esse), uariata iunctura* || **253** trinis ς : cr- *M* || **255** opilias *M* || **258** segnis ς : -es *M* || **259** sepulchro *M* || **263** nouit *Domitius* : uo- *ut uid. M* || **265** *post h.u. lac. stat. Heinsius, desideratur nomen Aeneae* || **267** helisia *M* || **268** *post h.u. lac. stat. Housman CR 1906, 47* || **271-272** sic *M* : si *Domitius edd. nonnulli* || chelin odrisiam *M* || **272** *post h.u. lac. stat. Postgate Phil 1905, 136* || **273** si lux *Heinsius* : Silua *M* sic lux *Vollmer* || filacaeida *M* || retulit *M* || **274** nihl [*ex* nil M^1] *M* || chelis *M*

Qu'il me soit ainsi permis de toucher le visage de mon père, qu'il me soit permis de presser ses mains dans les miennes, je suis prêt à subir toutes les lois.

Mais vous, souverains des ombres, et toi, Junon de l'Etna[1], s'il est vrai que ma prière soit digne d'éloges, éloignez de lui les torches et les chevelures[2] des Euménides ; que le farouche gardien de vos demeures tienne ses gueules muettes, que les vallées lointaines cachent les Centaures, les cent têtes de l'Hydre et la monstrueuse Scylla, et que le nocher suprême, écartant la foule, invite l'ombre du vieillard à s'approcher de la rive et l'installe doucement au milieu d'un lit d'algues. Allez, mânes des bienheureux et, vous tous, essaims des chantres grecs, répandez sur son âme illustre les guirlandes du Léthé ; montrez-lui le bois sacré que n'envahit jamais aucune Érinnye, où règnent une lumière à l'imitation de la nôtre et un air qui rappelle parfaitement celui de notre ciel[3]. Viens pourtant de ces lieux ; passe par la porte la meilleure, celle de corne, qui l'emporte sur un ivoire malveillant[4], et, revivant dans mes songes, instruis-moi selon ta coutume. De même l'aimable nymphe révélait à Numa, dans la grotte d'Aricie, le culte et les rites à observer ; de même, comme le croit l'Ausonie, Scipion avait des visions nocturnes qu'emplissait Jupiter latin[5] ; de même Sylla n'était jamais abandonné d'Apollon[6].

1. Sur la localisation dans la région de l'Etna de l'enlèvement de Proserpine v. app. crit.

2. V. à 5,1,28.

3. Sur le thème de l'accueil fait au mort dans l'Élysée v. à 5,1, 253.

4. Les deux portes des songes, dès Homère, *Od.* 19,562 sqq. cf. Platon, *Charm.* 173 A, *AP.* 7,42,1 sq. ; les fantômes illusoires sortent par la porte d'ivoire, les ombres réelles par la porte de corne, Virgile, *Aen.* 6,893 sqq.

5. Aulu Gelle, *NA.* 6,1,6 *Scipionem hunc Africanum solitauisse noctis extremo priusquam diluculare̊t in Capitolium uentitare ac iubere aperiri cellam Iouis atque ibi solum diu demorari quasi consultantem de re publica cum Ioue.*

6. V. à 4,6,86.

aut mea ? fas mihi sic patrios contingere uultus,
fas iunxisse manus, et lex quaecumque sequatur.
At uos, umbrarum reges Ae*t*n*a*eaque Iuno,
si laudanda precor, *t*aedas auferte comasque
Eumenidum ; nullo sonet asper ian*it*or ore,
Centaur*o*s *H*ydraeque greges Sc*y*llae*a*que monstra
auersae c*e*lent ualles, umbramque senilem
inuitet ripis, discussa plebe, supremus
uector et in media componat molliter alga.
Ite, pii manes Graiumque examina uatum,
inlustremque animam Leth*a*eis spargite sertis
et monstrate nemus, quo nulla inrupit Erinys,
in quo falsa dies caeloque simillimus aer.
Inde tamen uenias, melior qua port*a* malignum
cornea uincit ebur, somnique in imagine monstr*a*,
quae solitus. Sic sacra Numae ritusque colendos
mitis Aricino dictabat nympha sub antro,
Scipio sic plenos Latio Ioue ducere somnos
creditur Ausoniis, *sic* non sine Apolline S*y*lla.

277 aecnea- *M* : Ennea *Gronouius at cf. Ach 1, 824 Roscher* 2^{1} *1313, 65* || **278** taedas ς : ca- *M* || **279** ianitor ς : ianrior *M* || **280** Centauros *Politianus* : -rus *M* || Hydrae- ς : by- *M* || scillaeque *M* || **281** caelent *M* || **285** letheis *M* || **288** porta *Domitius* : parte *M* || **289** monstra *Domitius* : -at *M* || **293** sic *Sudhaus* : nec *M ex formulae* nec non *frequentia ortum* et *Domitius* || silla *M Introd. XLIV*

IV

LE SOMMEIL[1]*

Par quel crime, jeune dieu, le plus paisible des dieux, ou par quelle erreur[2]* ai-je mérité, malheureux, d'être seul privé de tes dons, ô Sommeil ? Tout se tait, le bétail, les oiseaux et les bêtes sauvages ; les cimes courbées ont l'air de dormir de lassitude, et les fleuves farouches ne font plus le même bruit ; le hérissement des flots est tombé, et la mer, sur la terre appuyée, repose. Pour la septième fois Phébé de retour s'aperçoit, en tournant la tête, que mes paupières malades sont toujours fixes ; autant de fois les feux de l'Oeta et de Paphos les revoient ainsi, et autant de fois l'épouse de Tithon, passant au-dessus de mes gémissements, les asperge, par pitié, de son fouet rafraîchissant[3]*. Comment y pourrais-je suffire ? Je ne le pourrais pas, même si j'avais le millier d'yeux que le maudit Argus tenait tour à tour en sentinelle, sans jamais veiller de tout son corps à la fois[4]. Mais pour l'instant, hélas ! si quelque amant, par les longues heures nocturnes, tenant enlacés les bras d'une jeune femme, prend l'initiative, Sommeil, de te repousser, accours de là ; je ne te force pas à étendre tes ailes tout entières sur mes yeux — cela, c'est le vœu d'une foule plus heureuse — : touche-moi seulement, il suffit, de l'extrémité de ta baguette[5]*, ou bien passe légèrement auprès de moi, à pas suspendus.

4. D'après Ovide, *Met.* 1,625 *centum luminibus* (deux cents *Am.* 3,4, 19, mille Sil. It., 10,345 avec Stace) *cinctum caput Argus habebat; | inde suis uicibus capiebant bina quietem, | cetera seruabant atque in statione manebant*; entendre avec Vollmer, *Ed.* 547 « tous les yeux d'Argus ne me permettraient pas de supporter ma souffrance ; car celui-ci ne dormait jamais de tous ses yeux, comme j'aurais besoin de le faire ».

IV

SOMNVS

Crimine quo merui, iuuenis placidissime diuum,
quoue errore miser, donis ut solus egerem,
Somne, tuis ? Tacet omne pecus uolucresque feraeque
et simulant fessos curuata cacumina somnos,
nec trucib*us* fluuiis idem sonus, occidit horror
aequoris et terris maria adclinata quiescunt.
Septima iam rediens Phoebe mihi respicit aegras
stare genas ; totidem Oet*a*eae Paphiaeque reuis*un*t
lampades et totiens nostros Tithonia questus
praeterit et gelido spargit miserata flagello.
Vnde ego sufficiam ? non si mihi lumina mille,
quae sacer alterna tantum statione tenebat
Argus et haud umquam uigilabat corpore toto.
At nunc heu ! *si* aliquis longa sub nocte puellae
brachia nexa tenens ultro te, Somne, repellit,
inde ueni, nec te totas infundere pennas
luminibus compello meis — hoc turba precatur
laetior — : extremo me tange cacumine uirgae,
sufficit, aut leuiter suspenso poplite transi.

IV **5** trucibiss *M cf. 4, 8, 49* || **8** oeteae *M* || reuisunt *Domitius* : -sent *M* || **12** sacer *M* : uafer *Heinsius alii alia, quod traditur adi. ex antiquo sacrorumque proprio sermone cf. fr. gall.* « *maudit* » *Ernout-Meillet Dict etym s. u. cf. Klotz ALL 15, 1908, 410* || **14** heu si *Barth* : heus *M* || **17** precatur *M* : -cet- *Heinsius edd. omnes*

V

CHANT FUNÈBRE EN L'HONNEUR DE SON ENFANT[1]

Malheureux que je suis ! Car je ne préluderai point par les paroles consacrées, inspirées des ondes harmonieuses de Castalie, étant odieux et importun à Phébus. Lequel de vos mystères[2]*, ô sœurs de Piérie, lequel de vos autels ai-je profané ? Parlez : qu'il vous soit permis, après le châtiment, de déclarer la faute. Ai-je, malgré la défense, mis le pied dans un bois sacré ? Ai-je bu à une source interdite ? Quelle est la faute, quelle est l'erreur[3]* que j'expie si cruellement ? Voici que, de ses bras expirants tenant à mes entrailles et à ma vie, un petit enfant m'est arraché ; ce n'était pas à la vérité un fils de mon sang et tel qu'il portât mon nom et mes traits ; je n'étais pas son père ; voyez pourtant mes pleurs, mes joues livides, et croyez aux gémissements d'un homme qui a perdu un des siens : j'ai perdu un des miens. Que les pères, que les mères au sein nu s'assemblent ici ; apportez vos yeux pleins de la vision des cendres et vos accusations ! Que toutes celles qui, avec la charge de leurs mamelles pleines, ont elles-mêmes, d'un pas chancelant, porté au bûcher leur enfant, frappé, jusqu'à l'inonder, leur poitrine et éteint un sein enflammé par le lait ; que tous ceux qui ont abandonné dans le monceau des cendres un jeune homme que parait encore la fleur

1. Sur l'*epicedion* v. à 2 *epist.* 8 et à 2,1,1. Le poème, avec 2,1 et 2,6, forme un groupe. *Puer* est ambigu : Stace n'a pas perdu un jeune esclave favori, *puer delicatus*, comme Ursus ; a-t-il perdu autre chose qu'un jeune favori, *delicatus*, comme Melior ? On admet qu'il avait adopté l'enfant, faisant état de 79 *quo sospite natos | non cupii* et même de 4,7,33. Le *puer* est un *uerna*, affranchi aussitôt après sa naissance 69 sqq. et que Stace aimait et élevait comme un fils 8 sqq. ; il n'est pas dit qu'il ait été adopté, cf. au contraire 10 *nec qui mea nomina ferret*.

V

EPICEDION IN PVERVM SVVM

Me miserum ! neque enim uerbis sol*l*emnibus ulla
incipiam nec Castaliae uocalibus undis
inuisus Phoeboque grauis. Quae uestra, sorores,
orgia, Pieriae, quas incestauimus aras ?
dicite, post poenam liceat commissa fateri.
Numquid inaccesso posui uestigia luco ?
num uetito de fonte bibi ? quae culpa, quis error,
quem luimus tantis ? Morientibus ecce lace*r*tis
uiscera nostra tenens anima*m*que auellitur infans,
non de stirpe quidem nec qui mea nomina ferret
oraque ; non fueram genitor, sed cernite fletus
liuentesque genas et credite planctibus orbi :
orbus ego. Huc patres et aperto pectore matres
conueniant ; cineremque oculis et crimina ferte !
Si qua sub uberibus plenis ad funera natos
ipsa gradu labente tulit madidumque cecidit
pectus et ardentes restinxit lacte papillas,
quisquis adhuc tener*a*e signatum flore iuue*n*tae
immersit cineri iuuenem primaque iacentis

V EPYCIDION *M*

1 solemnibus *M* || **8** lacertis ς : -est- *M* || **9** animamque *ed. Parm.* : -aq- *M* || **12** *sic Klotz* orbi *gen. sing. intellegens, post* planctibus *comma Markland Vollmer* || **14** ferte [to *legit Souter*] *M de iunctura cf. 3, 3, 13 sqq. Verg A 4, 625* exoriare aliquis... ultor *Schmalz-Hofmann 619 ; 631* : -to *Politianus* || **15** uberi [*del. M*[1]] uberibus *M* || **18** tenere *M*

d'une tendre jeunesse et vu les flammes cruellement dévorer sur le bûcher le duvet léger de son visage, approchent et s'épuisent avec moi en plaintes alternées : mes larmes vaincront les leurs, et tu auras honte, Nature[1]. Tant ma peine est farouche et mon deuil insensé. Même aujourd'hui qu'après trois fois dix jours écoulés[2] je fais cet effort, appuyé contre son tombeau, ce n'est que de plaintes, de rythmes heurtés et de mots pleins de sanglots que je forme mes vers ; j'essaie un poème sur ma lyre — *ma douleur*[3] et ma colère sont impatientes du silence —, mais ni les lauriers accoutumés ne reposent sur ma tête, ni le prestige des bandelettes ne décore mon front[4]. Voyez, les rameaux de l'if se fanent sur ma chevelure, et ceux du cyprès funèbre chassent le lierre plein d'allégresse[5] ; je ne prends plus l'onglet d'ivoire pour en heurter les cordes, mais, de mes doigts errants, hors de moi, je brusque au hasard ma lyre. J'ai du plaisir, hélas ! j'ai du plaisir à faire entendre des chants que nul n'oserait louer, et à louer sans art l'objet poignant de ma douleur[6]. C'est bien fait ainsi ! qu'ainsi les dieux me contemplent, funeste de chant et de mise ! Que Thèbes, que mon Éacide tout nouveau[7] en restent confus : rien de paisible ne sortira plus de ma bouche. Moi qui — combien de fois ! — ai pu par des mots caressants cicatriser les blessures des mères et des pères,

1. De ce qu'un homme *qui genuisse putauit* verse plus de larmes que les *sancti parentes*, cf. le paradoxe 2,1,82 sqq., avec la même apostrophe à la Nature.

2. Sur la datation de l'épicède v. à 5,1,16 sq.

3. Restitution de Karsten.

4. La ponctuation de 24-29 fait difficulté, v. apparat critique.

5. Cf. 5,3,7 sqq. Stace en deuil a renoncé à porter les symboles de la poésie apollinienne 28 sq., le laurier et les bandelettes — blanches —, et ceux aussi de la poésie dionysiaque 30 *hilares hederas*, cf. 1,5,13 sq., 2,7,9 sqq. ; il les remplace par les symboles de la mort, l'if qui borde la route de l'Hadès — Ovide, *Met.* 4,432 —, le cyprès *inferis consecrata* Servius, *Aen.* 3,64.

6. *Incompte laudare*, garanti et non évincé par *inlaudabile carmen* 33 — v. app. crit. —, concerne proprement la *laudatio funebris*.

7. La *Thébaïde* finie, l'*Achilléide* commencée : le poème est du même temps que 4,4 ; 4,7 ; 5,2.

serpere crudelis uidit lanugine *fl*amm*as*,
adsit et alterno mecum clamore fatiscat :
uincetur lacrimis, et te, Natura, pudebit.
Tanta mihi feritas, tanta est insania luctus.
Hoc quoque cum ni*tor* ter dena luce peracta
adclinis tumul*o*, *pla*nctus in carmina uerto
discordesque m*odos et* singultantia uerba ;
molior orsa lyr*a* — ⏑⏑ est atque ira tacendi
impatiens, — sed nec solitae mihi uertice laurus
nec fronti ui*t*tatus honos. En taxea marcet
silua comis, hilaresque hederas plorata cupressus
excludit ramis ; nec eburno pollice chordas
pulso, sed incertam digitis errantibus amens
sc*in*do chel*y*n. Iuuat heu ! iuuat inlaudabile carmen
fundere et incom*p*te miserum laudare dolorem.
Sic merui, sic me cantuque habituque nefastum
aspiciant superi. Pudeat Thebasque nouumque
*A*eaciden : nil iam placidum manab*i*t ab ore.
Ille ego qui — quotiens ! — blande matrumque patrumque

20 flammas *Domitius* : malas *M ex notissima iunctura* lanugine malas (-ae) *Lucr 5, 889 Verg A 10, 324 Martial 2, 61, 1 al.* || **24-29** *sic fere dist. Vollmer, leuiter post* molior *plene post* impatiens *interpunx. Krohn, censeo cum sit* nitor *in protasi non ferri posse in apodosi* molior, *quo fit ut sit post* uerba *interpungendum,* lyra *autem id esse cui opponuntur* laurus *et* uittatus honos, *quo fit ut uu.* est — impatiens *intercludenda sint* || **24** nitor ter *Gronouius* : nı... ter *M* || dena ς : dana *M* || **25** tumulo planctus *uulg.* : tumul... nctus *M* -o et p- *Krohn alii alia* || **26** modos et singultantia ς : m... s- *M* || **27** lyra ⏑⏑ est *scripsi* : ly... est *M* lyra dolor *Karsten Mnem 1899, 373 satis apte cf.* dolor *et* ira *iuxta posita Thes LL 5*[1] *1854, 48* lyrae uis *Krohn alii alia* || **29** uictatus *M* || **33** scindo ς : Sciēdo *M* || chelin *M* || **34** incompte ς : -mite *M* || laudare *M* : nuda- *Markland* latra- *Saenger, uerbum trad. cum u. 33 adi.* inlaudabile *ut monet Vollmer concinens sensu strictiore intellegitur i.q. laudationem funebrem dicere,* dolorem *autem metonymicos i.q. eum ex quo doletur Theb 6, 276 ; 8, 195 Verg A 10, 507 CLE 2000 al., epitheto* miserum *uim transitiuam induente* || **37** Eaciden *M* || manabit ς : -bat *M def. Vollmer sed ex uicinis ex utraque parte litt.* a *ortum Havet 492*

qui ai pu adoucir des douleurs toutes vives, moi, le doux consolateur des affligés, qui savais me faire entendre des tombeaux prématurément ouverts et des ombres descendant sous la terre[1]*, je défaille, je réclame des mains pour me soigner et des remèdes, et les plus puissants, pour mes plaies. C'est à présent le moment, ô mes amis dont j'ai essuyé les yeux mouillés de larmes et les blessures saignantes : aidez-moi à votre tour, payez-moi le tribut cruel de votre gratitude. Assurément, quand *je pleurais* les deuils de vos maisons en des accents pleins de tristesse, *plus d'un m'allait*[2]* critiquant : « Toi qui t'affliges pour les pertes des autres, mets en réserve, malheureux, tes larmes et garde bien tes chants de tristesse. » C'était juste : mes forces sont consumées, l'abondance de ma parole est tarie, et mon esprit ne trouve rien qui soit digne d'un tel coup de foudre : tout ce que je puis dire reste au-dessous, et tous les mots sont misérables. Pardonne, enfant : c'est toi qui plonges mon esprit dans les ténèbres du chagrin, hélas ! cruel que tu es. S'il est vrai que, voyant la blessure de son épouse chérie, le Thrace Orphée put trouver un chant apaisant[3]*, ou qu'Apollon, étreignant le cadavre de Linus[4], ne garda pas le silence, peut-être qu'on me juge plein d'excès et avide de douleur ; peut-être dira-t-on que je dépasse dans mes pleurs la juste mesure. Qui es-tu donc, toi qui pèses dans une balance mes gémissements et mes lamentations ? O trop heureux, trop cruel aussi et ignorant de ton pouvoir, Fortune, celui qui ose imposer une loi aux larmes et déterminer les bornes de la douleur ! Il ne fait, hélas ! que pousser aux plaintes ; il serait plus facile de retenir les fleuves qui ont franchi leurs rives ou de s'opposer

4. Adaptation vaille que vaille à la situation de deux exemples d'École dont le dessein est cohérent dans la *consolatio* de MARTIAL, 9,86 à Silius Italicus qui avait perdu un fils : 4 *ipse meum fleui, dixit Apollo, Linon* ; puis à Calliope *tu quoque uulnus habes* — la mort d'Orphée. Sur Linos et sur son sort, *Theb.*6,64 sq. *Linus...* | *letiferique canes* (cf. 1,589) et LACTANCE *filium Apollinis et Psamathes, Crotopi filiae, expositum a matre a canibus fuisse discerptum*, légende argienne (PAUSANIAS, 1,43,7, *schol.* HOM., *Il.* 18,569, CALLIMAQUE, fr. 315 Schn., v. ALBERT, *P-W.* 13, 715) antérieure à la légende thébaine qui fera du héros un musicien, PAUSAN, 9,29,6.

uulnera, qui uiuos potui mulcere dolores,
ille ego lugentum mitis solator, acerbis
auditus tumulis et descendentibus umbris,
d*e*ficio medicasque manus fomentaque quaero
uulneribus, sed summa, meis. Nunc tempus, amici,
quorum ego manantes oculos et *s*aucia tersi
pectora : reddite opem, saeuas exsoluite gratis.
Nimirum cum uestra domus ego funera m*a*estus
. . . .
increpitans : « Qui damna dol*e*s aliena, repone
infelix lacrimas et tristia carmina serua. »
Verum erat : absumptae uires et copia fandi
nulla mihi, dignumque nihil mens fulmine tanto
repperit : inferior *u*ox omnis et omnia sordent
uerba. Ignosce, puer : tu me caligine maestu*m*
obruis a ! dur*us*. Viso si uulnere carae
coniugis inuenit caneret quod T*h*racius Orpheus
dulce sibi, si busta Lini complexus Apollo
non tacuit, nimius fortasse auidusque doloris
dicor et in lacrimis iustum excessisse pudorem.
Quisnam autem gemitus lamentaque nostra rependis ?
o n*i*mium felix, n*i*mium crudelis et expers
imperii, Fortuna, tui, qui dicere legem
fletibus aut fines audet censere dolendi !
Incitat heu ! planctus ; potius fugientia ripas

42 Dificio *M* || **43** sed summa *M* : quae s- ς *alii alia cf. Schmalz-Hofmann 665* || **44** faucia *M* || **46** domus — mestus *M seruat Vollmer domestica funera interpretans cf.* domus fortuna *2, 1, 137 ; 5, 2, 77 Verg Georg 4, 209 CIL 3, 8169* clades *Ouid M 8, 543* aduersa *Tac H 2, 64* iura *Theb 1, 671 al. Thes LL 5*[1] *1981, 83 sqq.* : modis — maestis *Klotz* || *post h. u. lac. stat. Baehrens, spernit Vollmer qui anacolutho recepto u. 47* increpitant *scribit* || **47** doles *Politianus* : -ens *M* || **51** uox ς : nox *M* || **52** maestum [*uel* -ta] ς : -tu *M* || **53** durus *Politianus* : -ro *M ex* uiso... uulnere *ortum, post* obruis *recepto* durus *interpunx. Vollmer* || **54** tracius *M* || **59** nmıum *M cf. u. 68* || et pers [exp- *M*[1]] *M cf. 1 epist. 36 Introd. XXXIX*

aux flammes dévorantes que d'interdire les gémissements aux malheureux. Mais que ce censeur sévère, quel qu'il soit, connaisse les blessures qui sont l'objet de notre débat.

Je n'ai pas acheté à un navire de Pharos un favori bavard, ni aimé un enfant expert dans les saillies de son Nil natal, à la langue trop bien pendue et aux réparties impudentes[1] : il était à moi, celui-là, bien à moi. Je le regardai tombant sur le sol, et, dès qu'on l'eut baigné et oint, je le réchauffai d'un chant de bienvenue au jour[2]; et comme ses vagissements entrecoupés réclamaient un air nouveau pour lui, je le fis entrer dans la vie. Ses parents lui ont-ils donné rien de plus ? Bien davantage, tu me dois, enfant, une seconde naissance avec la liberté, quand tu étais encore à la mamelle ; hélas ! encore ingrat, tu te rirais de mes dons[3]*. Qu'on dise que ma tendresse s'est bien hâtée ; mais elle se hâtait à bon droit, de peur qu'une liberté si chétive ne perdît *un seul*[4] jour. Comment, après cela, ne pas venir, gonflé de haine, assaillir de mes reproches les dieux *eux-mêmes*[5] et l'injuste Tartare ? Pourrais-je ne pas gémir sur ton sort, cher enfant ? Tant qu'il a vécu, je n'ai pas désiré de fils ; dès sa naissance il a tourné vers moi son vagissement, il m'en a enveloppé et transpercé ; je lui ai appris à se servir des mots et des sons, débridant ses plaintes et ses blessures secrètes ; quand il rampait sur le sol, je me suis baissé pour l'élever vers mes baisers ; et *de recevoir*[6] sur mon sein caressant, au moment même où elles *s'abaissaient*[7], ses paupières, et d'appeler en lui la dou-

1. Les vv. 66 sqq. reproduisent le mouvement 2,1,72 sqq. ; contraste entre le *seruus* — importé, en l'espèce, d'Égypte — et le *uerna* que le *patronus* ramasse et soulève de terre — *tollere, suscipere* — comme s'il était son fils.

2. Stace donna naturellement une forme poétique aux *uota* avec lesquels l'aïeule ou la tante maternelle accueillent le nouveau né dans Perse, 2,35 sqq.

4. Complément de Baehrens.

5. Complément de ς.

6. Restitution de Krohn.

7. Complément de ς.

f*lu*mina de*tinea*s rapidis aut ignibus obstes,
quam miseros lugere uetes. Tamen ille seuerus,
quisquis is est, nostrae cognoscat uulnera causae.
Non ego mercatus Pharia de puppe loquaces
*de*l*ic*ias doctumque sui conuicia Nili
infantem, lingua *nimi*um salibusque proteruum,
dilexi : meus ille, meus. Tellure cadentem
aspexi atque unctum genitali carmine foui
poscentemque nouas tremulis ululatibus auras
inserui uitae. Quid plus tribuere parentes ?
quin alios ortus libertatemque sub ipsis
uberibus tibi, parue, dedi ; heu ! munera nostra
rideres ingratus adhuc. Properauerit ille,
sed merito properabat, amor, ne perderet – ⏓
libertas tam parua diem. Nonne horridus – ⏓
inuidia superos iniustaque Tartara pulsem ?
nonne gemam te, care puer ? quo sospite natos
*n*on cupii, primo gemitum qui protinus ortu
implicuit fixitque mihi, cui uerba sonosque
monstraui questusque et uulnera caeca *r*esolu*ens*,
reptantemque solo demissus ad oscula *no*stra
erexi, blandoque sinu iam iamque ⏑ – ⏓

63 flumina ς : Fulm- *M* || detineas *Heinsius cf. Theb 4, 144* : deiuneus *M* deuincas *Politianus cuius desunt exempla Thes LL* 5^1 *861, 44* || **67** delicias *Auantius* : Aedituas *M* nequitias *Markland* || **68** nimium *Markland* : sumum *M cf. u. 59* || **74** ubi [tibi M^1] *M* || **75** Rideres *M* : -ebas ς *sed numquam Statius cum puero uiuo de muneribus suis locutus est cf. Martial 6, 29, 3* || ingratus ς : -gat- *M* || **76** perderet| *M* : perderet ullum ς *alii alia* || **77** horridus| *M* : horridus ipsos ς *alii alia* || **80** non cupii *Domitius* : Concupii *M* || **82** questusque [et *supra scr.* M^1] uulnera *M* || resoluens *Markland* : ne soluam *M temere rejectum postquam* r- *in* n- *commutatum est Int. XXV, XXXV* resolui ς || **83** nostra *ed. princ. Ven. 1472* : uestra *M scil.* ūra *ex* nr̄a *ortum* dextra ς || **84** iamque | *M* : iamque natantes *uel* nitentes ς *alii alia*

ceur du sommeil. Mon nom est le premier mot qu'il a articulé ; mon sourire a été le jeu de son âge le plus tendre, et toutes ses joies lui venaient de mon visage.....[1]

Le reste manque.

1. Avec son proème de 65 vers, l'épicède devait avoir au moins l'ampleur de 2,1. Pas la moindre trace d'inachèvement dans ce qui en subsiste. En revanche, la répartition des lacunes montre clairement que le texte a été mutilé dans la transmission.

† excepere † genas dulcesque accersere somnos.
Cui nomen uox prima meum ludusque tene*ll*o
risus, et a nostro ueniebant gaudia uultu.

. . . .

Desunt cetera

85 Excepere *M* : exsopire *Vollmer* excipere ipse *Krohn alii alia nihil certi* || **86** tenello ς : -ebo *M* || **87** *post h.u. duobus uersibus intermissis*

FINIS · ADEST · VERE · PRECIVM · VVLT · SCRIPTOR · HEBERE *(sic) in M rubricatorem addidisse testatur Klotz*

NOTES COMPLÉMENTAIRES

P. 133. — 2*. Une seule des poésies recueillies dans les quatre livres des *Silves* — *opusculum* ne désignant ni un de ces livres, ni à plus forte raison les épopées ; contre Vollmer *Ed.* 12 n. 4 v. H. Frère *Mél. Thomas* 1930, 300, où il est montré comment *inuocato numine imperatoris* doit s'entendre comme une véritable prière faite par le poète au moment de se mettre à l'ouvrage.

3*. Restitution — l'idée seule étant, bien entendu, en cause — de Vollmer.

4*. Cf. 4,3,23 ; 4,4,3 ; écrite à Naples comme 4 *epist.* cf. 11, l'*epistula* 4,4 n'a été expédiée à Rome qu'avec le livre.

5*. Septimius Severus, dédicataire de 4,5, n'est sûrement connu que par Stace. Né à Leptis (magna) 4,5,29 sqq., *inter ornatissimos secundi ordinis* cf. 41, c'est-à-dire parmi les *equites primores* à qui était réservée la carrière de procurateur v. Stein *Röm. Ritterst.* 96, il avait été amené encore enfant en Italie, où son père s'était établi à Véies 37 ; 54 ; il fut le condisciple de Vitorius Marcellus et possédait des terres au pays des Herniques et à Cures 55 sq. Il est possible qu'il soit le <*C.*> *Septimius C. f. Pup(inia tribu) Seuerus patron(us) mun(icipii)* — Capitulum Hernicorum d'où la pierre serait venue à Préneste, v. Vollmer *Ed.* XIV ? — de *CIL.* 14, 3004 ; il est certain qu'il est un ancêtre de l'empereur, v. Stein 313. Orateur et, à l'occasion, poète lyrique 57 sqq.

P. 134. — 2*. C. Vibius Maximus — sur le nom v. app. crit. à 4,7 *titul.* — a laissé sa trace dans des textes épigraphiques : *CIL.* 3 dipl. 16, 22 p. 859 enseigne que le 13 juillet 93 il était — comme déjà un de ses ancêtres, sous Auguste cf. Florus 2,25 — *praef(ectus) cohort(is) III Alpinorum* en Dalmatie ; *CIL.* 3,38, que le 16 février 104 il entendit résonner, étant *praef(ectus) Aeg(ypti)*, la statue de Memnon. C'est de lui sans doute qu'il s'agit dans Martial 11,106 ; mais rien ne porte à croire qu'il soit le Maximus de 1,7 ; 69 ; 5,70 ; 7,73 ; 10,77. Son père avait eu un commandement dans la guerre suévo-sarmatique de 92-93 cf. 49 sqq. ; lui-même, avant d'aller en Dalmatie, fut *praefectus alae* en Orient 45 sqq. Sur son rôle dans la publication de la *Thébaïde* v. plus bas ; sur son epitome de Salluste et de Tite Live 54 sqq. W. Keil *Berl. phil. Woch.* 1919, 1075. Cf. *Prosop.* 3,423.

3*. Il ne peut s'agir que d'une *epistula* poétique que Stace n'incorpore pas dans un livre des *Silves*, parce qu'elle est publiée ailleurs — en tête de la *Thébaïde* —, et qui, sans dédier l'œuvre à Vibius Maximus, le remercie de l'intérêt qu'il y a porté cf. 4,7,25 sqq.

4*. Sur *egloga* v. à 3 *epist.* 22.

5*. V. à 2 *epist.* 13 sur Pollius Felix, beau-père de Julius Menecrates : Napolitain, le dédicataire de 4,8 était chevalier — c'est par rapport à lui que Plotius Grypus (v. à 24) est dit *maioris gradus*; et 4,8,60 sq., 59 sq. forment le vœu que les fils soient admis dans la carrière sénatoriale et que la fille se marie dans une famille patricienne — mais *inter equites primores* cf. *splendidum* et 4,8,3 *clari*, 4 *nobile*, STEIN *Röm. Ritterst.* 96. Père d'un fils et d'une fille, il avait reçu le *ius trium liberorum* : l'églogue le félicite de la naissance d'un autre fils 20 sqq. cf. 3,1,175. Un frère de Menecrates, plutôt que de Pollius — *ex silentio* de 2,2 et de 3,1 — avait été décoré de la *hasta pura* dans une expédition africaine 4,8,12 ; v. STEIN 310 ; 369, *P-W*. 10, 679.

6*. *Iuuenis* (cf. 4,9,15) d'origine sénatoriale, Plotius Grypus, qui était avocat 14 sqq., avait été chargé du ravitaillement des gîtes d'étapes de l'empereur 17 sqq. v. HIRSCHFELD *Kaiserl. Verwaltungsbeamten*[2] 195 n. 1 ; son rapport de parenté échappe avec L. Plotius Grypus, *adlectus* en 69 par Vespasien, préteur en 70, consul suffect en 88, STECH *Klio* Beih. 10, 1912, 16, STEIN *Röm. Ritterst.* 230. On ne tirera pas du *lusus* 4,9 la conclusion que Stace était son client.

7*. On liera cette réponse au texte de QUINTILIEN 10,3,17, sans préjuger de la voie par où la critique a été transmise à Stace ni de la question de savoir si elle le visait en effet.

8*. V. H. FRÈRE *Mél. Ernout* 1940, 141, où il est montré que la σφαιρομαχία est à l'origine et est restée longtemps une boxe d'entraînement, par laquelle on se préparait, dans la palestre, avec des gants spéciaux, au combat du stade — quelque chose de tout à fait comparable à la *palaris lusio*, par laquelle le gladiateur, dans sa caserne, se mettait en forme pour le combat de l'amphithéâtre. Il s'agit là, vis-à-vis de l'ἀγών, de παιδιά, de *lusus*, comme dans la *Batrachomachie* ou dans le *Culex* vis-à-vis de l'*Iliade* et de l'*Énéide* cf. 1 *epist.* 5 sqq., comme dans les *Silves* vis-à-vis de la *Thébaïde*.

P. 136. — 2*. Un poème de cette espèce ne pouvait pas ne pas s'ouvrir aux τόποι du panégyrique, précisément du λόγος βασιλικός : p. ex. 25 sq. cf. MARTIAL 9,79,7 sq. *nemo suos, haec est aulae natura potentis, | sed domini mores Caesarianus habet* = MÉNANDRE *Rh. gr.* 3,376 Sp. ὅτι διὰ βασιλέα σώφρονες μὲν οἱ γάμοι, γνήσιοι δὲ τοῖς πατράσιν οἱ παῖδες... οἷον γὰρ ὁρῶσι τὸν βασιλέως βίον, τοιοῦτον ἐπανῄρηνται ; Janus chargé de l'ἐγκώμιον 17, comme Curtius 1,1,74 et la Sibylle 4,3,124 ; il n'est pas pour autant un panégyrique. C'est un poème politique de circonstance, que l'on mettra sur la même ligne que les épigrammes de MARTIAL 4,1 (88 ap. J.-C.) — anniversaire de la naissance de Domitien —, 8,2 et 8 (janvier 93) — retour du prince au terme de l'expédition suévo-sarmatique —, ou 11,4 (1er janvier 97) — le troisième consulat de Nerva —, et dont on cherchera les antécédents dans la paean saluant l'entrée de Démétrius Poliorcète à Athènes *Anth. Lyr.* 2,249 Diehl et dans l'ode 4,5 d'Horace — v. PASQUALI *Orazio lirico* 178 — conjurant Auguste, alors en Gaule, de « rendre sa lumière à la patrie ». Après Stace et d'après lui, CLAUDIEN 1 ; 6 ; 7 ; 8 et SIDOINE APOLLINAIRE *C.* 1 ; 2 etc. v. FARGUES *Claudien* 1933, 191, LOYEN *Sidoine Apollinaire* 1943, 117. Mais la « circonstance » a provoqué de sa part un témoignage considérable sur la religiosité impériale ; 11 *immensi reparator maximus aeui*, restaurateur du temps infini, Janus — appelé par la date de l'entrée en charge cf. MARTIAL *ll. cc.* — incarne l'idée de l'Αἰών que la théologie d'un Messala ou d'un Nigidius Figulus avait empruntée à la spéculation alexandrine ; mais le dieu — tout en songeant, il est vrai, aux Jeux Séculaires de 88 — attribue à Domitien une puissance identique à la sienne 17 *qui saecula mecum | instaurare paras,* 37 *mecum altera saecula condes, | et tibi longaeui renouabitur ara parentis* ; sur Domitien-Aion VOGT *Alex. Münzen* 1,52, SAUTER *Röm. Kaiserkult bei Mart. u. Stat.* 133, BERLINGER *Beitr. z. inoffiziellen Titulatur der röm. Kaiser* diss. Breslau 1935, 31.

3*. Le consulat se repose quand Domitien ne l'occupe pas : il vient de le faire depuis 92.

4*. Stace confond en une personne les deux Janus : le vieux Janus Geminus ou Quirinus cf. 12 ; 16 — qui prendra la parole —, situé dans le Forum, entre la Curie et la Basilique Aemilia v. PLATNER-ASHBY *Topogr. Dict.* 278, et le Janus Quadrifrons — cf. 4,3,9, MARTIAL 8,2,3 ; 10,28 v. PLATNER-ASHBY 280 — que Domitien éleva sur son Forum — 14 sq. *noui... fori, Forum transitorium* ou *peruium*, dédié par Nerva en 97, v. PLATNER-ASHBY 227 —, et qui, dans le voisinage immédiat du Forum de Vespasien, est soumis à la Paix, dont le temple — cf. 4,3,17 — en occupe l'aire, v. PLATNER-ASHBY 386.

P. 137. — 1*. Sur le *familiare numen* de Domitien, SCOTT *Imp. Cult u. the Flav.* 166.

3*. Sur *longaeuus parens* v. app. crit. En souhaitant à Domitien de célébrer plus d'une fois les Jeux Séculaires, Stace doit aller au delà d'une formule accréditée parmi les *blanditiae* — SUÉTONE *Vit.* 2 *huius (L. Vitellius) et illa uox est « saepe facias », cum saeculares ludos edenti Claudio gratularetur* — et donner une forme, qui cesse d'être paradoxale, à l'idée de l'*aeternitas* du prince, v. à 1.

4*. Ce qu'il n'a pas fait en janvier 93 cf. 3,3,171 ; 4,3,159.

5*. Thème du λόγος βασιλικός cf. 4,3,153 sqq., SIL. ITAL. 3,605 sqq., après VIRGILE *Aen.* 6,791 sqq., vivifié peut-être au contact des faits — sur l'éventualité d'une guerre contre les Parthes, GSELL *Domitien* 233, CORRADI *Diz. epigr.* 2, 1991 ; sur la poussée des armées chinoises de Pantchao, en 94, jusqu'à la mer d'Aral, PIGANIOL *Hist. de Rome* 1939, 280 — et sous l'action de la théologie de la Victoire impériale, GAGÉ *Rev. Hist.* 121, 1933, 1, SAUTER *Röm. Kaiserkult bei Mart. u. Stat.* 153, SCOTT *Imp. Cult under the Flav.* 116.

6*. De même MARTIAL 9,1,1 (mi 93-mi ou fin 94) ; SUÉTONE *Dom.* 13 *post... duos triumphos, Germanici cognomine assumpto, Septem-*

brem mensem et Octobrem ex appellationibus suis Germanicum Domitianumque transnominauit, quod altero suscepisset imperium, altero natus esset, EUSÈBE-SAINT JÉRÔME *Chron.* a. Abr. 2103 = 86-87 (2102 = 85-86 version arménienne) 190 Helm etc., témoignages épigraphiques, papyrologiques, numismatiques dans CORRADI *Diz. epigr.* 2, 2039, v. en dernier lieu K. SCOTT *Imper. Cult under the Flav.* 158. Chronologie débattue, en liaison avec la question des triomphes de Domitien. Il est sûr que Septembre devint Germanicus en 83 ; il est possible qu'en dépit de deux textes papyrologiques Octobre ne soit devenu Domitianus qu'en 89-90 ; il est en tout cas notable que les allusions de Stace et de Martial sont sensiblement en retard sur les faits. Quant à la *blanditia* de 43, elle annonce une fantaisie de Commode cf. DION CASSIUS 72,15 : tous les mois reçurent un nom du prince, dieu de l'année entière, SAUTER *Röm. Kaiserkult bei Mart. u. Stat.* 176.

P. 139. — 1*. Transmis par le seul *titulus*, le mot *eucharisticon* a tout l'air de venir de Stace cf. *soteria* 1,4 *titul.* On trouve *eucharistice* dans le lemme d'HORACE *C.* 1,36 ; désignant le poème lui-même, l'accusatif *eucharisticon (opusculum)* PAULIN DE PELLA *praef.* 289,17. Le poète rend grâces à Domitien de l'avoir invité à sa table, avec des sénateurs et des chevaliers 32 sq., non nécessairement, malgré 60, pour fêter un nouveau consulat, dans la Domus Flavia, v. à 1,1,34. Stace « s'acquitte » en « célébrant » — cf. 7 — la fête qu'il décrit — *monstrat* 3 — et dont il fait l'éloge — *laudat* 1 — avec les moyens de l'épopée 8 sq. Style à part, le poème est de l'espèce de 1,6, l'ἔκφρασις y étant encore plus limitée et pénétrée — cf. 20 sqq., 31 — par l'ἐγκώμιον. Il est d'ailleurs dans un rapport étroit avec la suite d'épigrammes de MARTIAL 8,36 ; 39 (décembre 92-mi 93) ; 9,91 (mi 93-mi ou fin 94).

P. 140. — 5*. *Mensae citreae* cf. 3,3,94 : plateau de thuia, pied d'ivoire, BLÜMMER *Priv. Altert.* 124.

P. 141. — 3*. Phlegra où se localisait la Gigantomachie — 5,3,196 sq. *Phlegraea... proelia* cf. OVIDE *Met.* 10,150, PROP. 2,1,39, MART. 8,78,1 — fut identifiée avec la Thessalie — SERVIUS *Aen.* 3, 578 —, avec la Campanie — DIODORE 5,71, STRAB. 5,243 ; 245 —, avec Pallène, la péninsule occidentale de la Chalcidique — HÉRODOTE 7,123 DIODORE *l.c.* cf. LUCAIN 7,150 *Pallenaea fulmina* —. La mise en scène, qui relie le festin des dieux à la victoire de Pallène, est empruntée à MARTIAL 8,49 (50) 1 sqq. (cf. 78,1) *quanta Gigantei memoratur mensa triumphi | quantaque nox superis omnibus illa fuit, | qua bonus accubuit genitor cum plebe deorum | et licuit Faunis poscere uina Iouem : | tanta tuas celebrant, Caesar, conuiuia lauros* — les Suèves et les Sarmates étant les Géants vaincus par Domitien-Jupiter.

4*. Vespasien vécut soixante-neuf ans, SUÉTONE *Vesp.* 24.

5*. Variation sur le thème utilisé dans 22 : que Domitien habite indéfiniment la Domus Flavia ; à ce prix, il peut bien ordonner des apothéoses— celles de son frère Titus, de son fils Caesar, de Julia Augusta, dont le culte, avec ceux de Vespasien et de Flavia Domitilla, est assuré par les *sodales Flauiales Titiales* cf. 4,3,18 — et

« donner » des temples : il a autorisé le Sénat à construire le *templum diui Vespasiani* — dont il s'agit dès 87, v. à 1,1,31 ; il a édifié le *templum gentis Flauiae* cf. 4,3,18 ; 5,1,240 — mausolée familial, dans la *Regio VI ad malum Punicum*, sur le Quirinal, à l'endroit où il était né, SUÉTONE *Dom.* 1 ; 5, v. PLATNER-ASHBY *Topogr. Dict.* 247, SCOTT *Imper. Cult under the Flavians* 64. Le temple Flavien apparaît dans le 9e livre de Martial (mi 93-mi ou fin 94), et avec une fréquence qui témoigne d'une consécration récente 1,8 ; 3,12 ; 20 ; 34,2.

6*. Dans un même mouvement, même association des Jeux Capitolins et des Jeux Albains chez MARTIAL 4,1,5 sq.

7*. V. à 3,5,28 sqq.

P. 142. — 2*. 4 *epist.* 8 *uiam Domitianam miratus sum* cf. 1,1, 9 ; 1,3,57 : l'admiration répond à l'ἦθος de l'ἔκφρασις ; sur l'ἔκφρασις v. à 1,1,1 : mais ici son sujet ne faisait même pas courir au poète le risque d'être enfermé dans un schéma d'École ; et sa rhétorique garde toute liberté. Au reste la description — les « navigations » de jadis 27-35, le travail des constructeurs 40-65, l'arc de triomphe 95-106 et quelques touches 1 sq., 72 sqq. — n'est pas l'affaire principale, mais l'éloge du prince. On voit s'accumuler les thèmes du λόγος βασιλικός et ceux en particulier qui s'inspirent de la religiosité impériale : 81 sqq. ; 128 sq. ; 134 sqq. ; 145 sqq. ; 153 sqq. , v. SAUTER *Röm. Kaiserkult bei Mart. u. Stat.* 22 ; 74 ; 23 ; 119 ; 154. On notera qu'alors que l'*epistula* 4,4 — cf. 1 sqq. — et le livre — cf. *epist.* 9 sqq. — prennent la Via Domitiana de Pouzzoles à Rome, c'est dans la fiction d'un voyage de Rome vers Naples que le poète, ici, l' « admire » cf. p. ex. 1-3 ; 102 ; 111 sqq. ; 114.

3*. Avant Sinuessa.

4*. Silius Italicus avait raffraîchi les souvenirs des *perfidi astus Hannibalis* MARTIAL 4,14,1 sqq.

5*. TACITE *Ann.* 15,42 avait sous les yeux les traces de l'effort vainement tenté par Néron pour relier par un canal navigable, le long de la mer, le lac Averne aux bouches du Tibre.

P. 143. — 2*. La voiture à deux roues — *cisium*, v. BLÜMNER *Priv. Altert.* 459 — a survécu dans la Campagne Romaine.

4*. Les distances dans *Tab. Peuting.* Sinuessa VII — Safo XII — Volturno XII — Literno VI — Cumas III — In uinias Co (*Mille passus* HÜLSEN) — Puteolis V — représentation de la crypte — Neapoli cf. *Itin. Anton.* 122, *Geogr. Rau.* 4,32 ; 5,2.

P. 144. — 2*. Deux étroits fossés parallèles délimitant la largeur de l'espace que la route devait occuper.

5*. Chacun des deux trottoirs — *margines* ou *crepidines* —, dont il n'est rien dit, offre du côté de la chaussée — *agger*, ici *iter* — un rebord, *umbo*, qui favorise la cohésion de celle-ci comme font également les *gonfi* — cf. VITRUVE 5,9,7 —, pierres en forme de coins, saillant de distance en distance le long des trottoirs. Stace omet les fossés latéraux pour l'écoulement des eaux de pluie ; à 54 sq. il s'agit d'autre chose.

6*. Qui formeront les dalles du *summum dorsum*.

7*. La cohésion du *gremium* est obtenue au moyen d'un mortier de chaux et de pouzzolane — *in Campania rubri et nigri tofi* VITRUVE 2,7,1 — v. NISSEN *Ital. Landesk.* 1,256.

8*. Exemples d'école : le percement de l'Athos et la jetée d'un pont de bateaux sur la mer d'Hellé par Xerxès, HÉRODOTE 7,21 ; 7,33 cf. CICÉRON *De fin.* 2,112 etc., les vaines tentatives de Démétrius, de Jules César, de Caligula, de Néron pour ouvrir l'Isthme de Corinthe — où Ino-Leucothéa, qui y échoua, était honorée d'un culte, v. à 2,1,180 — cf. PLINE *NH.* 4,10 *nefasto, ut omnium exitu patuit, incepto,* texte avec lequel s'accorde STACE 59, restitué à coup sûr d'après PLINE 10,37 : *cliuia-ae* « oiseau de mauvais augure » est fait sur *cliuis -e* P. FESTUS 56 L. de la langue augurale (irl. *clé* v. gall. *cledd* got. *hleiduma* « gauche » ERNOUT-MEILLET *Dict. étym.* à *clī-*).

9*. Entre le commencement et la fin de la Via Domitiana, marqués par le Massique, au sud-est de Sinuessa, et le Gaurus, au nord-ouest de Pouzzoles.

P. 145. — 6*. La soumission volontaire du Fleuve à Domitien — 1,4,79 *patiens Latii iam pontis Araxes* — s'exprime en style hymnique (anaphore du pronom *tu*).

P. 146. — 3*. Le dos de la *plaga* est, bien entendu, autre chose que celui de la chaussée v. 44. On ne voit pas dans le texte si le dallage de la route était ou n'était pas, comme celui du pont, *marmorata,* v. BESNIER, *DA.* 5, 185.

5*. Cf. 5,1,88 sqq.

6*. Le v. 111 concerne à la fois les Orientaux qui, débarqués à Pouzzoles, montent vers Rome 107 sqq., et le Romain qui descend sur Baïes 112 sq.

7*. Le temple légendaire — VIRGILE *Aen.* 6,14 sqq. — et contenant le xoanon de l'archégète — CAELIUS ANTIPATER 54 P. — se dressait sur le mamelon oriental de l'Acropole et signalait la doyenne des colonies grecques d'Occident, alors déchue 4,3,65, v. NISSEN *Ital. Landesk.* 2, 723 ; cf. PETERSON *Cults of Camp.* 50.

P. 147. — 4*. Le prince substitut de Jupiter sur la terre, VALÈRE MAXIME 1 *praef.* 1, SÉNÈQUE *De clem.* 1,1,2, PLINE *Pan.* 80,4 etc., v. SAUTER 74 sqq.

5*. Dieu sur la terre, le prince l'emporte sur la Nature, confondue par le Stoïcisme avec la Providence, CICÉRON *ND.* 2,22,58, SÉNÈQUE *De ben.* 4,7,1 v. SAUTER 23. S'il était aussi dieu dans le ciel, la nature serait corrigée, cf. 5,1,164 sqq.

6*. V. à 1,1,74.

7*. Domitien va apprendre son destin de la Sibylle elle-même, et non plus de ses Livres interprétés par le Collège qui en a la garde, v. RZACH *P-W.* 2 R. 2, 2106 sqq.

P. 148. — 7*. Les vv. 155 sqq. — v. app. crit. —, en liaison avec VIRGILE *Aen.* 6,791-805 *(laudes Augusti)*, se tiennent sans correction ni transposition. Le premier reprend l'annonce des triomphes orientaux : Domitien suivra en Inde la trace des dieux avec lesquels il est souvent comparé — SCOTT *Imp. Cult under the Flav.* 141 sqq. —, Hercule (v. PRELLER *Gr. Myth.* 2, 220, DÜRRBACH *DA.* 3, 97) et Bacchus = VIRGILE 794 ; 804 sqq. L'empereur s'enfoncera aussi dans le Sud 156 sq. *ultra sidera flammeumque solem* = VIRGILE 795 *iacet extra sidera tellus,* | *extra anni solisque uias* —, au delà, non des astres (pas de terre qui ne soit sous les astres cf. SERVIUS *ad u.*), mais des signes du zodiaque et de l'écliptique, aux lieux où la tradition poétique reculait les sources du Nil et l'Atlas (= VIRGILE 795 sq.).

8*. Comme il fit en janvier 93, v. à 3,3,170 sq.

9*. V. à 1,6,101 sq.

P. 149. — 2*. Napolitaines — cf. 78 et à 1,2,262 sq.

4*. Sur la rive droite, « étrusque » — *Lydia* comme 1,2,190 ; 3,3, 191 — du Tibre et serré entre le fleuve et les collines, le *stagnum nauale* semble être la *naumachia* creusée par Domitien *iuxta Tiberim* SUÉTONE 4 et 5, DION CASSIUS 67,8 (à l'occasion du triomphe de 89) ; la Notitia signale *naumachias V* dans la 14e région *trans Tiberim* entre le *Vaticanum* et les *Horti Domities* RICHTER *Topogr.* 374, v. GSELL *Domitien* 116, JORDAN *Topogr.* 1, 3, 661, JANSSEN *Suet. uita Domit.* diss. Groningen 1919, 29.

5*. *Horti Agrippinae, Horti Domitiae* PLATNER-ASHBY *Topogr. Dict.* 264 ; 267 ?

6*. *Canis, canicula maior,* v. à 1,3,5 et OVIDE *Am.* 2,16,4 *Icarii stella proterua canis* : la légende de la chienne de la fille d'Icarios — Érigone « la Vierge » —, qui reçut de Zeus ou de Dionysos une place avec sa maîtresse parmi les constellations, avait été fixée dans le poème d'Ératosthène, v. ESCHER *P-W.* 6,451.

7*. Dans la vieille ville latine qui, sanctifiée par le culte de Fortuna cf. 1,3,80, occupait cinq terrasses du versant de l'Apennin, v. NISSEN *Ital. Landesk.* 2, 620 ; aux bois de Némi dominant Aricia ; parmi les chênaies du *mons gelidus, niualis* HORACE *C.* 1,21,6, *C.S.* 69 etc., qui émergeait de 350 m. au-dessus d'Albe, v. NISSEN 596 sq.

P. 150. — 2*. Tradition universelle : PLINE *NH.* 28,24 *quin et absentes tinnitu aurium praesentire sermones de se receptum est.*

3*. Le soleil — Ὑπερίων est un surnom d'Helios « celui qui parcourt les hauteurs » *Il.* 19,398, *Od.* 1,24, avant d'être le nom de son père, dès l'*Od.* 12,176 : Stace, ici et 5,2,55, suit l'ancienne tradition, après LABERIUS *ap.* AULU GELLE 10,17,4, OVIDE *Met.* 8,565 etc. — semble parcourir, approximativement entre le 20 juillet et le 20 août, le signe du Lion de Némée : ici, comme 5,2,49 et *Theb.* 1,487, substitution savante à *Nemeaeus* de l'adjectif tiré du nom de Cléones — PLINE *NH.* 4,20 *Clitorium, Cleonae : inter quae duo oppida regio Nemea est,* v. E. MEYER *P-W.* 16, 2316 — comme déjà CALLIMAQUE (?) *ap.* ETIENNE DE BYZANCE *s.u.* Ἰώνη et SUIDAS *s.u.* Κλεωναίου χάρωνος, SÉNÈQUE *H.F.* 798, LUCAIN 4,612, etc.

P. 151. — 2*. Le tombeau de Virgile était sur la Via Puteolana *intra lapidem secundum* DONAT *Vita Verg.*, v. BELOCH *Campanien* 85 — lieu vraiment cultuel cf. PLINE *Ep.* 3,7,8, MARTIAL (de Silius Italicus) 11,48 ; 50 (49).

P. 152. — 1*. Sur le « petit » C. Vitorius Hosidius Geta v. à 4 *epist.* 1, *Prosop.* 3,545, STECH *Klio* Beih. 10, 1912, 123 ; le *belliger auos (maternus)* est Cn. Hosidius Geta, consul suffect avec L. Vagellius en septembre 43 ou 45 *CIL*. 10, 1401 = Dessau 6043, v. Groag *P-W*. 8, 2491 ; il avait été, en 42, selon toute vraisemblance, au sortir de la préture, *legatus Augusti in Mauritania*, poussant, après la défaite de Salabus, jusqu'au désert ; et, en 43, commandant, sous Plautius, une légion et ayant décidé par son action personnelle du premier combat livré sur le sol de Bretagne, il avait obtenu, non consul, les *ornamenta triumphalia* Dion Cassius 60,20,4 (Γαῖος cod. Marcianus 395 Γναῖος Reimarus et vulg., cf. pourtant Groag 2490 sq. qui voit dans le triomphateur un frère du consul) ; v. Mommsen *CIL*. 10, p. 159 n. 1, *Prosop*. 2,148, Postgate *Cl. Rev*. 1906, 306, Groag *l.c.*, Stech 34.

2*. La phrase n'a de sens que si Vitorius Marcellus, marié dans une famille patricienne, était né chevalier — autrement, mais par confusion, Stein *Röm. Ritterst*. 372 — ; et de fait nous connaissons son père M. Vettius Marcellus, propriétaire à Téate, dans le pays des Marrucins, Pline *NH*. 2,199 ; 17,245 = Stace 85 ; procurateur de Néron *CIL*. 9, 3019 = Dessau 1377, Pline 2,199, il était *e primis equestris ordinis* Pline 17,245 cf. 2,199, v. Stein 100.

5*. V. à 75.

6*. Comme Thèbes — v. à 3,1,16 et aussi 5,2,124 —, l'épopée, maintenant achevée, est phénicienne par l'entremise de Cadmos.

P. 154. — 4*. La métrique de Stace est ici celle d'Horace, avec plus de sévérité. Finale d'alcaïque en hiatus 18,38,45,50 ; entre l'ïambique et le logaédique hiatus 55, aucune élision. Coupe de l'hendécasyllabe ; partout séparation de mots après la 5e syllabe, sans aucune élision. Structure de l'ennéasyllabe (ïambique) : jamais le groupe des 3e et 4e syllabes ne forme un mot ni une fin de mot ; pas de coupe après la première dipodie, sauf le cas d'un monosyllabe s'appuyant sur ce qui suit 7,27,55 ; à la différence d'Horace, jamais les 6e et 7e syllabes ne forment un mot ou un commencement de mot. Structure du décasyllabe (logaédique) : jamais, à la différence d'Horace, la trochée second ne forme un mot ou une fin de mot. Non plus que chez Horace, la 5e syllabe de l'hendécasyllabe et de l'ennéasyllabe (ïambique) n'est jamais brève ; mais jamais ne sont brèves chez Stace la syllabe initiale de l'hendécasyllabe, ni celle de l'ennéasyllabe (ïambique).

5*. Cf. les « printemps » d'Horace *C*. 1,4, ; 4,7 ; 4,12, mais aussi la suite de *AP*. 10,1 sqq. Sur le schéma *iam... iam* ; *nunc... nunc*, ἤδη... ἤδη v. à propos de Catulle 46,1 sqq. Hezel *Catull u. das griech. Epigramm* 1932, 25.

6*. Du nom de la ville arcadienne de Parrhasia la poésie savante a tiré un adjectif substitut d'*Arcadus* Virgile *Aen*. 8,344 ; 11,31. La périphrase *Parrhasis ursa* ou *Arctos* Ovide *Her*. 18,152, *Trist*. 1,3,48 « la Grande Ourse » évoquait la double transformation de Callisto, mère d'Arcas éponyme des Arcadiens, en bête par Junon, puis, par Jupiter, en constellation ; sur les difficultés offertes par le développement littéraire de la légende, dont nous n'avons pas gardé un exposé d'ensemble antérieur à Ovide, v. Adler *P-W*. 10, 1727 sq.

7*. Au moyen de l'alliance de mots obtenue par la substitution de *lumine* à un *igni*, Stace renchérit sur Virgile *Buc.* 7,49 sq. *hic focus et taedae pingues, hic plurimus ignis | semper, et assidua postes fuligine nigri.*

8*. De la médiocrité de ses biens 17 sqq.

P. 155. — 4*. Stace tire volontiers parti de cet argument, cf. 1,1,91 ; 1,6,98 ; 2,1,8 ; 3,3,97 ; 4,3,160 ; 5,1,32 ; 5,5,62 v. Dutoit *L'adynaton dans la poésie antique* 1936,143.

6*. Pline *NH.* 5,26 (des Syrtes) *uadoso ac reciproco mari diros.*

P. 157. — 2*. Le poème décrit un petit bronze de la collection de Novius Vindex, un *Hercules Epitrapezios* 4 *epist.* 15 et 4,6 *titul.* de Lysippe, que Martial décrit, à coup sûr en même temps, dans 9,43 et 44 (entre le milieu de 93 et le milieu ou la fin de 94). Des trois types voisins d'Hercule au repos, d'Hercule buvant, d'Hercule ivre, c'est du second que l'œuvre est un exemplaire. La base, formée d'un rocher sur lequel est étendue la peau de lion Stace 57 sq. Mart. 43,1 sq., porte la signature Λυσίππου Mart. 44, 5 sq. ; le dieu est assis, les yeux levés vers le ciel Mart. 43,3 sqq., une coupe dans la main droite Stace 56 sq. Mart. 43,4, la gauche légèrement appuyée sur la massue Stace 57 Mart. 43,4; sur certaines des copies et répliques conservées la tête, petite et couronnée, est barbue et le corps pèse sur la jambe droite. Impression de force joyeuse et aimable Stace 50 sqq. Mart. 44,3. Contraste — Stace 35 sq. Mart. 43,2 — entre cette force, qui est bien d'un dieu, et les dimensions du bronze, qui est haut d'un pied Stace 38 sq. — « surtout de table » Stace 45, en réalité statuette sainte Stace 32 ; 60 ; 73 ; 76 ; 80 Mart. 43,7 ; 9 v., avec Furtwängler *Lex. Myth.* 1, 2175, Ch. Picard *Rev. Arch.* 1911, 1, 260 sqq., qui, dégageant de trois textes d'Hésychius *s.u.* Εὐφράδης, Γιγρών, Πάταικοι la double équivalence ἐπιτραπέζιος = πάταικος et πάταικοι = θεοὶ Φοίνικες, reconnaît dans l'Hercule Epitrapezios un Hercule tyrien, un Melkarth — la statuette ayant été exécutée par Lysippe pour Alexandre après l'entrée dans Tyr en 332. Parfois difficiles à identifier, en bronze, en marbre, même en terre cuite, les exemplaires — une quinzaine — offrent de sérieuses variantes : catalogue dans Weizsaecker *Jahrb. arch. Inst.* 4, 1889, 109 ; y ajouter Ch. Picard 269, Pernier *Scritti Nogara* 1937, 365, Ἐφ. Ἀρχ. 1937, 33, Wuilleumier *Tarente* 1939, 365 et voir, en dehors des ouvrages généraux, Stephani *Mém. Ac. St. Pétersbourg* 6e S. T. 8, 1855, 403, Ravaisson *Gaz. Arch.* 10, 1885, 29 ; 65, Kalinka *Wien. St.* 12, 1890, 247, Ch. Picard 257, Wuilleumier *Trésor de Tarente* 18. Aux descriptions de Stace et de Martial correspondent le mieux, avec un moulage de l'École des Beaux-Arts de Paris, les deux petits marbres du Louvre, Ravaisson pl. 7, et le petit bronze — haut, il est vrai, de 0 m. 75 — du Musée de Naples. Il n'est pas douteux que l'Hercule Epitrapezios ne soit l'œuvre de Lysippe. Il n'y a pas de raison de croire que la statuette de Vindex ait été un original. Sur l'ἔκφρασις et, en particulier, d'une statue, v. à 1,1,1. Martial 44, en hendécasyllabes, est strictement épigrammatique. Entre les sept distiques de 43 et le poème de Stace la concordance — mis de côté le prélude 1-31 de celui-ci — est parfaite : la statuette STACE 32-58 MART. 1-6, ses possesseurs Alexandre, Hannibal, Sulla, Vindex enfin STACE 59-109 MART. 7-14. Et l'analyse interne ne laisse pas voir si le poème a amplifié l'épigramme ou l'épigramme réduit le poème. Le prélude, qui représente la soirée improvisée et la *bona nox* passée chez Vindex à table et parmi les œuvres d'art, fait écho au *sermo* d'HORACE : 1 = *Serm.* 1,9,1 ; 3 = 2,8,1 ; 8 sqq. = 2,4,12 sqq. notamment 40 ; 2,8,6 sqq. notamment 43 sqq. ; *Epist.* 1,15, 22 sq. v. P. FRIEDLÄNDER *Johannes von Gaza* 62. Quant à l'ἔκφρασις, on ne l'enfermera pas dans un schéma d'École parce que le dieu est décrit de la tête vers le bas 55 sqq. = APHTHONIOS, NICOLAOS *Rh. Gr.* 2,46 ; 3,492 Spengel, ou qu'une place est réservée à l'ἦθος de la figure 50 sqq. = NICOLAOS 492, LOHRISCH *De Statii stud. rhetoricis* diss. Halle 1905, 83. Le poète se soucie moins de « faire voir » l'objet que de faire sentir le génie de l'artiste qui a réalisé quelque chose de si grand avec si peu de matière 35 sqq. cf. MART. 43,2 *exiguo magnus in aere deus,* SÉNÈQUE *Epist.* 53,11 *magni artificis est clusisse totum in exiguo.* Et nous n'avons pas affaire ici à une épigramme développée parce que nous nous trouvons en présence de quelques motifs, banals, d'épigramme : 36 = *A Plan.* 81 (PHILIPPE), 216 (PARMÉNION) etc., 50 sqq. = *A Plan.* 102 (adespote) etc., v. P. FRIEDLÄNDER 62 sqq. Non plus que, dans l'histoire du petit bronze, à une transposition directe du motif de l'épopée qui énumère les possesseurs d'un objet depuis le jour où il sortit des mains d'un divin artisan, APOLLONIOS DE RHODES 4,423, MOSCHOS 2,37, v. GEISSLER *Ad descriptionum historiam symbola* diss. Leipzig 1917, 52. Certes le poème est bourré de souvenirs littéraires et il n'est pas exempt de rhétorique. Mais il procède du vécu. Il est fort improbable que Stace ait pris à Martial ou Martial à Stace l'invention des trois étapes prestigieuses de l'Hercule : ils la tenaient de Vindex lui-même, qui ne devait pas manquer de fantaisie. Et ils y trouvèrent l'occasion d'une comparaison avantageuse, STACE 89 sqq. MARTIAL 11 sqq. Le poème de Stace est encore un remerciement ; et, une fois encore — comme dans 1,3 ; 5,6 ; 2,2 ; 3,1 ; 4,3 — la description est orientée vers l'éloge.

3*. Les *Saepta Iulia,* vaste portique rectangulaire à sept travées, s'étendaient au Champ de Mars le long de la Via Lata (Corso Umberto) ; destinés par César aux réunions des Comices et achevés par Agrippa, ils avaient perdu depuis Tibère tout caractère politique et étaient devenus, munis de boutiques et peuplés d'œuvres d'art, un lieu de promenade et de rendez-vous ; les dommages de l'incendie de 80 avaient été réparés par Domitien : d'où un surcroît de vogue cf. MARTIAL 2,14,5 ; 57,2 ; 9,59,1 ; 10,80,4, PLATNER-ASHBY *Topogr. Dict.* 460.

5*. *Tirynthius,* désignant tout ce qui a rapport à Hercule, est stéréotypé. Une tradition secondaire, argienne, faisait naître le héros non à Thèbes mais à Tirynthe, DIODORE 4,10, APOLLODORE 2,4,6 sqq., version phénéate *ap.* PAUSANIAS 8,14,1 sq. v. DÜRRBACH *DA.* 3,82. La νὺξ μακρά — PLATON, PLAUTE *Am.* 113 ; 271 sqq. — joignait d'ordinaire trois lunes, APOLLODORE 2,4,8, DIO-

DORE 4,9 et STACE lui-même *Theb.* 6,288 ; 12,301 ; deux, comme ici, dans HYGIN 29, OVIDE *Am.* 1, 13,45, *Trist.* 2,402, PROPERCE 2,22,26 etc.

6*. Substitution poétique des perles aux cailloux blancs — *schol.* PERSE 2,1 — et, métrique, d'une périphrase banalisée LYGDAMUS 3,3,17, PROPERCE 1,15,7, MARTIAL 5,37,4 etc. au technique *margarita.*

P. 158. — 4*. *Amphitryoniades* cf. *Theb.* 1,486 ; 5,401 etc. — mot long à résonance héroïque — v. MAROUZEAU *Stylistique* 95 — dès CATULLE 68,112 et, à la même place du vers, VIRGILE *Aen.* 8,214, PROPERCE 4,9,1. Stace n'a pas plus scrupule à évoquer Amphitryon après la double nuit — v. 17 — qu'Homère à désigner successivement Hercule *Il.* 5 comme παῖς Ἀμφιτρύωνος 392 et comme υἱὸς Διός 396.

5*. En appuyant dessus : détail tiré d'un épisode humoristique de la navigation des Argonautes, APOLLONIOS RH. 1, 1167 sq., suivi par VALERIUS FLACCUS 3,476 sq.

P. 159. — 2*. V. à 1,1,4.

4*. V. à 3,1,40. Il ne s'agit pas ici de la vieille ville d'Aléa, d'où le culte de l'Athéna locale — PAUSANIAS 8,23,1, *IG.* 5,2, p. 74 — avait été transporté de bonne heure à Tégée — la construction du temple tégéate d'Athéna Aléa étant attribuée à l'éponyme Aléos, père de la prêtresse Augè — PAUSAN. 8,45,4, HYGIN 162, *IG.* 5,2, p. 1, v. DUGAS, BERCHMANS, CLEMMENSEN *Le sanctuaire d'Aléa Athéna à Tégée au IV*e *siècle* Paris 1924 —. C'est près d'une source au nord de ce temple, qui s'adjoignait un bois et un asile — PAUSAN. 2,17,7 ; 3,5,6 — qu'Hercule avait fait violence à Augè, PAUSAN. 8,47,4. Stace désigne donc la déesse par son seul surnom — comme *IG.* 5,2,75 ; 262, *BCH.* 1912, 353, DUGAS 1 n. 6 —, au rebours de ce qu'il fait *Theb.* 4,288 *templumque Aleae nemorale Mineruae.* On notera pourtant que dans *IG.* 5,2,3 (lois du IVe siècle av. J.-C.) Ἀλέα est une partie du περίβολος du temple de Tégée.

5*. MARTIAL, 9,43,4 *cuius laeua calet robore.*

P. 160. — 2*. V. à 2,7,93.

3*. Le sacrifice des Sagontins, quand en 219 Hannibal, malgré la protection des Romains, eut emporté leur ville — FLORUS 1,22,6 *uersa denique in rabiem fide immanem in foro excitant rogum, tum desuper se suosque cum omnibus opibus suis ferro et igne corrumpunt* —, demeuré exemplaire, venait d'être célébré une fois de plus par SILIUS ITALICUS 2,592 sqq. C'est dans SILIUS aussi 1,273 ; 505 etc. qu'il était fait état de la fondation de Sagonte par Hercule, en liaison avec la légende — toute politique et forgée par la diplomatie romaine dans son débat avec Hannibal sur les zones d'influence fixées en Espagne par le traité de l'Èbre — d'une Sagonte grecque — et échappant à ce titre à Carthage — dont le nom était celui de Zakynthos, fils de Dardanos, et de l'île de la mer Ionienne où il s'était établi, cf. STRABON 3,159, TITE LIVE 21,7,2, PLINE *NH.* 16,216 etc.

4*. Pour Sulla aussi l'Hercule Épitrapézios pouvait être autre chose qu'un « surtout de table » : VALÈRE MAXIME 1,2 ext. 3 *(de simulata religione) L. Sulla, quotiens proelium committere destinabat, paruum Apollinis signum Delphis sublatum in conspectu militum complexus orabat uti promissa maturaret* cf. STACE 5,3,293.

5*. MARTIAL 9,43,11 *offensus uariae tumidis terroribus aulae | priuatos gaudet nunc habitare lares.*

6*. V. à 4 *epist.* 15 et à 4,4,20.

P. 162. — 2*. Essai en strophes saphiques, v. à 4,5 *titul.* Comme dans 4,5, la métrique est horatienne, mais sans tricherie dans la distinction des vers, sans élision ni hiatus en fin de saphique ; la coupe dans le saphique est toujours après la cinquième syllabe ; l'adonique est onze fois du type 3 + 2, trois fois du type 2 + 3. Comme 4,5 encore, le poème est d'une espèce nouvelle 6 *noui... plectri*, mais non plus pour le seul poète ; il est nouveau à Rome — au moins — 10 *ab intonsa... myrto | serta* ; Stace en réclame l' « invention ». Nous n'avons pas ici à proprement parler un γενεθλιακός — v. à 2,7 *titul.* — : il ne s'agit pas d'un anniversaire de naissance, mais, comme dans 4,6, d'une naissance ; nous avons ici une lettre de félicitations. Ce que Stace a « inventé », c'est apparemment la *gratulatio* lyrique. En elle-même, et, à plus forte raison, vis-à-vis de l'épopée, une telle espèce est « menue » 3 sq. *ingens opus in minores | contrahe giros*, 9 *carmen tenuare tempto.* La Muse dont elle relève n'est plus Calliope — invoquée 3,1,49 — mais Erato, v. 2. Erato est invoquée 1,2,49 par Stace peut-être parce qu'il songe à l'épithalame lyrique, en tout cas dans un épithalame. L'affinité des thèmes du mariage et de la naissance entraîne le nouveau poème dans le genre dont le myrte — *capienda (a) myrto serta* — est le symbole ; PLINE *NH.* 12,3 *Veneri myrtus* cf. CATON *AC.* 8,2 *murtus coniugulus*, PLINE 15,122 (*myrtus*) *coniugalis* ; et la troisième strophe ne s'explique que par le sentiment d'un rapport secret entre l'ode et l'érotique. Après qu'un préambule « littéraire » 1-12 a défini l' « invention », deux mouvements se répondent : vœu pour le retour de l'ami lointain et nécessaire 13-28, la naissance d' « un autre Maximus » 29-56 — les quatre dernières strophes accueillant tout naturellement plusieurs τόποι du γενεθλιακός : longue vie à l'enfant 41, qu'il fasse carrière 42, surtout — glissement vers l'ἐγκώμιον — qu'il suive les exemples des siens 43 sqq. = MÉNANDRE *Rh. Gr.* 3,412 sq. Sp.

6*. V. 4 *epist.* 20 et à 17 sqq.

7*. Sur les mines d'or de Dalmatie v. à 1,2,153. Pour les anciens l'or était χλωρόν, ὠχρόν, *pallidum.* D'autre part la philosophie populaire avait imaginé un rapport pathétique entre l'exploitation des filons aurifères et la révélation des *pallidi inferi*, v. p. ex. OVIDE *Met.* 1,139 sqq. D'où la mise en scène de Stace d'après SILIUS ITALICUS 1,231 *Astur auarus | uisceribus lacerae telluris mergitur imis | et redit infelix effosso concolor auro*, qui renchérit sur LUCAIN 4,297 *se... tam longe luce relicta | merserit Asturiis scrutator pallidus auri.*

8*. Tu tardes à rentrer à Rome d'un rude pays lointain, alors que, moi, je suis pressé d'y aller, bien que je me trouve sur une terre moins éloignée, où j'ai vu le jour et dont les charmes me devraient retenir — la baie de Naples étant évoquée par le port de Baïes et le promontoire de Misène, v. à 2,2,77 ; 3,5,98.

P. 165. — 3*. Cf. 2,2,4 ; 3,5,102 : le Surrentinum est un vin de troisième classe dans le catalogue de PLINE *NH*. 14,64.

4*. La marina, d'où monte jusqu'à la Punta della Calcarella la maison de Pollius Felix 2,2 ; 3,1.

5*. Un frère de Menecrates plutôt que de Pollius Felix, v. à 4 *epist*. 21 sqq. ; la campagne où il obtint la *hasta pura* « la pique sans fer » peut avoir été celle de 86 contre les Nasamons, EUSÈBE-SAINT JÉRÔME *Chron*. a. Abr. 2102 = 85-86 (2100 = 83-84 vers. arménienne) 190 Helm *Nasamones et Daci dimicantes aduersum Romanos uicti*, v. GSELL *Domitien* 234, CORRADI *Diz. epigr*. 2, 1991.

6*. V. à 4,3,146.

P. 166. — 2*. Transposition poétique de la formule *ius trium (uel quattuor) liberorum (ius liberorum)*. De bonne heure on prit des mesures tendant à adoucir la législation familiale d'Auguste : dans le domaine du droit privé, l'octroi, par le Sénat, puis par l'Empereur, du *ius liberorum* n'exemptait pas seulement l'homme sans enfant (pour les femmes cet octroi avait plus d'importance encore) des peines prévues par le lex Julia et par la lex Papia Poppaea, mais lui conférait les privilèges du père de trois (ou quatre) enfants ; il fut fait à Livie et à Caligula — DION CASSIUS 55,2 ; 59, 15 —, à Martial cf. 2,91 ; 92 et PRINZ *Wien. Stud*. 49, 1931 (1932) 148, à Pline le Jeune et à Suétone, *Ep*. 2,13,18 ; 10,94 ; 95 ; v. CUQ *DA*. 3, 1193, STEINWENTER *P-W*. 10, 1281.

3*. L'épithète *sacratis* est sans ambiguïté — v. SAUTER *Röm. Kaiserkult bei Mart. u. Stat*. 105, BERLINGER *Beitr. z. inoffiziellen Titulatur der röm. Kaiser* diss. Breslau 1935, 70 — : préfigurés dans le droit accordé par Domitien, les trois enfants, nés depuis, sont ses dons.

5*. La *gratulatio* se date de l'Albanum du poète.

6*. VIRGILE *Georg*. 1,498 sqq. *Di patrii* — Les dieux que — par l'intermédiaire de Cumes ou directement v. à 48 sq. — les colons eubéens apportèrent à Naples : Apollon 47 sq. (peu de traces : la tête du dieu sur les monnaies de bronze de la cité ; Apollon à Capoue, à Cumes — cf. 4,3,115 —, à Nuceria, à Pompéi, à Pouzzoles, à Ischia PETERSON *The Cults of Campania* 1919, 182 ; 355 ; 50 ; 292 ; 227 ; 103,220, Cérès 50 sq. (témoignages épigraphiques sur les prêtresses de Demeter Thesmophoros ; la déesse à Capoue, à Cumes, à Pompéi, à Pouzzoles PETERSON 185 ; 334 ; 64 ; 230 ; 105), les Dioscures 52 sq. (vestiges de leur temple dans l'église Sn Paolo Maggiore ; leur culte à Nuceria PETERSON 187 ; 293, *patrii penates* 54 — Parthénopè étant omise avec Sebethos.

7*. HOMÈRE *Il*. 2,536 ; 541,4,464, HÉSIODE fr. 96,13 ; 186 Rz. fournissent des témoignages sur la très ancienne peuplade des Ἄβαντες, qui passa de Phocide (où l'oracle Ἄβαι a conservé son nom v. WILAMOWITZ *Herakles*[2] 260) en Eubée, pour étendre sa domination de Chalcis et d'Érétrie sur la totalité de l'île v. TOEPFFER *P-W*. 1, 13. *Abantias* = *Euboea* PLINE *NH*. 4,64 ; *Abantius*

« eubéen » n'est pas attesté d'ailleurs (autrement, *Abanteus* Ovide *Met.* 15,164).

P. 167. — 2*. Les Dioscures sont nés à Thérapnè, où ils ont un temple dans le Φοιβαῖον, Pausanias, 3,20,2, mais aussi ὑπὸ Τηϋγέτου κορυφῇ, *Hymn. hom.* 33,4, cf. 17,3, v. Wilamowitz, *Textgesch. Bukol.* 184 n. 1. Vu de Sparte, évoquée ici par son législateur cf. 2,2,90, le Taygète *horrenda*, couvert de neige pendant les deux tiers de l'année — cf. 1,3,77, Sénèque *Thy.* 126, Lucain 5,51 —, se dresse comme un mur de plus de 2.000 mètres.

P. 168. — 1*. Sur Plotius Grypus v. à 4 *epist.* 24 ; sur le poème, dont le titre est suspect, 25 sq. *hendecasyllabos quos Saturnalibus* (de 94) *una risimus*. Les Romains, aux Saturnales, échangeaient entre eux, notamment entre patrons et clients, des cadeaux, à l'origine les *cerei* et les *sigilla* dont la signification rituelle s'était obscurcie, v. Nilsson *P-W.* 2 R. 2,204, ensuite, par contagion des coutumes grecques, les objets les plus divers, étant entendu que réciprocité n'était pas équivalence et que chacun se réglait sur ses ressources. La poésie devait s'en mêler. Les *Apophoreta* et même les *Xenia* de Martial, faits chacun d'un distique élégiaque, sont des étiquettes désignant les objets. D'un autre côté, les plaisanteries — *ioci Decembris* Martial 10,87,7 — provoquées par l'échange avaient fixé leurs thèmes dans la tradition d'un *lusus* dont l'hendécasyllabe était le mètre naturel. Rien dans la pièce de Stace qui ne soit dans Catulle 14 ou dans Martial 4,46 ; 88 (dist. élég.) ; 5,18 (choliambes) ; 84 ; 7,53 (dist. élég.) ; 72 (d'un dessein différent) cf. 7,46 et 8,33 (dist. élég.) : mauvaise plaisanterie que de rendre objet pour objet, que d'envoyer ou de renvoyer un objet de vil ou de moindre prix 1 sqq., 46 sqq., 7 sqq. = Cat. 4 sqq., Mart. 7,33,23 sq. ; recours à la loi du talion 54 sq. = Cat. 16 sqq., Mart. 5,84,9 sqq. ; énumération des cadeaux traditionnels, et plutôt des cadeaux du pauvre, du client 23 sqq. = Mart. 4,46,5 sqq., 4,88,3 sqq., 7,53,3 sqq., 7,72,2 sq. Dans un mouvement imposé par Catulle et qui s'arrête aussi sur une pointe, le poème se présente comme un adroit centon de Martial. A en croire Stace, il est sorti d'un de ces concours d'improvisation entre amis dont Catulle, avec Calvus, nous donne dans 50, sur un autre plan, un exemple. On a vu qu'en dehors de ce *lusus*, l'hendécasyllabe se rencontrait, comme chez Pline cf. *Epist.* 4,14, dans des « descriptions » 1,6 et 4,3 et, pour la raison qu'il était périlleux de chanter en vers épiques un maître de la poésie dactylique, dans le *genethliacon* de Lucain 2,7. La base est toujours spondaïque ; l'absence de la coupe n'est pas rare 1,6,3 ; 18 ; 20 ; 32 ; 45 ; 65, 102 ; 2,7,8 ; 25 ; 32 ; 50 ; 57 ; 64 ; 69 ; 80 ; 82 ; 85 ; 87 ; 93 ; 94 ; 105 ; 115 ; 123 ; 132 ; 4,3,16 ; 95 ; 133 ; 4,9,8 ; 19 ; 23 ; 26 ; 36 ; 37 ; 41 ; 55.

2*. Thème descriptif du *uolumen*, du « rouleau de papyrus », Catulle 22,4, Lygdamus 1,9, Ovide *Trist.* 1,1,3, Martial 1,66,10 ; 3,2,7 etc. v. Birt *Buchwesen* 64 sqq., *Abriss der antiken Buchwesen* 327 sqq.

5*. Vise à l'effet comique par l'inattendu du chiffre. Le livre, dans l'antiquité, était très cher, v. en dernier lieu Birt *Abriss* 322.

Le seul papier — *tomus uilis* 1,66,3 — d'un *libellus* de Martial valait de 6 à 10 sesterces, de 1 franc 61 à 2 francs 68 or — l'or ayant un bien plus grand pouvoir d'achat que dans les temps modernes — ; le premier livre des *Épigrammes*, *rasum pumice purpuraque cultum* 1,117,16, se vendait 5 deniers, 5 francs 37. Le volume de Stace lui a coûté 67 centimes : à ce haut prix, il peut ne pas compter sa peine ! A-t-il copié le livre de sa main ? En tout cas il en est l'auteur.

6*. Thème humoristique du sort du vieux bouquin, CATULLE 95,8, HORACE *Epist.* 2,1,269, PERSE 1,43, MARTIAL 3,2,3 ; 4,86,8.

7*. Plotius Grypus est encore *iuuenis* : l'épithète doit contraster avec 20 *Bruti senis*.

8*. L'expression est fixée — OVIDE *Trist.* 3,12,24, MARTIAL 3,38, 4 ; 7,65,2 ; 8,44,6 (décembre 92-milieu 93) *foro... triplici* — et ne tient pas plus compte du Forum transitorium — v. à 4,1,14 sq. — que du Forum Pacis.

9*. Le texte de Stace n'est guère appuyé du dehors ; mais l'expression est sans ambiguïté ; et il faut bien admettre — v. HIRSCHFELD *Kaiserl. Verwaltungsbeamten*[2] 1905, 195 n. 1 — qu'un homme de rang sénatorial a reçu, sans doute à titre exceptionnel, une fonction appartenant naturellement à des affranchis et à des chevaliers : du moins n'est-ce pas de l'armée que Plotius Grypus a assuré, au cours des étapes, l'approvisionnement — *annona sequens* — et le logement — *stationes* — mais de l'empereur lui-même cf. PLINE *Pan.* 20 ; et surtout *CIL.* 13, 1807 *exactori reliquor (um) annon(ae) sacrae expeditionis.*

P. 169. — 4*. Les dattes sèches cf. PÉTRONE, 40,8, et les figues sèches cf, PLINE, *NH.* 15,83, d'Égypte et d'Asie Mineure.

5*. *Globus* est synonyme de *massa* 1,6,18 cf. *Thes LL.* 6,2053, 41 et pour l'ensemble de l'expression PLINE *NH.* 12,89 *(sarmenta cinnami) mercator in massas condit.*

6*. CAPER 7,107,12 K. *alica non halica* ; pour le pluriel, il est sans autre attestation. Avec l'épeautre — qui peut être trop séché et durci *asperum far* — on fait l'*alica*, quelque chose qui tient le milieu entre la farine et le pain ; les épithètes sont de nature et contrastées.

7*. Cf. MARTIAL 8,33,25 ; application humoristique de l'épithète érudite 4,3,90.

8*. Avec la fleur de nitre, *spuma nitri* cf. MARTIAL 14,58, qui gardait sa couleur en cuisant cf. PLINE *NH.* 19,143, on faisait des pâtisseries.

9*. *Passum (uinum)* « vin de *passa uua*, raisin qui s'est fendillé en séchant au soleil », v. BLÜMNER *Priv. Alt.* 171 ; 202 ; ψιθία ἔλινος, *psithia (uitis)* « espèce de vigne *passo utilior* VIRGILE *Georg.* 2,93 cf. 4,269 » ; le pluriel peut être innové pour désigner les grains de la *psithia (uua)* PLINE *NH.* 14,81.

10*. *Defrŭtum*, avec VIRGILE *Georg.* 4,269 et MARTIAL 4,46,9, en face de *defrutum* PLAUTE *Ps.* 741, « moût réduit de moitié par la cuisson » PLINE *NH.* 14,80 ou « des deux tiers » VARRON *ap.* NON. 885,21 L.

11*. D'où sortait une vaisselle modeste cf. TIBULLE 2,3,48 *(Samiae testae) fictaque Cumana lubrica terra rota.*

P. 173. — 2*. L'affranchi (Flavius) Abascantus — *CIL.* 6, 8713, si elle le concerne, donne le prénom Titus —, chef du bureau de la correspondance administrative de l'empereur Domitien — *Aug. lib. ab epistulis,* sur la fonction v. à 85-100 —, à qui est envoyé l'épicède 5,1 en l'honneur de sa femme Priscilla, est visé par plusieurs textes épigraphiques 6,8598; 8599 (de deux de ses affranchis), 2214 (*extra portam Capenam* comme 8598) *T. Flauius Epaphroditus aedituus Abascanti et Priscillaes patronor(um)* cf. 8713 (cimetière de Calixte) *T. Flauius... aeditos T. Flaui... Caesar...* L'avant-dernier de ces textes et peut-être le dernier viennent de serviteurs chargés du culte funéraire de Priscilla, dont le tombeau était édifié sur la Via Appia 222-238. Jeune encore 11 ; 76 ; 197 ; 247, Abascantus avait épousé une patricienne 53, veuve d'un premier mari 45, et l'ambition de Priscilla semble avoir favorisé sa carrière 66 sqq. On ne le confondra pas, malgré CUQ *Études d'épigraphie juridique* 1881, 113, avec le *T. Flauius Aug. lib. Abascantus a cognitionibus* aux mânes duquel sa femme Flavia Hesperis dédie 6,8628, les fonctions de l'*a cognitionibus* étant inférieures à celles de l'*a libellis,* HIRSCHFELD *Kaiserl. Verwaltungsbeamten*[1] 209, 1, BANG dans FRIEDLAENDER-WISSOWA *S-G* 4[9-10] 88. Un *Ti. Claudius Aug. l. Abascantus a rationibus* 6,8411, BANG 27; le nom est d'ailleurs fréquemment attesté, sauf en Afrique, depuis le début de l'époque impériale jusqu'au milieu du 3e siècle *Thes LL.* 1,47, v. ROHDEN *P-W.* 6, 2530. On peut attribuer sans invraisemblance au secrétaire de Domitien les *balnea Abascanti* de la *Regio I Porta Capena, Not. reg. urbis* JORDAN *Top.* 2, 542. On a cru reconnaître des vestiges du tombeau de Priscilla, TOMASETTI *Campagna Romana* 2, 41; en 1485, à 5 milles de ces vestiges, au 6e mille de la Via Appia, on trouva dans un sarcophage sans inscription une momie dont on pensa qu'elle était celle de la jeune femme 225 sqq., TOMASETTI 2,89. V. *Prosop.* 2,62 sq., GSELL *Domitien* 69, v. ROHDEN *P-W.* 1,19, STEIN *Ib.* 6, 2529, FRIEDLAENDER-WISSOWA *S-G.* 1[9], 55 cf. BANG *l.c.*

3*. Avec le poème, l'éditeur antique a publié le billet d'envoi qui est, comme les *epistulae* des quatre autres livres, en prose métrique ; de même Martial, pour son propre compte, le billet à Toranius accompagnant l'épigramme qui lui est offerte *extra ordinem paginarum* du 9e livre ; le texte de Stace est complet ; tout au plus a-t-il perdu, au début et à la fin, les formules de politesse qui sont dans Martial. Si l'épicède, qui fait allusion à l'achèvement du temple de la gens Flavia visé dans 4,2,59; 4,3,18 et par MARTIAL 9,1,8 ; 9,3,12 etc. (milieu 93-milieu ou fin 94), avait été composé avant l'été 95, il aurait à coup sûr trouvé place dans le 4e livre ; d'un autre côté la fin du billet 11 sqq. n'a de sens que si Stace est à Rome, ou si du moins il prévoit qu'il y vivra assez pour pouvoir entretenir désormais des relations plus intimes avec le dédicataire.

4*. *Officiosus* exprime dans MARTIAL 5,22,13 le rapport entre un client et son *rex* ; ailleurs 1,70,2 ; 10,58,14 ; 12 *epist.* 4 (à double sens 10,88,2), comme dans Stace, il ne s'agit que des obligations sociales ou mondaines envers celui qu'on tient pour son supérieur ou dont on a besoin.

5*. Sur Claudia v. à 3 *epist.* 22.

6*. Déjà Phèdre 5,7,38 *superbiens honore diuinae domus*, *CIL.* 7,11 *<pr>o salute do<mus> diuinae* (dédicace par un *collegium fabrorum* d'un temple à Chichester, Ier siècle), Calza *Diz. epigr.* 2, 2062.

7*. Cf. Martial 8 *epist.* 15 (dédicace du livre à Domitien) *meminerit (liber) non nisi religiosa purificatione lustratos accedere ad templa debere* v. H. Frère *Mél. Thomas* 1930, 310, Sauter *Röm. Kaiserkult bei Mart. u. Stat.* 170 sqq. L'empereur étant dieu, sa maison est un temple dont les prêtres sont ceux qui touchent à sa personne, les *ab latere* — cf. 3,3,65 ; 5,1,80 ; 187, Lactance *Theb.* 2,312 *nudum latus : ab amicis desertum. Regum enim semper latera stipatorum satellitumque corona claudebat* —, auxquels, par une extension de sens, est appliqué le terme *latus* l. 9 cf. Martial 6,68,4 *tuum dulce latus* (le *puer* de Castricus).

8*. Sur l'*epicedion* v. à 2 *epist.* 8 et à 2,1,1, Au-dessus du *sacerdos*, le dieu : Stace n'est pas le premier qui ait tourné un épicède en éloge du prince, cf. Horace *C.* 2,9, *Eleg. in Maec.* 2 (= Stace 186 sqq.), surtout Martial 1,78 : on peut juger plus grande que celle de Caton la mort de Festus : 10 *huius Caesar amicus erat* (cf. *Eleg. in Maec.* 2,11 sq.). Mais nulle part les *blanditiae*, et celles en particulier qui découlent de la religion impériale, ne se sont donné si indiscrètement carrière, v. p. ex. la prière 72 sq., la προσκύνησις de Priscilla 110 sqq.

9*. Le poète ne s'adressera à Abascantus qu'au v. 127.

P. 174. — 1*. En prolongeant, dans les portraits qu'il fait faire d'elle, la vie de Priscilla, cf. 6 *Phidiaca...* nata *manu reddare*, 231 *in uarias mutata* nouaris | *effigies*. L'emphase de l'expression suggère le combat d'Hercule pour Alceste, Euripide 837 sqq. cf. 4,6,104 et à 3,1,172.

2*. Cf. 2,3,62 ; 3,3,215, thème de la pérennité de l'œuvre littéraire en face de la caducité de l'œuvre d'art, déjà dans Pindare *Nem.* 4,79.

4*. La thérapeutique d'un Chrysippe — Cicéron *Tusc.* 4,29,63 *uetat Chrysippus ad recentes quasi tumores animi remedium adhibere* — est à l'origine du soin que les consolations prennent de se dater : Stace a attendu ici un an ; pour lui-même, trois mois (par fiction) 5,3,29 sqq., un mois 5,5,24 ; à 2,1,1 sqq. il s'excuse de n'avoir pas attendu, cf. Sénèque *Ad Marc.* 1,7 *tertius iam praeterit annus*.

5*. Le texte a paru faire difficulté. Il se soutient pour peu que l'on reconnaisse dans *questus* 19 le lamento qui suit l'appel rituel du mort, cf. Tacite *Ann.* 3,2 *lacrimae*, Lucain 2,22 *planctus*, Apulée *Met.* 1,6 *deflere* à côté de *conclamationes*, *conclamatio*, *conclamare*. De l'épicède Abascantus aurait pu entendre sur-le-champ la *lamentatio*, v. à 2,1,1 ; la consolation lui en eût été intolérable ; la tolérera-t-il après un an ?

P. 175. — 2*. Cf. 5,3,278 ; combine Horace *C.* 2,13,33 *illis carminibus... | ...intorti capillis | Eumenidum recreantur angues* et Lucain 9,672 (de Méduse) *uigilat pars magna comarum* cf. Martial 7,1,2 *Medusaeae... ira comae.*

3*. Comparaison en porte-à-faux avec trois inconsolées de la fable, et qui, de surcroît, pleurent des enfants, Niobé sur le rocher de Sipylos — Ovide *Trist.* 5,12,8 —, Aurore privée de Memnon — Ovide *Met.* 13,622 *et toto rorat in orbe* —, Thétis battant de ses vagues — *hiemes* — la côte asiatique ; sur le tour donné à la comparaison, Dutoit *L'adynaton dans la poésie latine* 1936, 146.

4*. Cf. 76 sqq. ; mais ici, il s'agit moins de l'intelligence que du caractère cf. Martial 9,28,7 *nec poteram gratus domino sine moribus esse ; | interius mentes inspicit ille deus.* Prenant appui sur sa *censoria potestas* — depuis 85, Corradi *Diz. epigr.* 2, 2038 — cf. 4,3,14, Martial 1,4,7 ; 5,23,3 ; 6,4 etc., Quintilien 4 pr. 3, Suétone *Dom.* 8, Domitien a tenté une réforme morale ; restitution dela lex Scantinia contre le *stuprum cum uiro*, de la lex Julia contre l'adultère et le concubinat etc. Gsell *Domitien* 83 sqq. Sur le titre de *dominus* 42 ; 74 ; 94 ; 112 ; 261 v. à 1,6,83.

5*. La comparaison tire peut-être son origine de la poésie hellénistique et particulièrement de l'épithalame, si Ératosthène a employé, au témoignage de l'*Etymol. genuin.*, ἐν Ἐπιθαλαμίῳ le mot αὐροσχάς dans le sens de τὸ κατὰ βότρυν ὀπώρην v. Reitzenstein *Hermes* 1900, 96, faisant du mari le cep de la grappe. Elle a pris dans la poésie romaine une couleur nettement italienne : Caton *A.C.* 32 *arbores facito uti bene maritae sint* — Ovide *Am.* 2,16,41 *ulmus amat uitem, uitis non deserit ulmum*, déjà Catulle 61,106 et surtout 62,49 sqq. Hanté par l'idée des fruits qui couronneront les deux époux, et qui sont les succès du mari, Stace donne à Abascantus le rôle de la vigne et celui de l'ormeau à Priscilla ; comparer la légère indécision de Martial dans l'épithalame de Claudia Peregrina 4,13,5 *nec melius teneris iunguntur uitibus ulmi.*

P. 176. — 2*. Triple comparaison héroïque : avec Pâris et les prétendants de Pénelope — v. à 1,3,86 —, Thyeste : Vollmer *Ed.* 501 se demande si l'on ne pourrait pas construire *Mycenaeo auro* sur *casta* et entendre qu'Aéropé est demeurée fidèle à Atrée aussi longtemps qu'elle n'a pas livré à son beau-frère l'agneau d'or, Pearson *Fragm, of Soph.* 1,93, Séchan *Études sur la trag. gr.* 200 ; mais la construction serait difficile et l'agneau n'était que le gage antique du trône, *specimen antiquum imperi* Sénèque *Thy.* 223. Mieux vaut construire *Mycenaeo auro* sur *polluit* et supposer une version isolée de la légende, dans laquelle Atrée corrompait Aéropé pour la posséder ; il serait hasardeux de rapprocher Sénèque 224 *fraude turbauit domum.*

3*. Cf. — introduits, il est vrai, par un autre biais — 127 sqq.

4*. *Genius* cf. 1,1,57 sq., 4,2,26 — v. Sauter *Röm. Kaiserkult bei Mart. u. Stat.* 41 sqq. — n'est pas autre chose ici que *numen.* A l'idée de la divinité du prince se lie nécessairement celle de son épiphanie, v. Pfister *P-W.* Supp. 4, 277. *Praesens* coïncide avec παρών, qui est déjà dans le paean des Athéniens à Démétrius Poliorcète *ap.* ATHÉNÉE 6,253 σὲ δὲ παρόνθ' ὁρῶμεν v, SAUTER 51. Mais il s'était formé et développé accessoirement l'idée d'un partage de l'univers entre le prince, dieu présent de notre monde, et Jupiter, régnant loin de nous sur les cieux, cf. déjà HORACE *C.* 3,5,1 sqq. *caelo tonantem credidimus Iouem | regnare : praesens diuus habebitur | Augustus adiectis Britannis | imperio grauibusque Persis* et la variation courtisanesque de MARTIAL 7.60. La présence du prince s'entend donc par comparaison avec Jupiter ; d'où l'emploi par Stace des degrés 38 *propior Ioue,* 5,2,170 *proximus ille deus.*

P. 177. — 1*. Cf. 37 sqq. et v. à 5,1 *epist.* 9 dont le *latus omne* ne recouvre pas celui-ci.

4*. Les vv. 85-100 sont le témoignage le plus continu que nous ayons sur l'*ab epistulis*, HIRSCHFELD *Kaiserl. Verwaltungsbeamten*[2] 322, cf. BLOCH *DA.* 2, 712 sqq. notamment 716 et 722, ROSTOWZEW *P-W.* 6, 210 sqq. notamment 212 sq., FRIEDLAENDER-WISSOWA *S-G.* 1[9] 55. On sait qu'en raison de la coexistence des deux langues officielles, le bureau de la correspondance administrative impériale était divisé en deux sections, latine et grecque ; on voit vv. 89 ; 100 que, comme Narcisse, Abascantus les avait l'un et l'autre en main. Presque toutes ses fonctions sont énumérées ici :

a) 86-88 expédition des ordres concernant le gouvernement provincial : p. ex. une régularisation de frontières ἐξ ἐπιστολῆς sous Néron *IGR.* 3,335 ;

b) 88-93 réception des rapports des fonctionnaires (civils et) militaires ; Stace tire occasion de là pour évoquer les succès des guerres de Domitien dans toutes les parties du monde ; au Nord *ab arcto*, c'est-à-dire sur les fronts du Rhin et du Danube — *Danuuius* puis *Hister* PLINE *NH.* 4,79, MÉLA 2,3,57 — cf. 127 sq. MARTIAL 7,7,1 sqq., et en Grande-Bretagne — *Thyle* cf. 3,5,20 ; 4,4,62 ; 5,2, 54 étant symbolique ; pourtant sur la circumnavigation de 83 CORRADI *Diz. epigr.* 2, 1975 — et, éventuellement, en Orient cf. 4,3,154 et v. à 4,1,40 ; le laurier ou la plume annonçait en tête d'un message, comme à la pointe de la lance ou du javelot, la victoire ou la défaite *schol.* JUVÉNAL 4,149 et PLINE *NH.* 15,133 ;

c) 94-98 rédaction et expédition des lettres de nomination — *pandere* — des officiers aux *militiae equestres* — les nominations aux grades supérieurs sont notifiées par un *codicillus* de la main de l'empereur, *per epistulam sacram* VÉGÈCE 2,7 — : préfecture ou tribunat de cohorte auxiliaire 96, tribunat légionnaire *(angusticlauius)* 97, préfecture d'aile de cavalerie 98 — cet ordre correspondant non pas à celui qu'avait fixé Claude, SUÉTONE 25 *post cohortem alam, post alam tribunatum legionis* cf. *CIL* 14,2960, mais à celui qui s'atteste dans la quasi-totalité des inscriptions 6,1607 ; 10,6976 etc., v. KÜBLER *P-W.* 6, 302 ; précédant ces trois commandements, celui qui est visé par les vv. 95-96 a été l'objet d'une longue controverse ; le texte — v. app. crit. — est bon et s'explique : il ne s'y agit ni de *cohortes equitatae* (le verbe *frenare* est à prendre en général), ni d'un primipilat qui s'insinuerait dans les *militiae equestres* — contre Marquardt *St.-V.* 2, 368 ; 378 et Vollmer *Ed.* 503 v. en dernier lieu Stein *Röm. Ritterst.* 140, 2 —, mais de fils de chevaliers qui entraient comme centurions dans la carrière militaire, moins en vue d'avantages matériels que pour apprendre le métier — contre Cagnat *DA.* 3, 1055 v. Kübler, après Seeck, *P-W.* 6, 305 — : ce sont les *centuriones ex equite romano*, largement attestés dans les inscriptions 3,1480 etc. Cagnat *l.c.* et *Diz. epigr.* 2, 197, Kübler *l.c.*, qui abandonnaient temporairement leur qualité de chevaliers pour la reprendre quand ils avaient trouvé accès aux commandements des *militiae* ;

d) 99-100 correspondance avec les procurateurs : ici, avec ceux des provinces d'Afrique qui assuraient l'approvisionnement de l'Italie en grains.

5*. Hermès-Mercure ne porte pas le κηρύκειον *caduceum*, mais (cf. 2,1,189) la baguette ῥάβδος *uirga* — v. Boetzkes *P-W.* 11, 330, de Waele *Ib.* 2 R. 3, 1920 — comme dans Homère *Il.* 24,343, *Od.* 24,2 et dans les représentations figurées jusqu'au ve siècle — les deux attributs coexistant sur le vase publié par Harrison *Journ. Hell. Stud.* 1900, 101 fig. 1 = *DA.* 4947.

P. 178. — 4*. Priscilla est plus extatique que la Pythie et que la « première » Bacchante.

5*. Concordant avec Martial 4,8,10 *ingentique tenet pocula parca manu*, le témoignage trouve appui dans Suétone *Dom.* 21 *(ut) modicam in ampulla potiunculam sumeret.*

6*. V. à 88 sqq.

7*. Instituées par Auguste, Suétone 24 *disciplinam seuerissime rexit : ne legatorum quidem cuiquam nisi grauate hibernisque demum mensibus permisit uxorem interuisere.*

P. 179. — 1*. Les deux « divinités », généralement confondues, sont distinguées, pour être, comme le note Vollmer, *Ed.* 505, de nouveau confondues au v. 144.

P. 180. — 2*. V. à 4,3,134 sqq.

3*. V. à 3,2,7.

P. 181. — 2*. Il est admis une fois pour toutes par l'épicède que, sous le coup de la mort de celui que nous aimons, nous perdons la parole : Orphée — la phraséologie d'Ovide *Met.* 6,490 etc. a tiré du nom des Odryses, installés sur les bords de l'Hèbre, un substitut de *Thracius* ; et déjà Valerius Flaccus 5,440 *Odrysium carmen* — est réduit par Stace au sort commun, cf. au contraire 5,5,53 sq. ; le développement de la comparaison fait état, comme l'a vu Vollmer *Ed.* 507, d'une tradition critique qui se saisit dans Platon *Symp.* 179 D : le citharède a manqué de cœur, qui, au lieu de mourir comme Alceste, s'est ingénié à obtenir, vivant, l'accès de l'Hadès ; Abascantus, lui, serait mort avec Priscilla, s'il n'avait été retenu par l'amour — *maior amor* — de Domitien.

3*. L'expression, généralement méconnue — v. app. crit. —, reproduit une formule qui devait être officielle dans les pays de langue grecque.

P. 182. — 2*. Le relief du tombeau des Haterii, Blümmer *Priv. Alt.* fig. 75, illustre cette description — cf. Perse 3,103,

PÉTRONE 78,5 — du lit de parade *lectus funebris*, haut sur pieds, chargé de deux épais coussins — de soie — et surmonté d'un dais — de pourpre.

3*. L'Almo, Acquataccio, est un ruisseau qui, formé entre les Voies Latine et Appienne, se jette dans le Tibre à un kilomètre au sud de la Porta Ostiensis. C'est dans ses eaux que se faisait le 27 mars de chaque année la *lauatio* de la Grande Mère des dieux — vieux rite agraire ayant pour vertu d'attirer la pluie, mais devenu, sous l'action de l'anthropomorphisme, le complément de la hiérogamie de Cybèle qui, après ses noces mystiques, se purifie par le bain v. GRAILLOT *Culte de Cybèle* 136 sqq. — : avant Stace, *CIL.* 6, 2305 ; 2306, OVIDE *Fast.* 4,337 sqq., LUCAIN 1,600, avec lui VALERIUS FLACCUS 8,239, SILIUS ITALICUS 8,363, MARTIAL 3,47,2. Dans l'Almo la déesse oublie le Gallos pessinontien. Mais elle n'y dépose pas ses gémissements : entre le *dies Sanguinis* — le 24 mars — où se sont célébrées les funérailles d'Attis, v. GRAILLOT 126, et la *lauatio* se sont intercalés, le 25, les *Hilaria* qui ont hurlé sa résurrection, v. GRAILLOT 131 — le 26 étant un jour de repos férié, *requietio*.

4*. Les vv. 225-231 décrivent l'embaumement de Priscilla dont la momie est déposée dans un sarcophage de marbre cf. TACITE *Ann.* 16,6 (de Poppée) *corpus non igni abolitum, ut Romanus mos, sed regum externorum consuetudine differtum odoribus conditur tumuloque Iuliorum infertur.*

5*. Dans le tombeau disposé en forme de temple, avec des coupoles et des niches, — et fort semblable à celui qu'un marchand de Gabies éleva en 168 à sa fille et qui est décrit *CIL.* 14, 2793 = DESSAU 5449, v. FRIEDLAENDER-WISSOWA *S-G.* 2[10] 366 — étaient placées au moins quatre statues de Priscilla représentée sous les traits d'autant de déesses — parmi lesquelles Ariane *lucida* en raison de son καταστερισμός —, selon un usage assez largement attesté même en dehors de la maison impériale cf., outre le texte précédent (la défunte en Vénus), 6, 6826 ; 10958 ; 15594 = DESSAU 8063[c], KAIBEL 705, v. FRIEDLAENDER-WISSOWA 3[10]79.

P. 183. — 1*. Les *aeditui* — v. les deux textes épigraphiques à 5,1 *epist. titul.* —, anciens serviteurs de Priscilla, chargés de l'ordonnance de son culte funéraire.

2*. Sur le *templum gentis Flauiae* cf. 4,3,18 et v. à 4,2,59. *Si parua licet* — v. la comparaison 242 sqq. —, le tombeau de Priscilla procède du même esprit que le mausolée impérial.

3*. L'accueil du mort dans l'Élysée cf. 3,3,22 ; 5,3,284 : ce n'est pas une fiction de Stace, malgré LEO *Culex* 82, mais un motif ancien qui remonte peut-être à l'orphisme, v. MAASS *Orpheus* 238. HYPÉRIDE *Epit.* 35, Léosthène et ses soldats sont reçus par les héros de la guerre de Troie et par les régicides Harmodios et Aristogiton ; TIBULLE 1,3,57 imagine qu'il sera introduit par Vénus vers la région des amants ; OVIDE *Am.* 3,9,61, Tibulle est reçu par les élégiaques ; l'entrée de Priscilla offre une étonnante ressemblance avec celle du *Culex* 261 sq. *obuia Persephone comites heroidas urget* | *aduersas perferre* (tous les mss. sauf un, *praeferre* MARKLAND et le *Corsinianus*, ignoré de lui) *faces* ; mais alors qu'il est tout naturel que Ἥρα κούρα, *Iuno Stygia*, envoie au-devant d'une bonne épouse, avec des *faces laetae* et des guirlandes de fleurs, les héroïnes de la fidélité conjugale, on voit mal comment elle peut se déranger en personne, avec Alceste, Pénélope, Eurydice, pour recevoir le moucheron ; et Plésent *Culex* 59 sqq., 122 sqq. a sans doute raison de maintenir la leçon *perferre* (*praeferre* a été rétabli d'après Stace) et de supposer que la déesse et ses suivantes interdisent l'accès des Champs Élysées au *culex* qui a bien fait le sacrifice de sa vie, mais dont le corps n'a pas encore reçu les honneurs de la sépulture. Ainsi Stace, dans l'exploitation du motif traditionnel, aurait recouru à une imitation inversée.

P. 184. — 1*. (M. ?) Vettius Bolanus — qui porte en guise de cognomen un gentilice, comme la gens Vettia de Milan cf. *CIL.* 5, 5849, dont il doit être, Hübner *Eph. epigr.* 2,34 — fut consul suffect avant 69, peut-être en 66 ; il avait été auparavant *legatus legionis* en Arménie sous Corbulon : c'est lui qu'avec L. Verulanus Severus le général envoie en 62 secourir Tigrane chassé du royaume par Vologèse, Tacite *Ann.* 15,3, Stace 31 sqq., 141. Plus tard il est, en 69-70, *legatus Augusti* en Bretagne, Tacite *Hist.* 2,65 ; 97, *Agric.* 8 ; 16, Stace 54 sqq., 142 sqq. ; gouverneur d'Asie sous Vespasien, Waddington *Fastes des prov. asiatiques* 1,145, Stace 56 sqq. Il meurt avant 93-94, Stace 64 sqq., sans qu'on sache s'il a survécu à sa femme, condamnée à mort pour avoir tenté d'empoisonner un fils, Stace 76 sqq. V. *Prosop.* 3,411 n. 323, Stech *Klio* Beih. 10, 1912, 7 n. 33. De ses deux fils jumeaux — Stace 65 ; 75 ; cf. 126 — l'un est certainement M. Vettius Bolanus, consul ordinaire en 111, *Prosop.* 3,411 n. 324, Stech 100 n. 1492 ; le dédicataire du poème, Crispinus, n'est connu que par Stace, *Prosop.* 3, 411 n. 325, Stech 96 n. 1378 : quand ce poème est écrit, en 95-96 (v. à 1), il est dans sa seizième année 12 ; il a failli être victime du crime de sa mère, à laquelle il pardonne 76 sqq. ; l'illustration de sa naissance 15 sqq. cf. 8 ; 27 lui a valu d'être Salien 130 sq. ; cultivé 71, il a déjà plaidé devant les Centumvirs 99 sqq. ; il vient d'être nommé *tribunus militum* 174 sqq.

3*. L'Étrurie : à la terre des Τυρσηνοί est lié le nom de l'inventeur de l'haruspicine, Cicéron *De diu.* 2,50.

4*. Texte difficile, v. app. crit. à 12. Si c'était le tribunat militaire qui enlevait Crispinus à Stace — ce tribunat, l'ami ne peut pas ne pas le désirer, bien que le vœu, présentement, risque d'être accompli : Crispinus n'a que seize ans, mais sa maturité le met à pied d'œuvre.

P. 185. — 1*. Deux des insignes du chevalier, l'*amictus* de pourpre à bandes écarlates qui était de mise dans la *transuectio equitum* Denys Hal. 6,13, Helbig *Hermes* 1904, 161 et l'*angustus clauus* — cf. 4,5,42 — de pourpre de la *tunica*, Stein *Röm. Ritterst.* 48.

2*. La *calceus patricius*, qu'assujettissaient quatre courroies, était muni d'une agrafe d'ivoire en forme de demi-lune, *lunula*, ἐπισφύριον, dont on voulait qu'elle fût le signe du nombre primitif des sénateurs patriciens, Isidore *Or.* 19,34,4, v. Blümner *Priv. Alt.* 224 sq.

3*. La *toga praetexta* et la *tunica laticlauia*, dont on voit que l'enfant patricien ne les portait qu'après la *lunula*.

4*. Dès 54, l'Arménie étant envahie par les Parthes et le roi Rhadamiste expulsé, Corbulon est envoyé en Orient, comme chef des troupes de Cappadoce ; la paix ne sera signée qu'en 63, trois ans avant le couronnement de Tiridate à Rome. Le témoignage de Stace sur Bolanus — *inuasit* — est appuyé dans une certaine mesure par Tacite *Ann.* 15,3 : les Romains ont bien pris en 62 l'initiative des opérations en direction de l'Araxe — que le poète, comme à 141, personnifie après Virgile *Aen.* 8,728 — *legiones duas cum Verulano Seuero et Vettio Bolano subsidium Tigrani mittit* — mais ils l'ont prise avec prudence : *occulto praecepto compositius cuncta quam festinantius agerent.*

P. 186. — 3*. La correction, méthodique, de Vollmer — v. app. crit. — donne un sens de tout point satisfaisant. Thyle suggère l'idée de l'extrême-Ouest 3,5,20 *Hesperiae... Thyles*, du lieu ou le soleil — v. à 4,4,27 — s'éteint 4,4,62 *nigrae litora Thyles* cf. 3,5, 20 et où viennent se heurter les flots d'Océan 5,1,91 *refugo circumsona gurgite Thyle* : selon Pytheas *ap.* Pline *NH.* 37,35 la mer du Nord était *aestuarium Oceani*. Sur la participation de Bolanus, comme *legatus Aug.* — 56 *mandata ferens* —, à la guerre de Bretagne v. à *titul.*

5*. *Alio* a paru faire difficulté, v. app. crit. Il ne s'agit pas ici du chemin de l'Étrurie, mais de celui qui doit conduire Crispinus au poste attendu de *tribunus militum*. Et sans doute celui-ci est-il bien jeune encore 62 et privé de l'appui de son père 64 sqq. — mais il est cultivé 71, équilibré 72, respectueux de ses devoirs 74 — envers son père, son frère 75 sq., même envers sa mère 76-97 — courageux (défense d'un camarade sous le coup d'une grave accusation) 98-110, vigoureux et entraîné 111-124 ; *ergo age* — donc il peut en effet songer aux camps.

6*. Crispinus, étant dans sa seizième année en 95-96 — cf. 12 et v. à 1 —, a pris la toge virile au plus tôt en 93-94 — qui est le *terminus ante* de la mort de Vettius Bolanus.

P. 187. — 1*. Cf. 65 et 126 ; le consul de 111 v. à *titul.*

2*. Les crimes d'empoisonnement, depuis le second siècle avant J.-C., n'avaient pas cessé de se multiplier à Rome dans toutes les classes de la société ; ils jouent un rôle « quotidien » dans les *Controverses* de Sénèque 3 exc. 7 ; 9 etc., dans les *Déclamations* de Quintilien, Ritter Index 1,505 ; leur mystère trouble l'opinion en 90-91, Dion Cassius 67,11,6,178 Boiss. ; relevant de la lex Cornelia, ils venaient devant la *quaestio de sicariis et ueneficis* et comportaient pour les *honestiores* la peine capitale, v. Lécrivain *DA.* 5,714.

P. 188. — 3*. Ce n'est pas à l'embouchure du Tibre que Stace a vu Crispinus, mais au Champ de Mars. *Laurens* est donc, comme à 1,2,163, un substitut de *Romanus* — autrement 1,3,83 ; 4,2,2 — et *Tyrrhena* — cf. 1 ; 4,4,24 — le doublet de *Tusca unda* 2,1,99 ; 4,5,39, *Lydius Thybris* 1,2,190 cf. 4,4,6.

4*. D'après Virgile *Aen.* 4,156 sqq. — la forme d'Ascagne ayant été donnée par Vénus à Cupidon chargé d'enflammer — *flagrare* transitif, v. app. crit. — Didon pour Énée 1,657 sqq.

P. 189. — **2*.** Avec Mars — *Mauors* cf. 34, comme partout dans les deux épopées —, Quirinus, chargé, de surcroît, d'amener l'allusion à la prêtrise de Crispinus : l'adolescent est un Salien de la Colline. Deux collèges de Sauteurs avaient été institués, l'un et l'autre par Numa, ou le premier par Numa, le second par Tullus Hostilius, pour le culte de Mars sur le mont Palatin et de Quirinus sur la colline qui porte son nom — v. sur les *Salii Palatini* et *Collini* Rappaport *P-W.* 2 R. 1, 1874 sqq. — ; le synoecisme devait respecter cette situation ; mais Quirinus ayant été, comme dieu de la guerre, peu à peu absorbé par Mars, les Saliens finirent par n'être plus que les *sacerdotes Martis* Porphyr. *C.* 1,36,12. Des textes comme celui de Stace ou celui de Tite Live 5,52,7 *quid de ancilibus uestris, Mars Gradiue tuque Quirine pater ?* montrent que le sentiment du dualisme primitif n'en avait pas moins persisté. A côté des *clipei*, les *intacta caedibus arma* sont les armes qui complétaient l'équipement du Salien — v. Helbig *Mém. Ac. Inscr.* 37, 2, 1905, 205, Rappaport 1885 —, non pas l'épée — παρέζωσται δ'ἕκαστος αὐτῶν ξίφος Denys Hal. 2,70 —, qui pendant la danse restait nécessairement à son côté, mais le bâton en forme de javeline — καὶ τῇ μὲν δεξιᾷ χειρὶ λόγχην ἢ ῥάβδον ἤ τι τοιοῦθ' ἕτερον κρατεῖ —, qu'il tenait dans la main droite et dont il frappait le bouclier tenu par la gauche ; on tirera donc de *plaudere*, par un zeugma facile, un verbe rappelant le *quatere* de 129. En désignant par *nubigenae clipei* les *ancilia*, Stace laisse de côté l'aetiologie selon laquelle Numa avait fait exécuter onze copies du bouclier unique tombé miraculeusement du ciel (P. Festus 117 L., Ovide *Fast.* 3,259 ; sur la légende, en dernier lieu, Dumézil *Festin d'immortalité* 149, mais Ernout-Meillet *Dict. étym. s.u.*) ; de même Lucain 9,477, Lydus *De mens.* 4,49. Par ailleurs son expression reproduit à coup sûr celle de Lucain 1,603 *et Salius laeto portans ancilia collo* ; seulement, dans Lucain le Sauteur défile et l'*ancile* est accroché à son cou par une courroie cf. Juvénal 2,125 sq. *arcano qui sacra ferens nutantia loro | sudauit clipeis ancilibus* ; dans Stace le Sauteur danse, frappant l'*ancile* : la construction de *collo* sur *plaudere* fait difficulté, mais non pas davantage que celle de *umeris* sur *quatere* ; Vollmer *Ed.* 519 a rapproché opportunément 1,2,2 sq. *plectra moues umeroque... | ...suspendis ebur* : comme la lyre, dont s'accompagne Apollon, semble descendre de l'épaule du dieu, de même de l'épaule et du cou du Salien le bâton et le bouclier qu'il agite.

3*. Évocation de toutes les parties du monde, et non pas seulement de celles où sont les armées de Domitien ; sur la Pannonie, les Sarmates et Peucé — guerre suévo-sarmatique de 92-93 — v. à 3,3,170 sq.

P. 190. — **2*.** Sur la légation de Bolanus en Bretagne — v. à *titul.* — le jugement de Tacite est réservé : *praeerat... placidius quam feroci prouinciae dignum est, Agr.* 8 ; *eadem inertia erga hostis, similis petulantia castrorum, nisi quod innocens Bolanus et nul-*

lis delictis inuisus caritatem parauerat loco auctoritatis, Ibid. 16 ; d'où l'insécurité : *numquam satis quieta Britannia, Hist.* 2,97 v. WEYNAND *P-W.* 6, 2653.

3*. V. à 4,4,20 sur l'introduction de l'ami du dédicataire ; à Optatus aussi — inconnu d'ailleurs — le tribunat est annoncé, *latus cinctum* cf. 177.

5*. Sur *questus* v. apparat critique.

6*. V. à 1.

7*. Sur l'Albanum — cf. 4,2,65 — de Domitien v. LUGLI *Bull. com.* 45, 1917, 29 ; des terrasses on découvrait en effet Rome.

8*. V. à 5,1,74.

P. 192. — 3*. Invocation du *numen* du père défunt — cf. H. FRÈRE *Mél. Thomas* 1930, 305 sq. —, étant écartés, présentement, les *numina* d'où le poète tire les inspirations apollinienne et dionysiaque ; pour les lieux d'Apollon — Cirrha v. à 3,1,141 ; *Corycia in umbra* cf. HÉRODOTE 8,36 τὸ Κωρύκιον ἄντρον au flanc du Parnasse ; sur les attributs du poète inspiré v. à 5,5,28 sqq.

4*. Mise en train de la *Thébaïde* cf. 233 sqq.

5*. Sur le deuil de Calliope — invoquée 3,1,49 — cf. 2,7,39 sqq.

P. 193. — 1*. Même alternative eschatologique que dans 2,7, 107 sqq. L'âme du père séjourne dans l'éther — doctrine des *Platonici* et spécialement d'Héraclide le Pontique, JAMBLIQUE *ap.* STOBÉE 1,49,39,378 W., que Cicéron avait accréditée à Rome, v. BOYANCÉ *Songe de Scipion* 1936,129, et d'où la *consolatio* avait tiré un τόπος, MÉNANDRE *Rh Gr.* 3,414 Sp. — et elle contemple et comprend l'univers cf. p. ex. SÉNÈQUE *Ad Marc.* 25,2 — ses acquisitions lui permettant d'élargir ce qu'elle tenait déjà des Φαινόμενα d'Aratos 42 ; ou bien elle est dans l'Élysée, où se groupent les affinités, *Axiochos* 371 c διατριβαὶ δὲ φιλοσόφων καὶ θέατρα ποιητῶν καὶ κύκλιοι χοροὶ καὶ μουσικὰ ἀκούσματα.

2*. Personnifiée cf. 22 et 5,4,7 ; sur ces trois mois v. à *titul.*

3*. Correction de GRONOV, v. app. crit. La leçon *nunc* de *M* est conservée par VOLLMER : Stace n'a pas encore pu pleurer cf. *Theb.* 5,593 *non uerba in funere primo, non lacrimas habet*, v. à 5,1,202 ; et par KLOTZ : Stace ne peut plus pleurer cf. CICÉRON *Phil.* 2,64 *consumptis lacrimis*. La première explication est écartée par le v. 32. la seconde par le v. 46.

4*. Sur l'Albanum de Stace v. à 4,5,1 ; sur la sépulture dans une propriété privée v. à 3,3,195.

5*. Utilisation sentimentale de la tradition exposée par TITE LIVE 1,3 sur l'abandon de la cité de Lavinia — *infausta* parce que la mort de Turnus fait d'elle l'épouse d'Énée *Aen.* 12,937 — et sur la fondation d'Albe par Ascagne — *stellatus* d'après *Aen.* 2, 682.

P. 194. — 1*. Les vv. 41-45 font grandement difficulté. Un point acquis : il s'y agit de l'épicède — *carmine Pierio* — et non des funérailles, qui ne sont évoquées 41-43 que pour servir de second terme à la comparaison — *mitius* — : les parfums que Stace a répandus naguère en l'honneur de son père défunt sont moins doux à celui-ci que le chant qui est présentement entamé — *hic* *ego* — ; mais *inferni cum laude laci* ? Klotz, avec Leo, suppose une lacune après 43 ; Vollmer, gardant les quatre mots, les rattache à ce qui précède ; mais ce n'est pas sans arbitraire qu'il admet que la récolte de l'encens se faisait sous la protection des puissances infernales. Enfermant entre parenthèses *nam* — *aristas* et reconnaissant une anacoluthe facile et la postposition, difficile, de *sed* — v. app. crit. —, j'ai tenté de sauver et d'expliquer le texte.

2*. D'après Virgile *Georg.* 3,13 sqq. — avec cette différence que les jeux institués seraient exclusivement musicaux et écarteraient l'athlétisme.

3*. Stace songe-t-il aux *scopuli tres Cyclopum* Pline *NH.* 3,89, c'est-à-dire aux Faraglioni, écueils de basalte qui se dressent à 8 km. au nord de Catane (v. Ziegler *P-W.* 11, 2347), les *Cyclopia saxa* de Virgile *Aen.* 1,201 et de Silius Italicus 14,514 ? Plutôt, en liaison avec *saxa Pyramidum*, aux murs Cyclopéens, *Theb.* 1, 630 (cf. 1,252 et Lactance *ad u.*) *celsa Cyclopum tecta* (en Argolide) et Lactance *ad u. idonee,.. omnia constructa aedificia Cyclopea dixit antiquitas* cf. Servius *Aen.* 6,630.

4*. Les jeux de Stace auraient dépassé les jeux funèbres donnés en l'honneur d'Anchise *Aen.* 5,42 sqq. ; les Jeux Néméens — le sanctuaire est un ἄλσος dans Pindare *Nem.* 2,4 cf. Euripide *Her.* 359, Strabon 8,377 et *lucus Molorchi* Virgile *Georg.* 3,19, v. E. Meyer *P-W.* 16, 2318 — que la tradition ancienne liait aux jeux funèbres donnés en l'honneur d'Opheltès — Archemoros, Pindare *Nem.* hypoth. a b c d e, Apollodore 3, 6,4, Hygin 74, v. *Theb.* 4,646-7, 104 et à 3,1,143 ; les Jeux Olympiques dont la tradition rapportée par Phlégon de Tralles enseignait que, fondés en l'honneur de Zeus par l'éponyme Pisos, ils avaient été donnés par Pélops, après sa victoire sur Oenomaos, comme jeux funèbres en l'honneur du vaincu, avant d'être renouvelés par Héraclès en l'honneur de Pélops lui-même, Thrasyllos *ap.* Clém. Alex. *Strom.* 1,872 M. cf. Denys Hal. 5,17.

5*. La périphrase *uis nuda* traduit γυμνάς.

6*. L'épithète — v. à 1,2,151 —, typique, si l'idée d'athlétisme — cf. 139 sq. — est traditionnellement liée au nom de Sparte, évoque de surcroît la mort d'Hyacinthe atteint par le disque d'Apollon, Martial, 14,164 ; 173.

P. 195. — 1*. Sur l'épithète v. app. crit. à 2,6,40.

2*. Concession à un interlocuteur fictif 69 sq., réponse de Stace 70 sq. ; objection de l'interlocuteur 71 sq., réponse 72 sqq.

4*. Sur la localisation des Sirènes dans la presqu'île de Sorrente v. à 2,1,10 et à 2,2,1.

P. 196. — 4*. Appel aux ποιηταί, qui ne s'expriment pas nécessairement en vers : poètes épiques, lyriques, Sept Sages, poètes tragiques, comiques, élégiaques.

5*. L'apparat critique vise à justifier la leçon de *M* : le poète qui *arma canit* se substitue, par un procédé d'expression banalisé, à ses héros.

7*. Sur la définition du pentamètre v. à 1,2,250 sq.

8*. Mouvement rétabli au prix d'une correction, non sans hardiesse, de WIMAN, v. app. crit.

9*. Image homérique familière, *Il.* 3,222 ἔπεα νιφάδεσσιν ἐοικότα χειμερίῃσιν.

P. 197. — 1*. Alors que Cyrène et Sparte évoquent à coup sûr Callimaque et Alcman ou Tyrtée, Athènes, désignée par un de ses ports — v. app. crit. —, se suffit à elle-même.

2*. Cf. 136 ; 226 et à 1,2,263.

5*. Tous les enfants portaient au cou une bulle contenant des amulettes, SAGLIO *DA.* 1,754, MAU *P-W.* 3, 1048, BLÜMNER *Priv. Alt.* 305. Ceux qui avaient droit à la *toga praetexta* avaient droit à la *bulla aurea* — privilège des enfants de patriciens, puis de magistrats curules, MACROBE 1,6,11, des enfants de chevaliers, à partir de Tarquin l'Ancien, PLINE *NH.* 33,10, signe enfin d'ingénuité, CICÉRON *Verr.* 2,1,152 cf. 113, VALÈRE MAXIME 5,6,8 et d'un certain rang — *fortuna* CICÉRON 152 —. L'enfant consacrait aux Lares sa bulle d'or quand il quittait la prétexte pour la toge virile, PERSE 5,31 : le père de Stace fut de l'élite — *lecti* — destinée par Enfance — la personnification est sans autre attestation — à cette *depositio.* Il ressort du texte que sa famille perdit ensuite son rang — le rang équestre, apparemment, avec la fortune censitaire de 400.000 sesterces.

6*. Puisque c'est le talent de son père qui introduira Stace à la poésie cf. 209 sqq.

7*. Thème de *laudatio* cf. 2,2,133 sqq., en liaison avec la tradition du débat sur la naissance d'Homère cf. plus bas 130.

8*. Sur le nom grec de la ville lucanienne de Vélia v. app. crit. et NISSEN *Ital. Landesk.* 2, 895 sqq. Hyélè après la guerre sociale devint un municipe romain, CICÉRON *p. Balbo* 55, cf. *CIL.* 10, p. 51. Pour l'expression cf. en sens inverse 2,2,136.

P. 198. — 1*. Complément de KROHN.

2*. VIRGILE *Aen.* 6,365 sq. l'ombre de Palinure à Énée *mihi terram | inice, namque potes, portusque require Velinos.*

3*. La lacune, certaine, peut être de plusieurs vers : énoncé de Naples et amorçage de la comparaison avec Homère.

4*. Cf. 112 sqq ; sur les enfants prodiges dans les concours musicaux v. *CIL.* 6, 33976 = DESSAU 5177 et *IG.* 14, 2012 = KAIBEL 618 et FRIEDLAENDER-WISSOWA *S-G.* 2[10] 231.

5*. Cf. 4,2,48 et à 2,2,111.

P. 199. — 2*. Épicharme — *Siculus* comme dans HORACE *Epist.* 2,1,58, Syracusain THÉOCRITE *Ep.* 17,5, COLUMELLE 7,3,6 etc. — si l'on fait état du texte de COLUMELLE 1,1,8 Lundström (*magna... Graecorum turba est de rusticis rebus praecipiens,* le premier et le plus grand, Hésiode) *Siculi quoque non mediocri cura negotium istud prosecuti sunt Hieron et Epicharmus, cuius discipulus Philometor et Attalus.* Rien n'empêche de reconnaître là un poème qui se rangerait parmi les œuvres didactiques qui lui furent attribuées, v. W. SCHMID *Gr. Lit.* 1,1,651. Pour REITZENSTEIN *Epigramm u. Skolion* 63 le *senex* est Théognis.

3*. Premier témoignage *AP.* 7,745 (ANTIPATER DE SIDON ?

IIᵉ s. av. J.-C.) : les grues témoins du meurtre du poète amenèrent les assassins à se dénoncer involontairement cf. SUIDAS *s.u.* Ἴβυκος, PLUTARQUE *De garrul.* 14.

4*. *Amyclae* est un substitut de *Sparta* cf. 1,2,213 ; 2,1,111 ; 2,2,90, et *tetricis*, une épithète fixée qui concerne la ville et non pas Alcman. On ne dira donc pas avec W. SCHMID *Gr. Lit.* 1, 1, 467 n. 9 que Stace n'a pas lu τὸν χαρίεντ' Ἀλκμᾶνα LÉONIDAS (de Tarente) *AP.* 7,19,1 cf. 9,184,5 θηλυμελεῖς τ' Ἀλκμᾶνος ἀηδόνες, 571,3 γλυκύς; on se demandera plutôt s'il n'a pas voulu suggérer un contraste entre le lyrisme d'Alcman et la sévérité lacédémonienne.

5*. Le texte est énigmatique, mais il est bon ; et l'on s'est trompé quand on y a introduit, en le corrigeant, une allusion au saut de Leucade, v. apparat critique. La *mascula Sappho* s'est aventurée dans un domaine poétique qui était réservé aux hommes. Mais *non formidata Chalcide* ? Reconnaissant dans Chalcis la petite île située entre la côte nord-orientale de Lesbos et la côte asiatique — ETIENNE DE BYZANCE *s.u.* Χαλκίς : ἑβδόμη (Χαλκίς) νῆσος ἔχουσα πόλιν ὁμώνυμον πρὸς τῇ Λέσβῳ, ἧς οἱ πολῖται Χαλκιδεῖς — et supposant que, selon une tradition savante dont Stace se faisait l'écho, Ἀλκαῖος Μυτιληναῖος *Inschr. Pergamon* 1 n. 198 etc. était né dans cette île, j'ai « traduit » dans mon apparat « sans avoir redouté la concurrence d'Alcée ». Je crois maintenant que KLOTZ *ad u.* a raison de regarder du côté de l'ἀγών d'Homère et d'Hésiode aux jeux funèbres en l'honneur d'Amphidamas de Chalcis — *Vitae Homeri et Hesiodi* Wilamowitz 1916, 34 sqq., v. W. SCHMID *Gr. Lit.* 1,1, 253 sq. — ; mais l'explication *Sappho non fuisse uerituram Chalcide cum Homero Hesiodoque certare* est écartée par la grammaire et par le contexte. *Chalcis* paraît être une métonymie désignant un concours entre deux poètes : Sapho n'a pas redouté un tel concours avec Alcée.

6*. CALLIMAQUE *Ep.* 35 = *AP.* 7,415, Βαττιάδεω παρὰ σῆμα φέρεις πόδας..., CATULLE 65,16 *carmina Battiadae* — Battos étant tout à la fois le nom du père du poète et celui du fondateur de Cyrène.

7*. Jugement de tradition, fondé en particulier sur la substitution, par le poète, aux κυρία de la τροπικὴ λέξις, v. ZIEGLER *P-W.* 13, 2343 : CLÉMENT D'ALEXANDRIE *Strom.* 5,81 M. ἡ Λυκόφρονος Ἀλεξάνδρα,.. γυμνάσιον εἰς ἐξήγησιν γραμματικῶν ἔκκειται παισίν, SUIDAS *s.u.* Λυκόφρων : τὴν καλουμένην Ἀλεξάνδραν τὸ σκοτεινὸν ποίημα.

8*. Le mimographe, dont une anecdote vulgarisée rappelait l'influence sur Platon — DIOGÈNE LAERCE 3,18, QUINTILIEN 1,10,17 —, était-il poète ou prosateur ? La question était posée et débattue — par ARISTOTE *Poet.* 1447 b, par PHILODÈME περὶ ποιημάτων *Jahrb. f. Phil.* Supp. 17, 270 fr. 72, 263 fr. 53, v. KÖRTE *P-W.* 2 R. 3, 1102. SUIDAS *s.u.* fait de lui un prosateur ; CHORIKIOS dans GRAUX *Œuvres* 2,42 et n. 11, un poète cf. NORDEN *Ant. Kunst.* 1,46 et le fragment de papyrus M. NORSA-VITELLI *Stud. Ital.* 10, 119 sqq., 247 sqq., GALLAVOTTI *Riv. Fil.* 1933, 459. L'épithète semble viser les difficultés d'une langue qui reproduisait beaucoup plus fidèlement que celle d'Épicharme, par exemple, le parler populaire syracusain ; on pouvait hésiter aussi sur l'interprétation des réalités, Körte 1103, W. Schmid *Gr. Lit.* 1, 1, 657 n. 12.

9*. Corinne—Bowra *New Chapters in the Hist. of Greek Lit.* 1933, 21 —, remise en lumière par les Alexandrins cf. Antipater de Thessalonique *AP.* 9,26, Nicandre *ap.* Anton. Liber. 10 ; 25 et en fin de compte ajoutée au catalogue des lyriques — v. plus haut —, fut assez familière aux poètes romains de l'époque d'Auguste pour fournir à Ovide un pseudonyme *Trist.* 4,10,60 et à Properce une comparaison 2,3,21 *et sua cum antiquae committit scripta Corinnae.* Dans Stace l'épithète *tenuis* semble technique : *tenue dicendi genus* = τὸ γένος ἰσχνόν ; et le mot *arcana*, concerner les difficultés du dialecte béotien, v. Maas *P-W.* 11, 1395, W. Schmid *Gr. Lit.* 1, 1, 448 n. 6.

10*. Sénèque *Ad Polyb.* 11,5 : Polybe fait passer en prose Homère et Virgile. On s'exerçait à égaler sa ligne au vers ; au témoignage de Stace on joindra celui de Quintilien 10,5,4 si l'on interprète *et omissa supplere et effusa substringere* avec Leo *Ind. lect.* Göttingen 1892-3, 20.

11*. L'école reçoit des élèves de toute l'Italie méridionale — de la Lucanie, de l'Apulie — cf. Horace *C.* 1,22,13 sq. *militaris Daunias*, Daunus, chef du clan apulien qui soutint Diomède contre les Messapiens, étant l'éponyme des Δαύνιοι du nom desquels les Grecs tirèrent celui de Δαυνία pour l'appliquer à la région côtière entre l'Aufidus et le Garganus, Pline *NH.* 3,103 —, de la Campanie : l'énumération 164 sqq. désigne, par périphrase ou directement, Pompéi, Herculaneum, Sorrente, Misène, Cumes, Pouzzoles et Baïes.

12*. Vénus — cf. *CIL.* 1, 1252 = 10, 787 — et Hercule — cf. Denys Hal. 1,44,1 et v. Peterson *Cults of Campania* 246 ; 284 — ont oublié leurs villes cf. 1,4,60, en 79, cf. Martial 4,44,5 *haec Veneris sedes, Lacedaemone gratior illi,* | *hic locus Herculeo numine clarus erat* | *...nec superi uellent hoc licuisse sibi.*

13*. Sur *Minerua Tyrrhena* v. à 2,2,2.

14*. V. à 2,2,77 et à 3,5,98.

15*. Sur Apollon archégète de Cumes v. à 4,3,115.

16*. V. à 3,5,75.

P. 200. — 1*. Cf. 4,3,152. Stace néglige la tradition du *pius amor* d'Apollon pour la Sibylle, Servius *Aen.* 6,321 (d'après Varron ?), et suit une version dont Ovide *Met.* 14,130 sqq. est le seul témoin et peut-être l'auteur : Apollon, désirant la Sibylle, l'invite à faire un vœu qui sera exaucé ; elle souhaite autant d'années de vie que la poignée de poussière qu'elle ramasse contient de grains, oubliant d'ailleurs de demander que ces années soient jusqu'au bout des années de jeunesse. Puis elle se refuse. Le dieu *deceptus* la laisse vieillir, mais il ne lui retranche pas le pouvoir d'imposer aux hommes ses prophéties, *uates non irrita.*

3*. Au moment où Stace écrit, les élèves de son père sont devenus des prêtres, des magistrats, des officiers.

4*. Le *pontifex maximus* chargé de la surveillance du feu sacré apporté de Troie — *Dardanius* va logiquement avec *facis* — cf. 1,1,

35 et du Palladium enfermé, avec d'autres amulettes tutélaires de la puissance romaine, dans le *penus Vestae*. En dehors des Vestales et du pontife, personne ne peut voir les ἱερὰ ἀπόρρητα DENYS HAL. 2,66,3 v. WISSOWA *Rel. u. Kult.*[2] 159 sq. et n. 5 et 6. On ne tirera pas du texte la conclusion que Domitien a été l'élève du père de Stace.

5*. V. apparat critique. Celui qui déroule les livres de la Sibylle — de Cumes la Chalcidienne cf. 4,3,117 ou l'Eubéenne 1,2,177 ; 1,4,126 ; 4,3,24 —, c'est-à-dire le *quindecemuir sacris faciundis*, tient du père de Stace l'explication des rites des religions orientales dont il a la surveillance : il sait pourquoi le *flamen Phrygius*, non pas le *Dialis* mais l'Archigalle de Cybèle — syncrétisme de parti pris, v. BICKEL *Rh. Mus.* 1917-18, 52 — cache, dans les cérémonies mystiques, sa chevelure sous la mitre et la couronne ornée des médaillons des divinités phrygiennes, CUMONT *PW*. 7, 678.

6*. Trait plaisant : à l'école du *plagosus Statius* les Luperques ont appris à recevoir les coups qu'ils distribuent eux-mêmes, avec leurs lanières de peau de bouc, dans la course rituelle du 15 février, WISSOWA *Rel. u. Kult.*[2] 209.

8*. Cf. 2,1,88 sqq. Nestor est joint — arbitrairement ? — aux deux maîtres de l' « indomptable » Achille.

P. 201. — 1*. *Bellum Vitellianum* SUÉTONE *Dom.* 1, la bataille de décembre 69 pour le Capitole, au cours de laquelle le temple de Jupiter fut incendié. La poésie flavienne devait faire des Vitelliens les Géants à l'assaut de l'Olympe, v. à 4,2,56 et à 1,1,79 *bella Iouis* cf. *Theb.* 1,21 sq., SILIUS ITALICUS 3,609, MARTIAL 9,101, 13 sq. Ici l'idée est à peine suggérée qu'aux Géants se substituent les Celtes Sénons de la vallée du Pô qui, en 390-383, avaient enlevé la ville.

3*. Dix ans après.

4*. VOLLMER *Ed.* 17, n. 2 voit dans l'épithète un substitut de *Italus* et place les lectures à Naples devant les notables campaniens, peut-être les pères des élèves du *grammaticus*. C'est à Rome, où il était dès 69, que celui-ci a vu la guerre, l'a chantée et s'est imposé à l'attention des milieux officiels, v. HILBERG *Wien. St.* 24, 1902, 517 et ici X sqq. De 203 *Latii proceres* je ne vois pas que l'on puisse séparer *Latios patres* qui en est une spécialisation avantageuse : Stace lit devant les sénateurs Romains.

P. 202. — 2*. Sur la victoire albaine v. à 3,5,28 ; sur les Jeux Capitolins et sur la défaite (et aussi sur la jalousie de Jupiter) v. à 3,5,31 et 32.

3*. Dans 2,7,124 sqq. Stace prétend illustrer la fidélité religieuse de Polla à la mémoire de Lucain en en rapprochant les démonstrations dionysiaques de Laodamie dans son culte de Protésilaos. Plus inattendue encore est la comparaison du deuil de sa mère avec la mise en scène orientale de la douleur d'Isis et de celle de Cybèle privées d'Osiris et d'Attis. On ne peut établir un rapport entre *non sua funera* et l'idée qui se laisse saisir à 272 et à 3,3,194 : on pleure avec plus de raison ce qui est de son sang ; Orphée était moins fondé — *causa minor* — à aller chercher Eurydice aux Enfers qu'Énée son père Anchise. La mère du poète pleure un mari, et son deuil est bien à elle, *te... habet.* Il faut donc que Stace ait jugé en *pater familias* qu'Osiris et Attis n'étaient rien pour les déesses ; et il s'exprime comme à 5,5,47 — dans un tout autre dessein — *qui damna doles aliena* cf. PÉTRONE 54 *alienum mortuum plorare.*

P. 203. — 6*. La leçon 271 sq. *sic... sic* doit être maintenue. Trois exemples mythologiques, et qui visent accessoirement à la *uarietas* : en face de l'exemple d'Énée, le plus développé puisqu'il répond à la situation de Stace, ceux de deux maris qui ont revu leur femme — Orphée en descendant comme Énée aux Enfers, le Thessalien Admète sans quitter la terre.

P. 205. — 1*. Ce n'est pas parce qu'on a composé dans l'École des éloges en prose du Sommeil — et de la Mort — *et Somni et Mortis scriptae laudes* QUINTILIEN 3,7,28 que ce poème, d'ailleurs bourré de réminiscences littéraires — cf. 1 sqq. et VIRGILE *Aen.* 4, 522 sqq.; 8,26 sqq.; 16 sqq. et SILIUS ITALICUS 10,343 sqq. —, peut trouver dans la rhétorique son explication : contre VOLLMER *Ed.* 546 v. P. FRIEDLANDER *Die Antike* 8, 1932, 215. On remarquera que la nuit n'y est pas décrite pour elle-même, mais en vue du contraste entre l'univers endormi et l'homme que fuit le sommeil; or ce contraste a été fixé en un thème par l'épopée, HOMÈRE *Il.* 24,2 τὸ μὲν δόρποιο μέδοντο | ὕπνου τε γλυκεροῦ ταρπήμεναι· αὐτὰρ Ἀχιλλεὺς cf. 2,1 sqq., VIRGILE *Aen.* 4,522 sqq. *nox erat... siluaeque et saeua quierant acquora... at non infelix animi Phoenissa* cf. 8,26 sqq.; 9,224 sq. L'épopée d'autre part a fixé en un procédé l'appel à Ὕπνος *Somnus*, qui flotte entre la divinité et la personnification, ὕπνε ἄναξ πάντων τε θεῶν πάντων τ' ἀνθρώπων HOMÈRE *Il.* 14,233, *Somne quies rerum, placidissime Somne deorum* OVIDE *Met.* 11,623, et STACE *Theb.* 10,127 *mitissime diuum | Somne.* Mais ici l'appel se complète d'un *iuuenis* qui ne vient pas de l'épopée et ne se concilie pas plus avec l'image allégorique du Dormeur des poètes romains OVIDE *Met.* 11,583 sqq., STACE *Theb.* 10,84 sqq. qu'avec la représentation homérique du Dompteur, frère de la Mort *Il.* 14,231 ; 16,682. Dans la céramique attique Ὕπνος est un solide éphèbe, avec de grandes ailes aux épaules, qui enlève, par exemple, avec Thanatos, le corps de Sarpédon, WINNEFELD *Hypnos* 1886, 6 sqq.; les sarcophages romains font de Somnus un homme grave et barbu. C'est à la fin du IVe siècle que Leocharès peut-être — Scopas, FURTWÄNGLER *Meisterwerke* 648 — crée le type, connu par la tête de bronze du British Museum et surtout par la statue de Madrid et par ses répliques, WINNEFELD 8, FURTWÄNGLER *l.c.*, v. JOLLES *P-W.* 9, 327, du Sommeil presque encore enfant, qui va d'un pas léger, les ailes des songes aux tempes, tenant dans la main gauche une tige de pavot, versant de la droite le contenu de sa corne. Là est l'origine du *iuuenis* de Stace, dont le poème, isolé dans notre tradition, combine curieusement avec les thèmes de l'épopée un motif plastique. Aucune raison d'ailleurs de supposer une fiction, si l'on fait état de la maladie 3,5,37 sqq. et du désarroi d'où naquit le projet de la retraite à Naples.

2*. La distinction comme 5,5,7 d'après OVIDE *Met.* 3,141 sq., *Trist.* 1,3,37 sq.; 2,103 sqq.; 3,5,52 ; 4,10,89 sq.

3*. Tout se tient dans les vv. 7-10 une fois que l'on reconnaît que *Oetaeae lampades* est du grec : pour les Grecs, en particulier pour ceux des îles, l'Oeta, entre la Thessalie et la Macédoine, marque l'Ouest ; Hesperos, l'étoile du soir, y était lié cf. CATULLE 62,7 *nimirum Oetaeos ostendit noctifer ignes*, VIRGILE *Buc.* 8,30 *tibi* (le nouveau marié) *deserit Hesperus Oetam* (motif d'épithalame ? de Sapho ?) et SERVIUS *ad u. Oeta mons Thessaliae... in eodem monte Hesperus coli dicitur qui Hymenaeum speciosum puerum amasse dicitur.* Par ailleurs on sait que Pythagore avait rendu familière aux anciens l'identité de l'étoile du soir et de l'étoile du matin, — la planète Vénus cf. CICÉRON *ND.* 2,20,53, PLINE *NH.* 2,36. Alors que Vénus apparaît tantôt le soir, tantôt le matin, une fiction, peut-être hellénistique, encadrait la nuit entre Hesperos et Heôos, CALLIMAQUE fr. 52 (des jeunes maris) Ἑσπέριον φιλέουσιν, ἀτὰρ στυγέουσιν Ἑῷον, CATULLE 62,34 *quos (fures) idem saepe reuertens, | Hespere, mutato conprendis nomine Eous* (SCHRADER, *eospem T eosdem V*), CINNA fr. 6 Morel *te matutinus flentem conspexit Eous | et flentem paulo uidit post Hesperus idem*, cf. encore *Ciris* 349 sqq. Stace, désignant par les deux périphrases de 8 sq. Vénus, répartit ses quatre sujets en une sorte de chiasme — v. VOLLMER *Ed.* 547 — : avec la Lune — *Phoebe* — les feux de l'Oeta depuis sept soirs, les feux de Paphos avec Aurore depuis sept matins trouvent le malade dans le même état. La femme de Tithon se sert d'un fouet pour faire sortir les chevaux du Soleil, *Theb.* 8,274 (avec un contre-sens de Lactance) *leuiter moto fugit astra flagello.*

5*. VIRGILE *Aen.* 5,854 *ramum Lethaeo rore madentem uique soporatum Stygia*, SILIUS ITALICUS 10,356 *tangens Lethaea tempora uirga* — à cette différence près que l'idée de la Mort est décidément écartée par Stace.

P. 206. — 2*. *Orgia* « les mystères » dès PLAUTE *Pseud.* 67^b (métaphore érotique) — « les instruments des mystères » CATULLE 64,259, PROPERCE 3,1,4 — ; dans CHRISTODORE Ἐκφρ. 133 λεπτὰ διακρίνων πολυΐδμονος ὄργια Μούσης cf. 303 le terme est sensiblement laïcisé ; en revanche, des instruments des mystères des Muses, PROPERCE *l. c. (ingredior) Itala... orgia ferre* après VIRGILE *Georg.* 2,475 sq. *Musae | quarum sacra fero.*

3*. V. à 5,4,1 sq.

P. 208. — 1*. Sur la communication entre le mort et les vivants aussi longtemps que les cérémonies funèbres ne sont pas entièrement accomplies cf. 3,3,205 sqq. et v. à 2,1,22.

2*. Le complément ne vise qu'à rétablir le mouvement de l'idée ; la lacune — v. app. crit. — a été reconnue une fois pour toutes par BAEHRENS ; et je ne puis concilier l'imparfait 49 *uerum erat* avec le présent *increpitant* introduit, après l'hypothèse d'une anacoluthe difficile, par la correction de VOLLMER.

3*. Fiction inverse 5,1,202 sqq.

P. 209. — 3*. L'enfant est mort trop jeune pour comprendre, s'il entendait Stace aujourd'hui lui parler de son bienfait pour la première fois.

INDEX NOMINVM

ADDENDA ET CORRIGENDA
(d'après les notes manuscrites d'Henri Frère).

TOME II

IV, *praef.* — M. Vitorius Marcellus fut *cos. suff.* de sept. à la fin de 105 (nouveaux fragments des *Fasti Ostienses*, Calza, *Epigr.* 1940, 2, 205 ; Degrassi, *Fast. cons.* 32 ; cf. Hanslik, *Wien. Stud.* 63, 1948, 132.

IV, 3, 5. — Autre application du thème et du mouvement, Lucan., 1, 30.

IV, 3, 11. — *Casta* Ceres ; cf. Le Bonniec, *Cérès*, 1958, 412.

IV, 3, 40 sqq. — Henri Frère, peu de temps avant sa mort, avait repris, en collaboration avec P. M. Duval, l'étude de ce texte capital pour notre connaissance de la technique de construction des voies romaines ; cf. P. M. Duval, *Bull. Soc. Ant.* 1959, 176-186. Voici la traduction définitive à laquelle il avait abouti : « Le premier travail fut ici de tracer des sillons, de déchirer le réseau des pistes et, par un profond déblai, de creuser à fond les terres ; le travail suivant fut de remplir autrement le creux des tranchées et d'aménager une assise pour le dos du revêtement, afin d'éviter que le sol ne s'enfonce et que la base ne soit traîtresse et le lit chancelant sous les dalles foulées ; alors, d'assujettir le chemin par des rebords serrés sur les deux faces et par de nombreux coins. O combien d'équipes travaillent à la fois ! Les uns abattent la forêt et dépouillent les monts, d'autres aplanissent avec le fer les quartiers de roc et les poutres de bois ; ceux-là lient ensemble les pierres et achèvent la contexture de l'œuvre avec la poudre calcinée et le tuf cendreux ; ceux-ci assèchent à bras les trous d'eau buveurs et détournent au loin les cours d'eau plus menus. »

ADDENDA ET CORRIGENDA

IV, 3, 156. — CURT., 9, 4, 18 : *trahi extra sidera et solem ;* 4, 8, 13 : Alexandre veut visiter non seulement l'intérieur de l'Égypte, mais l'Éthiopie ; le fameux palais de Memnon et de Tithon l'enthousiasmait et l'entraînait presque au-delà des bornes du soleil : *paene extra terminos solis.*

IV, 4, 6-7. — *Lydia ripa :* GRIMAL, 126, n. 2.

IV, 6, 2. — *Saepta :* GRIMAL, 195 et 201.

IV, 8, 50. — *Actaea* Ceres : LE BONNIEC, 423, n. 2.

V, 1, 247-252. — Cf. P. J. COOKE, *Class. Phil.*, 41, 1946, 104 sqq.

V, 3, 4. — CURT., 4, 9, 25 : *magna cum laude,* « au milieu des acclamations ».

V, 3, 116 sq. — FRIEDLÄNDER-WISSOWA, I, 146 et *Schol. Juv.* 5, 164 ; VOIGT, *Ber. sächs. Ges. Wiss.* 1878, 186, 128.

V, 3, 288 sqq. — HOR., *C.* 3, 27, 39 sqq., avec la note de VILLENEUVE : κέρας, rapproché de κραίνειν, « accomplir, réaliser », ἐλέφας de ἐλεφαίρεσθαι, « tromper ».

NOTES COMPLÉMENTAIRES :

P. 136. — 4* (IV, 1, 11 sqq.). — Sur Janus Geminus, GRIMAL, *Lettres d'Humanité*, 1945, 55 ; sur Janus Quadrifrons, *ibid.* et 91 ; WISTRAND, 36 sqq. et notamment 38, rapproche IV, 3, 9 et MART., 10, 28, 6, et pense à une identification de Janus avec le dieu alexandrin Aiôn ; cf. SAUTER, *Der röm. Kaiserkultus bei Martial und Statius* 1934, 133 ; W. F. OTTO, *P.W.* Suppl., 3, 1187 sqq.

P. 139. — 1* (IV, 2). — Sur le titre *Eucharisticon*, FÄRBER, *Philol.* 1937, 363.

P. 175. — 5* (V, 1, 50). — Lire : τὸ κατὰ βότρυν κλῆμα.

Ce volume,
de la Collection des Universités de France,
publié aux Éditions Les Belles Lettres,
a été achevé d'imprimer
en janvier 2003
sur presse rotative numérique
de Jouve
11, bd de Sébastopol, 75001 Paris

N° d'édition : 4886
Dépôt légal : janvier 2003

Imprimé en France